我眀支大鴻儀

為李淑賢嫂回憶錄題

愛新覺羅·溥傑

我的丈夫溥仪

李淑贤◎忆述　王庆祥◎撰著

人民日报出版社

图书在版编目（CIP）数据

我的丈夫溥仪 / 王庆祥著；李淑贤忆述. —北京：人民日报出版社，2012.5
ISBN 978-7-5115-1181-2

Ⅰ.①我… Ⅱ.①王…②李… Ⅲ.①溥仪（1906~1967）－生平事迹 Ⅳ.①K827=7

中国版本图书馆CIP数据核字(2012)第112789号

书　　　名：	我的丈夫溥仪
作　　　者：	李淑贤　王庆祥
出 版 人：	董　伟
责任编辑：	林　薇
封面设计：	主语设计
出版发行：	人民日报出版社
社　　　址：	北京金台西路2号
邮政编码：	100733
发行热线：	（010）65369527　65369512　65369509　65369510
邮购热线：	（010）65369530
编辑热线：	（010）65369526
网　　　址：	www.peopledailypress.com
经　　　销：	新华书店
印　　　刷：	环球印刷（北京）有限公司
开　　　本：	710mm×1000mm　　1/16
字　　　数：	340千字
印　　　张：	26.25
印　　　次：	2012年10月　第1版　　2012年10月　第1次印刷
书　　　号：	ISBN 978-7-5115-1181-2
定　　　价：	49.80元

再版前言 6

序 9

第一章 新 恋
灰色的童年 2
第一次见到溥仪 9
与末代皇帝相恋 13
感情升华 20
60年代的"皇帝大婚" 28
蜜月第一周 38
"老来得子"成泡影 44
教溥仪学生活 49

第二章 旧 影
"皇家遗风" 56
"凡人俗事" 61
戏迷 64
陪伴丈夫回到他登基的地方 70

第三章 重 逢

名园古刹新体验　　74
真诚相爱　　82
拒绝旧礼　　90
旧仆重逢　　98

第四章 交 往

社会交往　　104
与溥仪一起接待外宾　　116
奇书问世　　119
江南行　　127
西北行　　138

第五章 病 魔

癌症袭来　　146
探病风波　　150
邻里情　　153
行使公民的权利　　157

第六章 狂 风

狂风突起　　162

敢说真话的溥仪	166
"红八月"有惊无险	177
"旧账"新算	183

第七章 病 逝

绝症缠身	190
最后一个夏天	195
溥仪在我身边去世	198
追悼会在十三年后举行	205
搬出东观音寺	212
开始写回忆录	216
遗稿风波	219
胡耀邦的一则批示	225

第八章 版 权

骗局	232
《火龙》开拍前后	237
版权纠纷一波三折	242
深圳行	248
寻找公正	253
情系正义	258
终于立案又休庭	266

第九章 名 人

当选区政协委员　　　　　　　270
我成了"新闻人物"　　　　　　274
《溥仪的后半生》出版了　　　　283
爱德华·贝尔道歉　　　　　　　287
第一次出国　　　　　　　　　　293
答法国《周末周刊》记者问　　　298
在巴黎的日子里　　　　　　　　305
生活在皇族中间　　　　　　　　316
几位友人　　　　　　　　　　　326
名人之"累"　　　　　　　　　329
纽约纪事　　　　　　　　　　　336

第十章 尾 声

迟到的宣判　　　　　　　　　　344
为历史画上圆满的句号　　　　　349

后　记　　　　　　　　　　　361

附　录

我丈夫溥仪是日寇屠杀中国人民的
　　历史见证人　　　　　　　　366

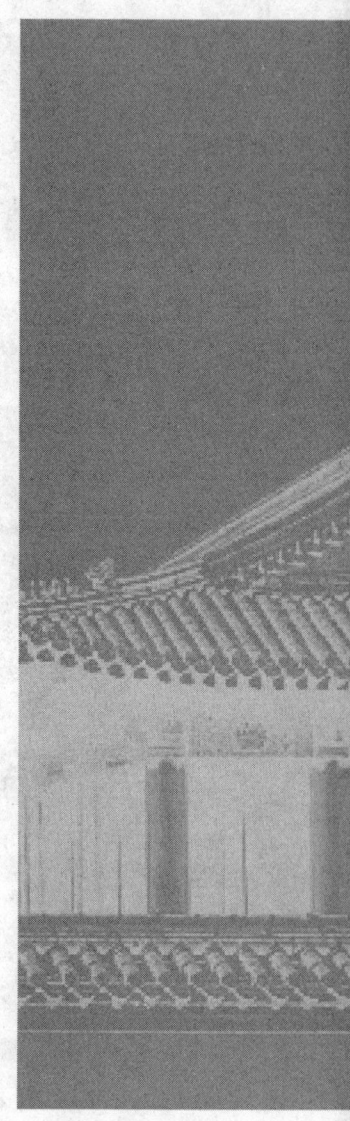

为自己申辩	371
笔下春秋变幻	375
为了丈夫著作的尊严	380
溥仪和我的婚后生活	387
我为李玉琴和李淑贤搭桥	391
我珍惜名誉和尊严	398
李淑贤与长春	403

再版前言

1979年秋，我作为一家学刊的编辑到北京组稿，偶然与李淑贤女士相逢，并有幸看到溥仪特赦后所写的书稿、文稿、发言稿、日记，以及她亲手编存的影集等第一手珍贵资料，我们由此建立起长达18年的友谊及合作关系，合著出书多种，其中之一就是李淑贤的回忆录。

溥仪特赦后再婚的妻子李淑贤，亲身感受到作为公民的前皇帝不一样的人生。他们甜蜜的恋爱和家庭生活，他们受到毛泽东主席和周恩来总理接见并亲切谈话的情景，他们与全国政协参观团一起到南方和西北各地参观旅游的特别感受，他们在住院治疗的日子里相互关爱的真情真心，他们在生离死别之际感人至深的话语和画面……这些都是李淑贤回忆录中的重要组成部分。

李淑贤回忆录初版于1984年，其叙述到溥仪去世为止，修订版定稿于1996年5月，增加了李淑贤在丈夫去世后围绕逝者的一些人生经历。遗憾的是，当修订稿于1999年出版时，她已经飘然远行。

与李淑贤女士的相识相交，注定了我一生的命运，研究溥仪成了我此生工作的重中之重，甚至或好或坏地影响到了我的生活。这些都是后话。

1982年春，我在长春市图书馆第一次见到了中国最后的"皇妃"、时年五十四岁的李玉琴，当时她是图书馆的一名管理员。她说，早就听说我是专门研究溥仪的，并看过我写的《有福贵人》一文，一直想见见我。我们谈了半个多小时，都很高兴。在这之后，李玉琴先后当上长春市和吉林省政协委员，我也被吸纳为长春市政协文史委员会特邀委员。有一天，政协负责文史的领导专门宴请李玉琴和我，席间说：李玉琴拥有第一手宫廷资料，王庆祥是研究溥仪的，你们二人若能合作，可以留下一段非常有价值的伪满宫廷史。我们当即答应，一部长达四十万字的回忆录工程就此拉开帷幕。

李玉琴回忆了在伪满后期被册封为"福贵人"的前前后后，她曾以少女的天真与"康德皇帝""夫妻"相处，随后在伪满垮台后与"皇后"婉容一起度过八个月的逃亡生活，接着又在没落皇家苦守七年，经历了无人能够感受的孤寂落寞。为了寻找当过皇帝的丈夫，她甚至在中南海新华门前拦截过可能知情的某位首长。她打小工、借路费，六赴抚顺探监，最终不得不选择离婚。离婚后，她也曾前往北京探望溥仪，却在"文革"中落了个"皇娘造反"的罪名，终以悲情落幕。

李玉琴的回忆录于1989年9月出版，相关电影和电视剧紧随其后，逐一问世。

我与李国雄先生的交往也是始于上世纪80年代。1987年夏，我在北京库资胡同一处很普通的、布满"私搭乱建"的四合院内，见到了七十六岁高龄的李国雄，他与老伴住在一间带小跨院的厢房里。他愉快地接受了我的合作建议，最终留下了几十盘录音带。

1924年，李国雄年仅十二岁，便进入逊清小朝廷，成了"小皇上"的奴才，从此贴身跟随溥仪三十三年。他见证了紫禁城内溥仪与皇后婉容、淑妃文绣"帝王之家"的生活；目睹了溥仪被逐出皇宫的惊险一幕；亲历了溥仪在天津张园和静园会见中外重要人士，以及他与文绣谈判离婚的始末。溥仪离津出关的最后时刻仓皇跳入汽车后备厢内，就是李国雄亲手为其盖上后盖的。李国雄还见证了溥仪在伪满时期当傀儡皇帝的全部生活，从旅顺到长春，从"执政"到"康德"，溥仪两度访日、多次"巡幸"，李国雄都陪伴在侧。溥仪囚居前苏联期间，还是李国雄巧妙伪装箱底，才得以深藏四百六十八件无价珍宝，从而顺利带回国内。直到被抚顺战犯管理所关押，李国雄依然无从选择地"陪绑"，且不能不检举溥仪的罪行。获释后，两位历经坎坷的人士又在北京聚首，谈历史，话新生，句句都关涉重要的历史事件和生动的大事细节……

  李国雄的回忆录于两年后出版，我接到了大量读者来信，都认为这本书与溥仪自传可以相互印证，《我的前半生》中的许多背景，都需要李国雄的叙述加以补充和注解。

  上述三部出自三位与溥仪密切生活过的当事人之口的回忆录，全景式呈现了末代皇帝在各个历史阶段的生活实录，具有不可替代的价值。尤其是他们述说的生活细节，最能体现溥仪鲜活的个性。三本回忆录均成书于他们生前，并分别经本人过目、修改，直到定稿签字，最后交付出版。如今三人都已相继故去，但他们为历史、为后人留下了一份宝贵的遗产。

  现在，这三本回忆录又得到人民日报出版社的支持，将作为书系，以全新的面貌再版发行，令我倍感欣慰。为便于读者了解更多台前幕后的故事，我分别增加了附录内容，多为忆者的亲笔书信和短文。我由衷地希望新版回忆录能够给读者以新的视角，对中国历史上的这位特殊的末代皇帝有一个全面而充分的认识。

王庆祥
2012年2月

当此《我的丈夫溥仪》将与广大读者见面的时候,我的心情很激动。爱新觉罗·溥仪是中国封建社会的末代皇帝,他三岁登基,是为宣统皇帝。六岁退位后又根据中国华民国政府的"优待清室条件"在紫禁城内当了十三年"关门皇帝",直到1924年才被冯玉祥将军驱逐出宫。这以后他又长期生活在天津的日本租界内,也曾经出任"满洲国"的傀儡皇帝。日本投降后,他沦为苏联红军的俘虏,被押赴赤塔和伯力,度过了五年囚居生活。中华人民共和国成立后,又经中苏谈判而被引渡回国,在抚顺战犯管理所内学习和改造了整整十年,终于悔过自新,完全改变了模样,变成了公民,变成了我所熟悉的丈夫。他所著的《我的前半生》,也成了畅销国内外的奇书。现在,我要在自己这本新书里,把丈夫介绍给希望了解溥仪新面貌的广大读者。

我的丈夫特赦后只活了八年,就被肾癌夺去了生命,从时间看比五十多年的前半生短了许多倍,而从生命的意义看,又胜过前半生不知多少倍。溥仪和我共同生活了五年半时间,如果从相识那一天算起,就将近六整年了。我们有甜蜜的恋爱生活,幸福的婚姻生活和在病痛中互相照顾的温暖而体贴的生活。1984年我的回忆录《溥仪与我》首版发行,引起很大的轰动,在那本回忆录的《前言》里,我这样说明了撰写本书的背景：

大约是1979年8至9月间，吉林省社会科学院历史研究所王庆祥同志来京访问我。他鼓励我一定要写好回忆录，他说，这将是我对历史和民族应该作出的力所能及的贡献。他还帮助我挖掘回忆线索，拟定回忆提纲。我们商定的原则是：想出一件事就写出一件事，忆及一句话就记上一句话。他对我说："您的回忆是具有重要研究价值的当事人第一手资料，每个字都要符合历史事实，对历史负责。"我以为这话很对。

我的回忆工作是在半年多的时间里，断断续续完成的。每当回忆的时候，我就好像又置身于十几年前的生活中，我的亲人又栩栩如生地站到我的面前，我们共同沿着历史的陈迹，由此一时到彼一时，从这一地到那一地。我不知道笑过多少次了，那是因为又生活在当年的幸福和甜蜜之中；我也不知道哭过多少回了，那是因为突然又把忆念中得到亲人的喜悦和现实里失去亲人的痛苦联系到一起……我的回忆可能很不全面，但却是完全真实的，都是曾经发生过的历史事实。

王庆祥同志是一位史学工作者，他在帮助我整理这部回忆录的时候，一再申明自己的观点是要信实地描出历史原型，倘有回忆不得真切者，宁付阙如，绝不虚构。现在呈现于读者面前的这部《溥仪与我》，就是他根据我的口述并对照和印证了溥仪遗稿之后整理成书的。初稿完成后，王庆祥同志又来京，和我共同对全书逐字逐段地进行了核实。我认为，改定的书稿与我口述的精神和内容都是完全一致的。当然，我的回忆只能侧重于溥仪的家庭生活方面，远不足以概括溥仪后半生的全部，倘能略补幸而尚存的溥仪日记等手稿，那就更好了。

溥仪与李淑贤合影于1964年

李淑贤口述、王庆祥撰写的一幕合作场景,摄于1980年。

十二年以后，我和王庆祥先生再度合作，对《溥仪与我》加以全面修订，不但增添了我和丈夫溥仪共同生活的许多细节，还新写了丈夫去世后我作为溥仪遗孀，而在"文革"十年中间以及改革开放新时代里的漫长经历。之所以能够增添大量新的内容，是因为近十几年来，前来访问我的中外各界人士、记者、历史研究者以及普通读者、游客，越来越多了。每次接待来访客人，都勾起我对溥仪的许多回忆。其中，特别是一些外国记者，从我与溥仪的相识相爱到组成家庭的经过，从平日工作到家常生活，从爱新觉罗家族、国家领导人与溥仪的关系，从我们的外出旅游到溥仪住院治疗等等，无不一一细问。为了更好地回答记者的采访，我一边回忆一边做些简要的记录，这些记录成为本书重要的新素材。

我把这本经过修订的书稿取名为《我的丈夫溥仪》，希望它能够传达出我对丈夫溥仪深切的怀念之情。当此之际，我还特别要对人民出版社第四编辑室主任乔还田先生和本书责任编辑致意，是他们的支持与厚爱，才使我得到了跟广大读者交流的机会。还有一切鼎力相助的朋友们以及所有喜欢这本书的读者们，请接受我最真诚的感谢。

李淑贤

1996年9月23日于北京

第一章 新恋

灰色的童年

1924年9月4日，我出生在风光明媚的西子湖畔。然而，这被誉为"人间天堂"的地方并不属于穷人，我的青少年时代是在十分凄惨的日子里度过的。

母亲李张氏是家庭妇女，带着比我大十三岁的哥哥阿毛和我一起住在杭州，靠父亲每月寄点钱维持生活。父亲李金生在上海中国银行当职员，他和母亲的感情很不好，长年在外，每隔几个月，或是逢年过节才回家看看两个孩子，他一回来总要和母亲吵架。后来父亲在上海又找了一个女人，对母亲更坏了，每月给家里的生活费愈来愈少，我家的生活也更艰难了。

母亲没有文化，却有一双巧手。她缝制皮袄、旗袍等服装，比成衣铺出的样式还好，做工十分精细，还能绣出花鸟虫鱼、龙飞凤舞的各式图案，生动有趣。虽有许多太太小姐送活计上门，所挣的工钱并不能使我家生活丰足，有时候母亲还带着哥哥和我到郊外挖野菜充饥。记得有一种野菜俗名叫马兰头，烧着吃很有味道。我家每年都挖很多野菜，吃不了的便晒干留到冬天再吃。我家小院里种了很多竹子，竹笋除平常食用外，还要存一部分做过冬食品。

生活虽苦，但娘儿仨在一起，互相爱护，彼此体贴，还觉得挺温暖。旧社会的妇女对自己的孩子都有些重男轻女的思想，母亲也把希望都寄托在儿子身上了，一心想把阿毛哥供养到大学毕业，作为自己后半辈子的依靠。为了供养哥哥上学，我家常年只吃粗饭素菜，从不买肉。然而，天有不测风云，阿毛哥高中毕业那年，暑假期间在西湖边上游玩时突然患病，母亲没钱送他去医院，又缺乏医疗常识，病势日重，很快就死去了，他那年才十九岁。可怜的母亲陷入极度的悲痛之中，泪水满腮，思念儿子，精神上经受了严重的刺激，终日疯疯痴痴，几乎失常。但母亲很刚强，不顾环境恶劣，仍然送我入学读书，为了母女的生活而辛勤操劳。然而，她终于在我八岁的时候病倒在床，含恨离开人世，死时还不到四十岁。

阿毛哥和母亲先后病逝，而我还是个刚上小学二年级的孩子，无法独立生活，父亲遂在1932年把我带到上海，住进英租界内陌生的新家中。有一个女人跟父亲住在一起，他们显然已在一起生活了多年，父亲让我管她叫妈妈，我不愿意，父亲说这是为我找的继母。继母很刻薄，对我百般虐待。我当时在清华小学读书，每天放学一进家门便有干不完的活计。继母视我为眼中钉，动辄拳脚相加。有时我和继母生的弟弟打架，不管谁是谁非，继母总是打我，常常打得我鼻青脸肿。

挨了打，受了委曲，我只有在睡觉时暗暗抽泣，每天眼泪一串、鼻涕一把地苦熬岁月。有时父亲见我眼睛又红又肿，追问为什么哭？我不敢说，因为继母不准我告诉父亲，否则打死我。

"是不是又挨打了？"

"没有。"

"那是同学欺负你了？"

"也没有。"

"那为什么哭？"

"自己跌跤了。"

父亲还是疼爱我的，自然明白这是怎么一回事了，为此而生继母的气，经常与之吵架。继母不但虐待我，还会因为父亲疼爱女儿而大生妒意。我记得有一次过节，父亲给我买了一件很漂亮的衣服，还买了一双小皮鞋，一进门就慈爱地对我说："小妹小妹快来试试！"平时父亲下班，总要带些水果回家，也常常多塞给我一两个，结果继母必定生气，认为父亲偏心眼，两人又要吵架，闹得很凶。

我十二岁的时候，有一次跟父亲去红庙看热闹，那里有很多烧香的人。回到家里就发烧了，呕吐不止，父亲马上把我送到医院，经确诊为伤寒。治疗了一些日子，病刚好，不料吃了一个芒果又发起烧来，吃什么吐什么。因为伤寒是传染病，大夫让我住院，但父亲不放心，一定要带我回家，并安置我住在大客厅里。凑巧赶上继母过生日，请来一些客人，遂让我搬到楼上去住，但父亲不同意，他向继母嚷道："女儿的命要紧！"硬是把最好的环境留给了我。那次我病得很厉害，伤寒反复发作，连头发都掉光了，父亲特意为我请了一位有名的中医大夫为我诊治，又买黑芝麻磨成粉给我冲茶喝，每天还给买回一个甲鱼清蒸吃，他每天上班前还要炖好天然白木耳看着我吃下去才肯出门。他精心调养我，直至我的身体完全康复。

然而，我的命好苦，唯一疼爱我的亲人——父亲，却在我十四岁那年一病不起，数月后他拉着我的手，满腹遗恨又很不放心地咽了最后一口气。

父亲死后环境大变，继母不准我继续上学，把家务活儿全放在我身上，伺候她和弟弟。我不但要管吃喝拉撒睡，还要给继母烧烟泡，伺候她吸鸦片。由于每天起早贪黑睡眠不足，常常一边烧烟泡，一边打起瞌睡来。这时，继母就用烧热了的烟钎子扎我的手，把肉皮都烧焦了，痛得我大声哭喊，却只能引来继母更严厉的目光！我真像童话里的灰姑娘一样，扮演受气包的角色，挨打受气后，连个说几句安慰话暖暖心的人都没有。

凶狠的继母还不让我吃饱饭，竟给我立下这样的家规：一、每顿饭只能吃一小碗，不准多吃；二、只能吃剩的，不许吃好饭菜；三、只能在厨房吃，不准上桌与家人共餐。我吃不饱，实在饿得挺不住了，就趁继母不注意时偷偷吃点零食。一次继母炖了一锅红烧肉放在厨房，我急忙夹了一块吃掉，不料被继母发现，她怒目圆睁，举起拐杖向我打来，鲜血顿时顺着头顶淌下，把上衣染红了一片，继母也不送我去医院，只抓了几把香灰涂抹在伤口上。

自从父亲病逝，家庭坐吃山空，生活日渐窘迫，继母开始在十五岁的我身上打主意了，她要把我嫁给一位同学的父亲的朋友。我和那位同学两家相邻而居，因此常到她家去玩，有时会碰上那个胖胖的老头，他一见我就表现出很亲近的样子，叫我"小妹妹"，让我走过来抚摸我的肩头或在脸颊上亲一亲。当他得知父亲病逝、母亲待我又不好等实情后，顿起坏心，遂跟我那位同学的妈妈说，他喜欢这个女孩子，他有钱，虽然已有太太和姨太太，还想娶小，托那位同学的妈妈说媒。这位大公司的老板许愿说，如果女孩同意嫁，就给继母买一处洋房并给一大笔钱做聘礼，还让继母和我住在一起，长期供养。我的同学听到消息先跑来告诉我，可把我吓坏了，那个阔佬比我父亲的岁数还要大呢！但继母却认为这是不可放弃的发财机会，从这一天起她对我突然好了起来，先是劝我嫁给老头，说什么嫁过去就可以终生享受荣华富贵，我毫不客气地反驳道，那你就嫁给他好了！继母竟厚颜无耻地说，人家不要我呀！继母一看哄我不成，又来厉害的。为了卖我，她软硬兼施，无所不用其极。

有一天阔佬请客，被邀与席的除同学一家外，还有继母和我，继母骗我说要去参加父亲的一位朋友的宴会，要我打扮得漂亮一些，我是瘦高个儿，皮肤较白，眼睛也大，梳着一根长辫子，继母端详了一回，露出狡诈的笑容。当我被带进一座富丽堂皇的洋房客厅以后，就看见那个阔佬坐在首席，我一下子明白了，回头就跑，搅散了他们的好事。继母气急败坏，回家后把我暴打了一顿。从此以后我更遭罪了，最难以忍受的就是不给饭吃，继母还总是恶狠狠地骂道："饿死你！"无论她怎样折磨，我坚决不同意嫁给那个阔佬。

当时我很难过，很痛苦，厌倦了这吃人的家庭和社会。有一次趁着继母睡觉的时候，我偷了她的几个大烟泡，前思后想，吞恨咽泪，痛不欲生，决心要找父亲去。当时我家住在由前楼、后楼和亭子间组合的建筑内，我在后楼自己的房间里吞下大烟泡以后，便无法自控地折腾起来，惊动了住在前楼的一位男医生和一位女护士，等他们跑过来弄开房门时我已经昏迷不醒了。两位好心人急忙把我送进医院抢救，从口腔下胶皮管洗胃，把我从死神手中拯救出来。

然而，前程仍然是黑沉沉的，继母还要把我嫁给那肯出钱的老头，不知哪天仍将有大祸临头。十七岁那年，我终于发现一丝光亮儿，遂毫不犹豫地扑过去，从静安寺路跑马厅附近继母家的鸡毛掸子下逃进梅白克路的姑妈家中。这位姑妈原本也是后续的，但平时对我很关照，姑妈是二房东，靠房租收入吃饭。我在她家才住了几天，继母便跑来要人，姑妈以"没有来"一再搪塞。然而，继母哪里肯信，又找些不三不四的人在姑妈门前房后转来转去，或找碴儿打架，姑妈担心顶不住，我又要落入虎口，就想把我转移出去。姑妈只有两个女儿，大女儿当时已经结婚，家住北平，小女儿嫁给了一位牙科医生，就在上海，姑妈遂指点我暂往北平大表姐家躲避，于是我从上海来到北平。

大表姐的丈夫是广东人，做生意的，早已去世，她从二十七岁守寡，带着两个孩子只能靠洗衣度日，生活很艰难，而我又给她增加了负担，心

与溥仪结婚前的李淑贤

溥仪夫妇双双离家去上班

全国政协礼堂

1960年前后,李淑贤在关厢医院门前与同事们合影。

里很是过意不去。表姐终于难以为继了，不得不在我十九岁那年带着两个孩子投奔丈夫的老家去，又把我一个人孤零零地留在了北平。

一个毫无社会经验的少女，处于兵荒马乱的年月，实在难以孤身生活下去，只好选择结婚之途。雪上加霜的是，从此我又陷入一桩可憎的婚姻之中。

婚姻可憎是因为我被迫而嫁的那个男人可憎，这个纨绔子弟既把我骗到手，又金屋藏娇，玩弄别的女人，做出我无法容忍的事情。从此在婆家长期过着独处的生活。

直到1949年8月北平这座苦难的城市即将转归人民的时候，我终于摆脱了旧式封建家庭的束缚，并进入北京毓文学校学习班补习文化。1949年1月北平和平解放，10月北平改称北京，中华人民共和国宣告成立，我看到了光明，有了希望，内心充满喜悦。当时我还年轻，决心掌握一门技术，从而走上自食其力的道路。一天我浏览报纸时无意中发现一则招考护士的简章，原来有家惠英护士学校在东四南大街礼士胡同办班开学，我便约了几个女伴报名应试，事遂人意，很快就被录取了。经过两年专业基础知识的速成培训，继而又跟着苏月萍老师在一家诊所实习，刚开始时在妇科产房看人家生孩子感到很害怕，经历两年的实践教育，终于掌握了临床护理的技术。

1955年经人介绍到朝阳区东大桥景山诊所当了护士。诊所的倪大夫是台湾人，日本医学博士，专长小儿科，医术高明，在朝阳区颇有名气。虽然每天患者很多，工作任务繁重，但倪大夫还一定抽些时间给我讲课，在将近两年的诊所实践中，我的护理操作技术愈来愈熟练了，医学和临床知识也愈来愈丰富了。

1958年在朝阳区卫生局的领导下，把私人诊所都组织起来，成立了中西医各科俱全的关厢医院，我也被聘用，成了这家新型医院的护士。

第一次见到溥仪

当我离开了惠英护士学校并当上景山诊所的护士之后,我在经济上自立了,随即义无反顾地从旧家庭中摆脱出来。

因为有过一段不幸的婚史,我对处理个人的感情问题特别慎重。好心的同事、邻居多次为我牵线搭桥,连我们医院的领导同志也很关心我的个人生活问题,他们介绍的对象中,有的是有职有权又有地位的革命老干部,有的是有才有貌又有钱的民主人士,还有的是医生或工程师,我衡量再三,都婉言谢绝了。时光荏苒,我已经习惯了年复一年的独身生活。

1962年旧历正月初六(2月10日),春节后第一天上班,我的一位相识多年的老朋友——人民出版社编辑沙曾熙来到医院看我。原来,春节期间每天都有人找我到家里吃饭,老沙却找不到我了,只好节后到单位来。

"我给你介绍个男朋友吧,怎么样?"老沙趁着屋里没有旁人开门见山地说。

"他是哪儿人?做什么工作的?"我问。

"你要相信朋友嘛!我给你介绍的人,绝不会不好的。"

"可是,也得让我了解呀!"

"有空你到我家里来一趟,再详谈一切。"

我当然不应拂却朋友的盛意,两天后我抽空来到老沙家里,他这才把实情一一讲给我听。

"我给你介绍的朋友在全国政协文史资料研究委员会工作,人很忠厚,很可靠。"

"谁呢?"我问。

"宣统皇帝。"老沙故意说出这个尽人皆知的名字,并注视着我的脸色。

溥仪在父亲载沣的扶持下，成为清朝末代皇帝。

五岁时的宣统皇帝与垂帘听政的隆裕皇太后

"不行不行,我害怕。"听说是皇帝,我吓了一大跳。

"你怕什么?你了解他吗?"

"我看戏剧或电影里的皇帝都是够坏的,还是算了吧!"舞台上的"皇帝"从孩提时代起就给我留下了极深刻的印象:一个个无不威风凛凛、神气十足、残暴成性。我不能和皇帝交朋友。

"人家经过了改造嘛!据我所知,他的条件还很高呢!"

"那我更不去了。"

"我已经和人家约定了,还是先去看看。"老沙一边与我商量,一边开着玩笑说:"我也没见过末代皇帝,这回沾你的光,也让我开开眼界。"

我想:老沙代我约定见面也是关心我,不拿我当外人看待,我不该拒绝他。再说,去也好嘛,看看皇帝长的什么样儿。

原来,沙曾熙有位同乡叫周振强,也是前国民党高级将领,曾任蒋介石的卫士队队长,后来成了解放军的俘虏,在铁窗内改造十年,1959年12月与溥仪同时获得特赦,又同时被安排在全国政协文史资料研究委员会任专员。在朝夕相处的日子里,周振强最了解溥仪独身生活的难处,有一次,跟老沙提到要给溥仪介绍对象,老沙立刻想到我。他们两人一商量觉得还合适,老周就向老沙要了一张我的照片,送给溥仪看,溥仪立刻同意见面。老周又把这个消息告诉了老沙,其实,老沙在这之前尚未和我提过呢!他给溥仪看过的那张照片也是原存的。

几天之后的星期天,沙曾熙陪我到南河沿文化俱乐部如约会面。跨进院子的大门,就看见两个男人站在冰冷的北风里,老沙先跟其中的周振强打了声招呼,随后便介绍我与溥仪见面。

当溥仪很热情很大方地跟我握手的时候,不知为什么,我倒有些拘束和紧张,甚至不敢抬眼仔细看看他。直到他把我们让进客厅坐定,又向服务员要了咖啡,我这才得到机会观察了"皇帝"的风采。他穿一身藏青色中山服，黑色皮鞋锃亮，头发也梳得一丝不乱，谈吐热情得体，举止文雅洒脱，这一形象已经令我油然生出几分好感。

在谈话中，溥仪详细地向我询问工作、单位、年龄等情况，问我在医院的哪一科，病人多不多，工作累不累，等等。问得很仔细。当时我正在业余卫生学校学习，手里拿着医学教科书。他看到了，高兴地询问我的学习情况，并说："我对医学很感兴趣，改造期间学过中医，看过不少医学书籍，也曾帮助管理所的医务室做过护理工作，量血压、注射等简单的操作都可以。我当时曾想过：真能学会了治病，改造结束后也许可以当个大夫呢！"

我问到他的生活情况时，他说："我现在只靠每月一百元工资生活，有时不太够用，由国家照顾。"

他又问我的情况，我讲了父母早逝的经历，他非常同情，说："真苦啊！"又问我父亲生前做什么工作？我告诉他，是一个普通的银行职员。

这几天我也曾了解溥仪的一些情况，知道他作为宣统皇帝曾经统治过全国，后来当"满洲国"的"康德皇帝"，在东北，家家户户都挂他的照片，每天都要给他鞠躬……然而，眼前的溥仪，总是咧开厚厚的嘴唇憨厚地笑着，一派喜气洋洋的神情。我心想：这就是那个皇帝？一点儿架子都没有，跟普通人没有什么两样啊！而且，诚实、朴素、和气、热情，更不像戏里的皇帝。

虽是初次见面，我们的谈话却很投机，不知不觉从下午两点一直谈到五六点钟，当我们走出文化俱乐部要分手时，溥仪不忘向老沙问明住址和单位电话号码，并掏出小本子来认真地记在上面。不过，他当时还不好意思问我这些。

我们把溥仪送上返回政协的汽车以后，周振强很兴奋地告诉老沙和我说："行了，这回准成！"

"你怎么知道行了？"老沙问老周道。

"溥仪如果不喜欢，总是说几句话就要走，这回谈了几个小时，说明他有诚意。"周振强性格开朗，说话很幽默，他故意作出神秘的样子说下去，"大家给溥仪介绍对象，前后也有十几个了，他都相不中。"

"那为什么？"老沙追问道。

"岁数稍大点，相貌稍差点，都不行。因为他常见外宾，有时还要携带妻子，所以得找个能带得出去的。"

结婚以后，溥仪也向我讲过他第一次见到我的印象。他对我说："那天真是一见钟情啊！我和别的女同志还没有过一谈一下午的。我现在是个公民，只想找个能说得来的，自己真心喜欢的，如果不喜欢，整天待在一起，看着就烦了。你穿戴朴素，人品老实。经历很苦，让人同情。又是搞医务工作的，和我的兴趣一致，我喜欢。当时我还想到：如果我们真能结合，就像那数以万计的北京市民一样，建立起一个双职工的家庭，谁也不过寄生虫生活，那该多么令人羡慕啊！"

与末代皇帝相恋

第二次会面是在五天之后的周末，溥仪给沙曾熙打电话，相邀去跳舞。我们按时前往政协礼堂，在白塔寺下车没走几步，就看见溥仪满面春风地迎过来了，我当时心想，这位皇帝蛮热情蛮主动呢！

政协三楼的舞厅里，乐队一遍又一遍演奏着《友谊圆舞曲》，一对对舞伴在乐声中翩翩起舞。溥仪这时却没有那么主动了，只顾坐在那里陪着我和老沙喝茶。一会儿，老沙邀了别人下场，以便给溥仪和我留下说悄悄话的时间。然而，他似乎又找不到合适的话题了。

身着日本人规定之陆军礼服的"康德皇帝"

正当音乐又响起的时候，溥仪站起来，像个普通的舞者邀伴那样，很客气地对我说："李同志，咱们跳一次吧！"接着又说："我不会跳，向你学一学，也许会把你的鞋踩脏的。"我说："我也不会跳。"下场以后我发现他的确是不大会跳，有点笨手笨脚，缺乏节奏感，步子与乐曲的拍节也往往不协调，有时还真把那双锃亮的皮鞋落在我脚上，同时他会轻轻地送过来一句"对不起"，或是略含歉意地无可奈何地一笑，尽管如此，跳跳慢四步什么的，他还能很认真地跟我嚓呀嚓地拖，到了快三步，简直就乱了套，像是拽着我绕圈跑。

"你当了那么多年皇帝，怎么没学会跳舞呢？"两人大汗淋漓地来到小桌旁，我问他。

"那时候我是天子，连父母见了我也得下跪打恭，一般人抬头看我一眼便是君前失礼，谁还敢跟皇上搭肩跳舞？所以我也不可能学会跳舞。现在我是公民了，想让你教教我，补上这一课。"接着，溥仪轻声对我说，"以后就不要总麻烦介绍人了，我可以直接给你打电话吗？"

他问我们医院的电话号码，我告诉了他，但又悄声说出了自己的顾虑："你的'名气'那么大，让人家都知道了，我和周围同志的关系就不好相处了。"

溥仪笑笑说："我不说是溥仪，如果医院的同志要问我姓什么，我就说姓周。"打这以后，我们医院就越来越频繁地接到"周同志"找我的电话，大家都以为我正和姓周的人搞对象呢！

舞会结束的时候已经是晚上十点多钟了。那天，天气格外寒冷，地上是一层很厚很滑的冰雪，在路灯下溥仪又送我们小心翼翼地走到汽车站。车已来到，溥仪还再三嘱咐我们："上车要当心噢！踏板很滑，可别摔倒了。"我心中暗想：这位皇帝还真挺关心人呢！

路上，老沙问我有什么感想？我故意说："既然你和老周都这么关心我，我只好相处相处再说啦！"

"作为一个老朋友，介绍、见面，我都替你决定了。但成不成，我可不敢越俎代庖噢！"老沙说。

"人还不错，挺会关心人的。"我说了老实话。

"我早说过人家经过了改造嘛！不是'宣统'，也不是'康德'喽！干吗还用老眼光看人？"说这话时，老沙俨然像个胜利者，"不过，我也没想到，中国的末代皇帝原来这么平易近人！"

第三次会面是溥仪直接打电话来，邀我到政协礼堂看电影《一江春水向东流》。他说已经留好了座位。电影开演后，溥仪聚精会神地看，影片情节深深地吸引了他。当他看到男主人公张忠良抛弃了遭苦受难，孝敬婆婆、抚养幼子的结发妻子的镜头时，非常气愤地说："这个男的真坏！家里有那么好的妻子，还在外面寻欢作乐，逼得妻子跳了江，太没良心了！"听了这些话，我觉得溥仪的心眼真挺好。散场后，溥仪一直把我送到白塔寺车站，问我冷不冷？还要亲自送我回关厢医院，我一定不让他再送，他等我上车后才回去。

一个新的礼拜六，溥仪在电话中第四次邀我晚六点到政协礼堂门前见面。那天，车上人多，我等了几趟车才勉强坐上，而车速又慢，结果没能按约定时间到达。

在政协礼堂门前找不到他，我又转到办公楼后面，见他宿舍也关着灯。心想，还是回到政协礼堂门前等等他吧。当我快走到大门的时候，正遇上溥仪从汽车站方向回来，一看见我高兴极了，就像铁屑碰到磁石一样，一下子把我抱住。礼堂门前人来人往的，大家看这场面发笑，我也怪不好意思。他这才好像忽然明白了，哈哈大笑起来。一些认识他的人过来打趣说："你这个老头咋这么高兴啊！"他连忙解释道："我到处找得好苦，上车站又没接着，竟在这里碰上了，哪能不高兴呢？"

我小声埋怨他说:"你咋不管不顾的?也该分分时间、场合。"

他毫不示弱地回答说:"你不遵守约定的时间,我这是对你的惩——罚!"真是拿他没有办法。

那天晚上在政协礼堂看京剧《贵妃醉酒》,他很喜欢京剧这种传统的民族艺术,也能听出各种唱腔味道。他边看边给我解释,发表他的感想和评价。因为我经常和他一起看京剧,逐渐也懂得一些这方面的知识了。

戏一演完,溥仪便提出让我到他的宿舍看看,我就跟他来到政协大院内的一所平房,里间是卧室,约有二十平方米,摆着一个写字台、一对儿单人沙发和一张双人床,还有圆桌和几把椅子,靠床一侧有道门连着卫生间。外间是客厅,看上去比卧室还要大些,有办公桌、书架和半圈形的沙发茶几。但溥仪不会收拾,衣物和用具等摆放得很零乱。

溥仪曾告诉过我宿舍的位置,但进入屋内这还是头一次。他让我在外间沙发坐下,又拿出一大堆东西来给我吃。看我并不伸手,他又拿橘子和糖果往我手里塞。他对我说,经过几次接触产生了良好的印象,觉得有点儿离不开我了似的。又问我愿不愿意和他交朋友?我说希望继续相处,以达到互相了解。他还问我现在对他有什么意见?我说,愿在相处过程中开展批评,互相帮助。他笑了。

刚聊了一会儿,溥仪的五妹夫万嘉熙就来了,好像他们预先有安排。随后溥仪就提出,第二天——星期日,两人要一起到我家去。考虑到我们的关系尚未确定,而溥仪又有特殊身份,到我家去恐怕不太合适,就推辞说:"我们院子里人家多,房子又小,路也远,还是不要去了吧!"溥仪遂反问道:"你是不是对我有意见呀!"看来他决心要去,推辞不掉,也就勉强答应了。

第二天上午,大约九点钟左右,溥仪和老万按照"朝外吉市口某条某号"的地址真的找到我家来了。我家只有一间很小的房子,三个人坐在屋里就显得满满的。后来他们提起当时的印象说:"地方不大但很干净,东西不多却井井有条，因此，我俩都挺满意。"我想：堂堂宣统皇帝居然到一个普通的平民之家来做客，也怪有意思的。

我们在一起说了一会儿话，老万就借口有事告辞先退了。留下溥仪一个人坐在我家里一个劲地抽烟。

"今天在你家里，我想好好和你谈一谈。我觉得有好些话非和你说说不可。"谈话就这样由溥仪先开了头。

"也好！我很想听听你的意见。"我说。

"你知道：我是个改造过来的旧人员，满身是罪，特别是跟日本人走了十几年，更对不起党，对不起人民。"

"我觉得你改造得不错，政治觉悟挺高的。我的看法也许不正确，我认为历史是很复杂的，我们主要应该向前看。"

"我赞成你这个看法。后半生，我一定多给人民做些事情。"

"我们都应该多做工作。"

我的话使他解除了一个顾虑，他立刻显出很高兴的样子，并把话题转到新的方面。

"由于我在改造中体会到党的政策的温暖，又经过反复的思想斗争，把从官中带出的经过一再精选而保存下来的白金、黄金、钻石、珍珠之类首饰、珍宝共四百六十八件全部献给了国家。现在，我只靠每月一百元工资生活，别无长物，所以你跟着我并不能得到享受。"

"我和你相处，并非因为你曾当过皇帝，如果你还像皇帝那样坏，纵然有千千万万件珠宝我也不稀罕。只要人好，再穷我也愿意，感情是金钱买不到的。"

"我的年龄大，我们之间有差距，不知道这一点对你有没有影响？"很明显，这是溥仪早有准备要提出的又一个新问题。

我想和他开个玩笑，看他有什么反应，就轻轻说了一句："还没有考

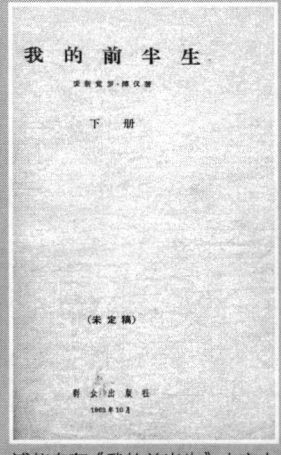

溥仪自存《我的前半生》大字本"未定稿"下册封面（1962年10月群众出版社内部印行征求意见用）

溥仪的五妹夫万嘉熙（1914-1972）

溥仪在抚顺改造期间最早献出乾隆当太上皇时用过的田黄石三连环玉玺，后来又交出四百六十八件无价珍宝。

虑过这个问题。"我看他的脸上立刻显出了有点儿异样的神情，"不过，只要精神状态好，是可以让人年轻的。"

他立刻高兴起来，说："你看我的精神状态如何？特别是……和你认识以后，我真是从心里往外高兴啊！"

"我愿意找岁数大一些的，因为从小没有父母，年纪大点更能疼爱我。"我说了老实话。

那天，我们谈了很长时间，谈得那么开心。然而，还不能说两人就此确定了关系，刚刚见过几次面，互相之间都希望多了解了解。对我来说婚姻是一件大事，溥仪也认为处理婚姻问题应该特别慎重，他颇为神秘地轻声告诉我说："这是毛主席向我提出的要求！"原来就在我们初次见面的半个月前，毛泽东曾在中南海颐年堂家中设宴款待溥仪，还鼓励他重建家庭，并对他说："你的婚姻问题要慎重考虑，不能马马虎虎。要找一个合适的，因为这是后半生的事，要成立一个家。"

我们正谈着，邻居李大妈来了。她平时把我当亲女儿看待，听说宣统要来，岂能不想看看，遂带着好奇和惶恐的心情来了，不料，溥仪是一副和蔼可亲的样子，张口闭口一声声叫"大妈"，问寒问暖，嘴巴甜甜的，还执意让李大妈跟我们一起上小饭店吃了一顿饭。过后李大妈很惊愕地对我说："真想不到！皇上怎么变得跟咱老百姓一样啦！"

感情升华

这次会面以后，我们的恋爱生活进入了一个新的阶段。如果说爱情之树在此之前已经萌发，并长出树苗苗，那么在此之后这树便茁壮地成长起来了。我们见面的次数增多了，溥仪几乎每天都用电话邀我，有时也直接到我家来坐一会儿，聊聊天。

1962年的头几个月，我国仍处在经济困难时期。政府为了照顾民主人士，每月发给文史资料专员十几张就餐证，可以到政协内部食堂或文化俱乐部食堂改善一下生活。溥仪总是在星期六的晚饭前或星期日的早饭前找我一块儿去就餐。遇到他的同事，常过来说说笑笑，问我们几时完婚，要吃喜糖。为了让我换换口味，溥仪也带我到过高档的民族饭店或新侨饭店，美美地吃上一顿。

当时，溥仪正在群众出版社的协助下修改《我的前半生》一书，我也跟他一块去过出版社。他和编辑谈书稿的事情，就拿出一大堆照片让我看。那里面有婉容的、文绣的、谭玉龄的，还有李玉琴的，我觉得很有意思。

溥仪最愿意遛街，每逢星期天，一定拉上我满城逛，百货公司、食品商场、汽车站的牌子、街头的果皮箱、柜台后边戴小白帽的售货员、人行道上穿蓝制服的年轻姑娘……人们司空见惯，他却觉得新奇。大概是因为自三岁入宫，便由端康太妃、敬懿太妃之类的人看护着，动辄又有庞大的随从队伍跟随着，这种囚禁宫中的生活实在令他太腻烦了吧！现在总算获得了自由，他要充分享受这蓝天之下、大地之上的自由！

记得有一次，我们在西四路西的一家小饭铺吃便饭，找了一张靠墙边的桌子坐下。买了八两米饭，一盘炒肉丝，一碗羊肉丸子汤。

邻桌的一个人突然认出了溥仪，竟禁不住说了声："这不是小皇上吗！"一传俩，俩传仨，小饭铺的人都放下碗筷围拢过来，互相咬耳朵："看！这就是宣统帝！"还有的人把目光停在我身上："她就是皇后吧？"当时的场面简直让我连头也不敢抬一抬了，只觉得脸发烧，耳边一片嗡嗡声，脑袋直发木。像怪物一样地被人看，被人议论，这是我从来不曾经历过的事情。溥仪却满不在乎，跟人们打招呼，点头，哈哈笑着。

一位胸前飘着白胡子、像个老学究似的长者，很尊敬地走过来和溥仪握手，他们边吃饭边攀谈起来。

"您在哪儿工作？"

"在政协。"

"传说您在文史馆。"

"是政协下设的文史资料研究委员会。"

"您的工作一定很忙吧？"

"主要是审阅文史资料，有时自己也写一点儿。此外，每周抽出一些时间到植物园劳动。"

"看您身体蛮好的，请问今年高寿？"

"大爷您看呢？"溥仪反问了一句。

"就像一个四十多岁的人似的，不过……"老人端详了一阵，又开始掰动拇指计算了，"宣统年是……"

"我今年五十六岁了！"溥仪笑着告诉他。

"不像，不像。"老人连连摇头，又很感叹地说，"你现在一点儿架子也没有啊！"

"我是一名普通公民，哪里还有什么架子？作为一个平凡的劳动者，我感到光荣。"溥仪对老人说。

老人每次问话，溥仪都很礼貌地回答。老人又问我是谁？我看溥仪带着一种骄傲的神情说："这是我的女朋友！"老人感慨万千："难以想象啊！你当皇帝的时候，能带着自己的女朋友到这样一家小饭铺来吃饭吗？"溥仪听了这话也很感慨："当然是做不到的，从前的皇帝溥仪已经死了，您现在看到的是获得了新生的溥仪。"

我们吃完饭要和老人告别了，老人握着溥仪的手告诉他："我家住在西四某胡同，非常欢迎您抽出时间光临寒舍。"溥仪又向饭铺服务员和其他顾客招手，连声道"再见"。走出小饭铺，我跟溥仪说："刚才如果不是人太多，把我们围在中间，我真想找个机会溜掉！"溥仪不以为然地回答说："那个老头，连围观的人都是善意的，他们关心我，就是朋友，所以我们不应该一走了之，而让他们失望……"

发生在小饭铺里的事情使我对溥仪更加敬重了。我觉得他是那样谦虚，那样可亲，难道生来就以"真龙天子"自居的人竟会是这个样子？难道以"虐待狂"著称于世的人竟会是这个样子？虽然溥仪常常给我讲述他前半生的"丑行"，但我简直不敢相信！我从正在爱上的这个人身上所看到的，是满身满身的优点，也许这就叫"情人眼里出西施"吧！

当然，溥仪并非没有缺点。长年的宫中生活，特别是当傀儡受监视的年月，养成了性格多疑的一面。据溥仪自己讲，除了弟妹，他是绝不轻易在外人家吃饭的，怕别人在食物内放毒药。1962年3月初，有一次在我家里，他忽然问起："李同志（婚前他一直这么称呼我），你的南方菜一定做得好吃吧？"我说："下星期你来吧，我给你做！"下个礼拜天他果真来了，还买了一些鱼罐头肉罐头。我就动手给他做了几样，没想到菜做好了，他却说啥也不吃，无论怎么让，就是一口不动，我很失望，只好自己吃了。原来，当时他还不能对我的一切都深信不疑。

溥仪常常在下班之前到家里找我，他明明知道我的下班时间，为啥偏要早早来碰锁头呢？后来我明白，原来他是要找个"借口"，到街坊李大妈家坐坐。在那里，他总是非常细心地打听我的情况，如问我每天回家晚不晚？经常来找我的都是些什么样的人？有没有常来的男同志等等。你看他调查得多么仔细又多么巧妙啊！溥仪因此而和李大妈的关系也处得很好，结婚以后还常常提议去看望她。

我不但给溥仪当过怀疑对象，我们之间也曾起过风波。有一次，溥仪在我家谈起以前的"皇后"和"妃子"。他说:"那时候我根本不懂夫妻之间应有的相互关系。妻子就是我的玩物和摆设,高兴了就去玩一会儿,不高兴就几天不理,是谈不上有什么感情的。"听他这么说,我就顺嘴讲了一句:"以后对我能不能那个样啊?"谁知这句话竟触痛了他,居然生起气来:"如果咱们实在不能做永久的伴侣,就做个永久的朋友吧!"说完,穿上外衣就走了。

溥仪为什么生这么大的气呢?经过后来几年的共同生活,我才悟出这其中的道理。特赦后的溥仪最珍视的东西就是十年改造的成果。最感到痛心的事儿就是人们用老眼光看他,而对前半生和后半生不加区分。他常说,昨天的溥仪正是今天的溥仪的仇敌。所以,我那句出自无心的话确是触犯了他的大忌。

事后,溥仪有两三个晚上没有露面,记得李大妈还问过,"周先生"怎么好几天不来了?我说,未给他打电话。三天之后他终于又来了,自述说"闹了点感冒"。

"我还以为你生我的气了呢!"

"哪能生你的气呢!"溥仪并没有忘记那天的争论,但他善于自我批评,常把道歉或检讨挂在嘴边上,这回又主动认错说:"我是改造过来的人,以后对自己的爱人当然不会像在宫中对待'皇后'和'妃子'那样。"他那副样子,就像等我判决似的,这个人的心眼特别直,挺傻的,却也是实实在在的。

不久,全国政协就派人到我工作的医院来了解情况了。对此,他很担心,生怕我有什么问题成不了。后来,政协领导找溥仪谈话说:"李淑贤政治清白,作风正派,为人忠厚老实,是一位好同志,组织上同意你们结婚,但她离过婚,这个问题需要你自己拿主意。"溥仪回答说,这个问题早就深思熟虑过,对于旧社会强加的痛苦婚姻,离掉有什么不好?

当天晚上溥仪又到我家来，他拉着我的手，显得那么高兴，我问他是不是捡到了什么好东西？他激动地告诉我，政协干部已到医院人事科来调查过了，对你的评价不错，领导上通知我，同意我们结婚，我再也不用担心了，还能不高兴吗？现在你就是我最喜欢的人，如果因为组织上不同意而失去了你，对我来说是多么痛苦啊！

从此，常往医院打电话的"周同志"又还原为溥仪了，医院里尽人皆知，我正和"宣统皇帝"谈恋爱，终于闹得满城风雨了。由于得到了组织上的支持，溥仪想见我一面可就方便多了，常在上班时间内到我家找我，李大妈则必给医院领导打电话，领导随即通知我回家。到家一看是溥仪来了，聊一会儿，我再把他送到车站上，还返回医院继续工作。溥仪每天一次，从西城白塔寺乘1路无轨电车到东城朝阳门总站，再走到朝阳门外我家，这段路跑熟了，也敢在晚上自己过来了。我当时很忙，每天晚上都有会议，一到家就会有街坊告诉我，"周先生"来了，正在等你。他们对溥仪还沿用着习惯的称呼。

当时国家正处于困难时期，溥仪总是把政协机关内部照顾配给的罐头、饼干、糖果等带来我家，和我一起吃。

四个多月的相处终于使我下定决心，要把自己的命运和溥仪的名字永远地联系在一起。然而直至这个时候，还有关心我的同志，善意地劝我要慎重考虑。他们说，当皇帝的人怎么能和我们有共同语言呢？可是，我已经有了许多的实践经验，我敢于说：他和我们普通人并无两样。而且，我认为他有许多我喜欢的优秀品质。

医院化验室有位女同志对我们的关系就很不理解，她曾把我叫到一边说："你还这么年轻，为什么要和溥仪结婚？怎么能和封建皇帝一起生活呢！"我回答说："感谢你的关心，但是我喜欢他，他也喜欢我。"还有个平时很要好的同事小魏，从在医院人事科当干部的嫂子那里得知全国政

郭布罗·婉容十七岁成为"末代皇后"（摄于1922年溥仪大婚时）

额尔德特·文绣摄于入宫前，时年十四岁，溥仪在这帧照片上画个圈儿从而决定了她的命运。

溥仪向记者述说他获赦后的全新感受

协来人调查的事，特意找到我说："给你介绍了那么多对象都相不中，却偏偏看上了溥仪，让我想不通，你是图他有钱吧？"

"不，他很穷。"我答道："我们两人都有工资，谁也不靠谁。"

"那么你看上了他什么呢？"

"我喜欢他这个人，他为人老实，对我特别好。"

不管我怎么解释，小魏还是想不通。甚至说如果我和溥仪结婚，她就跟我断绝朋友交情，以后确实没有来往了。

我和溥仪的感情愈来愈深了，他知道我身体不好，和我在一起的时候总是怕我冷着、热着、受风、着凉。一次我得了感冒，他听说后便来看我，见我嗓子疼得说不出话来，心里十分焦急，他相信中医，让我到海军医院找著名的张大夫看看。我说不用去，过两天就会好的。谁知他竟脸背着我掉起眼泪来，哭得很伤心，我安慰了半天，他才不哭了。一次溥仪来电话说他病了，发着高烧。我一听赶紧利用中午休息时间，买了一些平时他很喜欢吃的食品去探望。我给他量体温，38度多，我说我陪你去人民医院打一针，好得快。他听后非常感动地说："现在我算是有了一个真正的好朋友了！你这么老远来看我，我的病好像已经好了许多，不用上医院了。"坐了一会儿，他突然拉住我的手用力地握着，两只眼睛盯住我问：

"告诉我，你打算什么时候结婚？"

"再等一段时间吧！"

"为什么还要等？"他用恳求的语气说，"答应我，早点儿结婚吧！"

"是怕我会变心吗？"我猜透了他的心思。

"有点儿怕，因为我喜欢你，所以更怕失去你，我不能没有你呀！"溥仪老老实实地说出了自己的想法。

"有一句人们常说的俗语，可我还是愿意借用它来表达一下我的心情：海可枯，石可烂，我这颗心不会变。"

听完这话，溥仪高兴得几乎要从床上跳起来，像唱和对联似地说出下面一句："山有顶，河有源，爱情之花不凋残。"

我们的恋爱生活至此达到了高潮。像一对对青年恋人一样，也曾发出了海誓山盟。

60年代的"皇帝大婚"

溥仪多次向我提出结婚的要求，他催促说："淑贤，还考虑什么呢？我们相处好几个月了，快结婚吧！省得我天天往你家跑。"我不能还让他失望，遂商定在1962年4月30日结婚，婚后第一天便是"五一"劳动节，这位当过皇帝的人非常希望把自己大喜的日子与劳动人民的节日联系起来。

临近婚期的日子里，陪同溥仪和我购买结婚用品的全国政协工友赵华堂赵大爷早就开好了两张介绍信，一张介绍到百货大楼，一张介绍到友谊商店。这是领导特别关照赵大爷的，因为当时正是困难时期，物质缺乏，有介绍信可以照顾些。领导还告诉溥仪说："你们白手起家不容易，要好好安排一下，不但应把家庭生活日用品一次购全，还要把你们两人的服装鞋帽都添置够用，费用均可报销。"

我平时穿用的衣物不缺，但听说将有各界领导人、许多名人及海内外新闻记者出席婚礼，作为新娘子的我，当然希望能打扮得漂亮些，心里真想能趁这机会买几套好衣服。

在柜台前，当我指着看好的布料或服装而把征询的目光投向溥仪时，他却好像没看懂似的。跟着一块来的赵大爷遂插嘴道："结婚是一辈子的大事，你不能委屈了人家。"溥仪则用商量的口吻，温和地对我说："这次买衣物用品都是国家开支，咱们要节约办事，主要买锅、碗、瓢、盆日用必需品。衣服你买一件就算了，以后我们自己有了积蓄再陆续添置好吗？"溥仪的话是有道理的，国家有困难，组织上这样照顾，我们难道就不该体谅国家吗？那次，我们买了一条床单、一个被面，我也只在百货大楼买了一件凡尔丁西服裙，溥仪则什么也没有买。

赵大爷在旁边见溥仪一件衣服也不买很着急，劝他说："你也别白跑一趟啊！"可溥仪坚决不肯："我的衣服还可以凑合。"赵大爷提起这件事就夸溥仪，说他"是个有觉悟的人"。

4月25日溥仪来找我，正碰上我嗓子疼，说不出话来，他很着急，对我说："新华社记者听说我们就要结婚了，希望能在婚前把我和女朋友的照片发布出去，特邀我们明天去颐和园玩，给我们拍照，你却病了，怎么办呢？"溥仪说着说着，又坐在那里伤心地哭了起来。

"你哭什么？"我以嘶哑的嗓音很勉强地说。

"怕你的病严重起来会出问题，真担心婚期也要耽误了。"

"只是感冒嘛，有什么关系呢！过两天就会好的，明天病稍好些就到颐和园去，尽量不要影响新华社的工作。"

我说着，拿条毛巾给溥仪擦拭眼泪，他又高兴地笑了起来。第二天上午，溥仪带着全国政协的汽车来接我，如愿以偿地完成了这次任务式的郊游。

4月29日政协机关派了一辆汽车来，把我家的几样家具、几个衣箱、行李被褥和锅、碗、瓢、盆之类全部拉到溥仪的住处，第二天上午政协机关又派一辆小车来接我，由溥仪陪同到王府井四联高级理发店，为我理发，理完发仍把我送回朝阳门外我那间空房里。当天下午，溥仪又坐着小汽车来把我和我的几位同事一起接到政协机关,并在机关食堂吃了晚餐。

饭后,大约从六点三十分起,政协机关的大小汽车排成一列,向文化俱乐部(南河沿礼堂)驶去,隆重而热闹的婚礼仪式将在那里举行。我和溥仪乘坐的上海牌小轿车走在最前面,因为第二天就是"五一"节,大街上张灯结彩,使我们的婚礼更为增色。

在文化俱乐部门前,我们一下车就让一大堆来宾围上了。其中有中共中央统战部、全国政协以及北京市委统战部的领导同志,有许多著名的民主人士和文化艺术界的名流,有文史资料研究委员会的专员们,有我的医院同事,还有溥仪和我两方面的亲朋好友等。大家一边介绍着,问候着,一边走进了典礼大厅。

大厅里的客人分别围坐在一张张长桌前面,桌上摆满了茶点和糖果。我们进屋后先就坐,然后溥仪领着我一张桌子一张桌子地互相介绍、握手、让烟、让茶。大家都高兴地和溥仪打招呼,曾任国民党第二绥靖区中将司令官、山东省主席的文史资料专员王耀武说:"老溥,明天就是'五一'节了,你挑这个日子结婚很有意义,好极了!"溥仪说:"'五一'是劳动人民的盛大节日,作为一个新的劳动者,我对这个节日感到特别亲切。"

七点整,由担任司仪的政协委员、政协总务处长李觉(曾任国民党第四十三集团军中将副司令)宣布结婚典礼开始。

首先,由主婚人——溥仪的七叔载涛致祝辞。七十七岁高龄的载涛讲起话来声音还是相当洪亮。他说:"我今天参加这个婚礼非常高兴,希望你们在婚后新的生活中相亲相爱,互相学习,取长补短,在社会主义革命和建设中作出自己的一份贡献,以报答政府的关怀。最后,预祝新郎新娘和衷共济,白头偕老。"

1962年4月30日,溥仪和李淑贤在全国政协文化俱乐部举行婚礼。

载涛讲完这几句就坐下了。1922年溥仪在清宫中举行大婚仪式，载涛就是主要的操办人之一，1937年溥仪册封"贵人"谭玉龄，载涛也曾参与其事，而这次为溥仪主婚，情况大不相同了，回想历历往事，感慨系之。司仪宣布请新郎讲话，溥仪大大方方地走向台前。

各位领导、各位同志和亲友：

我和淑贤在劳动人民最好的节日里结婚，蒙各位在工作百忙之中光临，我们表示衷心的感谢！

我们选择这个日子结婚则因为这是劳动人民最愉快的一天。我们要记住这一天，永远向劳动人民学习，学习他们勤劳、勇敢、直爽、朴素的优良品质，学习他们崇高的无产阶级思想感情。

回想自己的前半生，那是一个剥削者、寄生者的可耻的经历，经过十年改造，今天我成了自食其力的光荣的劳动者。我是一个园艺工作者和文史工作者，而我的爱人是一个我最尊敬的医务工作者。我们在劳动者的节日里建立起一个劳动之家，这正是我所追求的幸福。现在这幸福已在眼前，是政府给的，是人民给的。

我愿意代表我的爱人，在今天的来宾面前表示决心：我们两人一定要相互勉励，随时克服缺点和错误，在各自的劳动岗位上，永远忠诚于人民的事业，把一份菲薄的力量献给期待着我们的祖国！

溥仪这几句话是事先作了准备的，他还几次跟我商量说："淑贤，在婚礼上我定要讲几句话，你也应该讲几句，因为这很有意义。"我说，自己不善于在人多的场合讲话。溥仪并不退让："那你就写个稿子练练嘛！"我虽未表示答应，却暗自准备了讲话稿，这回真用上了。新郎的婚礼讲话刚结束，客人们一致强烈要求新娘也说几句。司仪同志走到我跟前,很客气地对我说:"还是请您满足群众的要求吧!"我感到实在躲不过去,非说说不可了,便掏出讲话稿,站起来念下去。

各位首长、各位同志、各位亲友:

今天,各位盛意参加我们的婚礼,谨致以最衷心的谢意!

我们的结婚,经过了较长时间的了解,彼此认为满意。我们的感情在相处中奠定了基础,共同的语言和共同的兴趣,把两人的命运联结在一起了。今天的婚礼说明我们的爱情已经成熟,我们的希望也终于实现了。在这样的时刻里,我们不能不由衷地感谢给我们带来了美满家庭的社会主义祖国!最后,再次向诸位致意。

我讲完,当场就有人打趣地说:"这新娘子还讲得不错嘛!"接着,司仪李觉处长也代表政协组织向新郎新娘表示了热烈的祝贺之意。

婚礼结束后,宾客们围坐起来,大厅里洋溢着欢声笑语。曾任国民党陆军第49军军长的文史资料专员郑庭笈夫人冯丽娟的声音最尖,她指着溥仪说:"你不是喜欢医学吗?这回和白衣战士结婚,可遂了你的心愿了。"中共北京市委统战部部长廖沫沙同志坐在离溥仪不远的地方,瞅着我们一个劲地笑。大家在喝茶、闲聊,本来新郎新娘应该给大家倒倒水、点点烟,可溥仪这个人不大懂客套,只顾坐在那里聊天。我怕客人们有意见,就小声提醒他。他却站起来大声招呼说:"大家抽烟、喝茶,可不要客气噢!"你说多气人!我只好自己忙乎招待客人,不断给曾任国民党徐州"剿总"司令兼前进指挥部主任的文史资料专员杜聿明、曾任国防部保密局云南站站长的文史资料专员沈醉以及周振强等人点烟,他们也都客客气气地起身道谢。溥仪还几次小声嘱咐我,让我注意休息,那天我真倦了,事后溥仪还心疼地说:"幸亏王耀武、郑庭笈、范汉杰、李以劻这些

溥仪与李淑贤的恋爱达到高潮

溥仪与弟妹们和政协工友赵华堂（前排右一）合影

热闹的婚礼场面

人都不会抽烟，不然可要把你累坏了！"

中国新闻社等好几家新闻单位的摄影记者也来参加了婚礼，并拍下许多令人难忘的镜头。他们还趁着这个亲属聚会的机会，替爱新觉罗家族拍了一张集体照，我作为汉族血统的南方人，正是从这一天起，加入了这个曾一度衰败而在解放后又获得了新生的著名家族。

直到晚上九点多钟，才由我的几位医院同事及"月下老人"周振强等陪同回到政协新房。溥仪特赦后一时没有给他找到合适的住房，就把政协秘书处旁边的两间办公用房临时改为他的宿舍，也是对他的照顾，上下班不用出政协大院，我们婚后也暂时住在这里，那天我们就在此接待了一批批的祝贺者。

曾任国民党中宣部长、甘肃省主席、陕西省主席，而有"和平老人"之称的进步人士、全国政协常委邵力子先生的夫人傅学文同志来了，她把两瓶陈年老酒放在桌上说："老邵过几天要来喝喜酒，让你们备点儿好菜呢！"溥仪笑着说："我们恭候。"

第一、第二和第三批获得特赦的专员们三三两两地前来祝贺，其中有曾任国民党川湘鄂边区绥靖公署主任的宋希濂、曾任国民党第九兵团中将司令官的廖耀湘，以及杜聿明、王耀武、沈醉等溥仪的同事。他们大多穿着战犯管理所时发下的上、下身蓝制服，有人拿来了烟具、有人拿来了儿童玩具，他们都很了解溥仪的爱好。

全国政协副秘书长、文史资料研究委员会副主任委员申伯纯、全国政协秘书处副处长连以农、全国政协常委平杰三等政协领导同志也来了，他们合买了一条很漂亮的被面送来说："希望你们夫妇永结百年之好。"

植物学专家、北京植物园的俞德浚主任也来致贺了。原来，北京市民政局根据周总理的建议，把刚特赦的溥仪分配到北京植物园，从1960年

3月到1961年3月，他在那里半天劳动，半天学习，度过了很有意义的一年，在此期间与植物园的领导和同志们朝夕相处，结下深厚的情谊，他把植物园看作自己的家，到政协工作以后仍是每周一次回植物园"探亲"。俞主任还带来了他与植物园另一位主任田裕民以及跟溥仪同在植物园生活过的军队干部胡维鲁共同送给溥仪的新婚礼物——一套崭新的精装本《毛泽东选集》。扉页上的题字是："爱新觉罗·溥仪、李淑贤同志结婚志禧，俞德浚、田裕民、胡维鲁敬赠。1962年'五一'节前夕于中国科学院北京植物园。"

群众出版社的领导同志也来了，他们送来溥仪平时非常喜欢的毛主席诗词手写体挂卷。溥仪立刻挂上墙，一边欣赏，一边赞叹："主席书法好，诗词也写得好！"

七叔载涛也来了，他送给侄儿的新婚礼物是一对大理石烟缸。

溥杰夫妇也来了，他们送给大哥一件雪白的衬衫和一双袜子，说是象征着后半生洁白如之。又送给我一个精美的小钱包和一条白底黑花包袱皮，我后来仔细一看，发现包袱皮上有两个细微的虫咬洞，似乎不怎么吉利，又不好意思挑这个毛病。溥仪也看见了，安慰我说，别往心里去，我们会很吉利的，会白头偕老。我说这也是有意义的，象征着勤俭度日……

四弟溥任也来了，贺礼是一只小型电子表，这只表后来就挂在我家墙上，帮助我们计算着一分一秒的时光。

妹妹和妹夫也一个个来了，都带来了具有一定纪念意义的各种礼品。

直到深夜快十一点的时候，一伙一伙的客人才陆续散去。

一个星期的新婚假甜蜜地开始了。

溥仪亲笔拟写的新婚典礼讲话稿

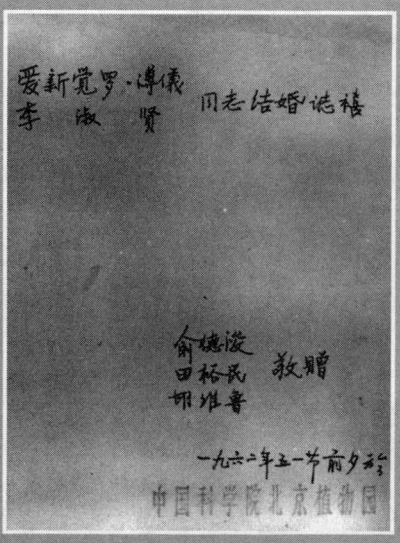
植物园领导赠给溥仪夫妇的新婚礼物《毛泽东选集》，图为扉页上的题字。

出席溥仪和李淑贤婚礼的爱新觉罗家族成员合影留念

蜜月第一周

溥仪与李淑贤结婚的消息连夜被送上香港各大报刊的显著版面。半个多世纪以来，千千万万张报纸大量报道了溥仪的行止，唯有题为《溥仪新婚，贺客盈门》这一则报道，被溥仪亲手剪下保存起来。

溥仪新婚，贺客盈门

[北京航讯]4月30日，溥仪和一位名叫李淑贤的女士结婚。新娘是浙江人，36岁，在北京一家医院工作。溥仪在婚礼上说："我现在是一个文史工作者。我们今天能建立起一个幸福的新家庭，感到非常兴奋。"他表示今后要和他的妻子互相勉励，互相帮助，共同进步。李淑贤也讲了话。

参加婚礼的有溥仪的亲属载涛夫妇、溥杰夫妇、他的姐妹和郑洞国、覃异之、黄雍、李觉、鲁崇义、杜聿明、范汉杰、宋希濂、王耀武、廖耀湘等，以及女方的许多亲友，共一百多人。宾客们纷纷祝贺溥仪夫妇婚后的家庭生活美满、愉快、幸福。

第二天就是"五一"劳动节，政协礼堂将有庆祝大会和文艺演出，九点开始。大约八点多钟，邢秘书长来到我家说，郭沫若同志和包尔汉同志现正在礼堂，很想见见我们。当我们随着邢秘书长走进礼堂休息室时，郭老、包老立刻从座位上起身并迎了过来，亲切地和我们握手。溥仪又把我介绍给郭老和包老，郭老微笑着说："溥仪先生，你大喜大喜啊！祝贺你新婚，祝贺你建立了幸福家庭，希望新郎和新娘永远相亲相爱。"致了贺以后又问："新娘是哪里人啊？"

"浙江杭州人。"

郭沫若（左一）、包尔汉（右一）在政协礼堂会见新郎和新娘

群众出版社领导送来毛主席诗词手写体挂卷，被溥仪挂到墙上。

右起：七叔载涛、溥仪、侄女嫮生和嵯峨浩之母嵯峨尚子

"原来是我们南方人呀！"

郭老说着，把准备好的新婚礼物——两筒"双喜牌"香烟交给溥仪说："祝你们快乐！"这既是贺喜，也预祝那将会带来新生命的幸福结合……文艺节目开演之前，郭老、包老和我们一起照相留念。溥仪很高兴，也很得意。

中午，我们在政协食堂进餐，买了炸丸子、炒肉片和酥鱼三样菜，吃着大米饭，溥仪边吃边称赞几样菜做得很不错。吃饭中间，溥仪又和我谈起郭老来。

"郭老是文学家，也是剧作家，对国家有很大贡献。"说到这儿，溥仪又问道，"话剧《武则天》你看过吗？"

"没看过。"

"这个话剧已经公演了，我看过，很有意思。剧本就是郭老写的。"他又说，"郭老的书法也有功夫，在许多地方题过字。他的夫人于立群也是一位书法家。郭老还是一位很有造诣的历史学家。"

溥仪又和我谈起在一次宴会上见到郭老的情形。郭老对溥仪说："你应该帮助专家们研究清史呀！"溥仪说："可惜我的满文不大通噢！研究清史不懂满文可不行。"他回忆说，郭老每次见到他都热情地打招呼，很客气地问候。

当天下午，国务院副秘书长、总理办公室主任童小鹏前来道贺。他向我们转达了周总理的祝贺，这使我们感到无比兴奋。童小鹏是位爱开玩笑的人，他指着溥仪说："溥仪，你结婚了，看来明年此时有希望见到皇太子啦！哈哈！"在场的人都跟着大笑起来，溥仪更是乐不可支。

童小鹏走后，中共北京市委统战部部长廖沫沙同志又来了，同来的还有北京市委统战部的一位副部长。廖老仪态庄重，文质彬彬，说了一会儿话就告辞了。

5月2日中午，全国政协又设宴招待我们以及爱新觉罗家族。七叔和弟弟、弟媳、妹妹、妹夫都出席了宴会，政协的几位领导和爱新觉罗家族的人们共餐，热烈祝贺我们的新婚之喜。

5月3日晚上，北京市委统战部和北京市民政局，在北海仿膳定了两桌宴席，祝贺我们新婚。统战部廖部长和民政局王局长亲自给新郎新娘敬酒，真是盛情难却，干杯的时候我很为难，说自己喝一两口酒就会醉，廖部长说，喝醉了大家会送你回家，有什么关系呢！正相持不下，溥仪挺身而出为我挡驾："她不会喝呢！她从来不喝酒的。"

"那怎么行，新娘子还有不喝酒的道理！"王局长也不谅解，"再说，我不能白举这杯酒，你照量着办吧！"

"好，好，我代表。"溥仪举杯一饮而尽。第二个敬酒的又起立了。"谢谢，谢谢。"他不等我回答，又是一举杯，干了。在笑声中，他又干了第三杯，第四杯……

这情景引得大家一阵阵哄堂大笑。王局长说："溥仪现在懂得关心爱人啦！还是淑贤有福气，找到这么一位好丈夫。"继而又问溥仪："你原来对皇后和妃子也能这样吗？"溥仪老实地承认说："原来不懂得夫妻之间应是平等的、互相爱护的关系。"

当摆上点心时，王局长说："今天的点心全是在清宫中给溥仪当过御厨的老师傅做的，和原清宫点心一样。"遂又转对溥仪说，"是否请老师傅出来见见你？"随后，一位矮矮的很和气的年过七旬的老师傅走出来和大家见面，他亲热地长时间握住溥仪的手不放，讲起了在御膳房制作点心的往事。溥仪说："我十九岁离宫，四十多年没吃过这样的点心了，今天在这里吃到，真是想不到的事情。谢谢老师傅噢！"又说，"我觉得这点心比清宫那时候还好呢！"老师傅说："您什么时候还想吃清宫点心就告诉我一声，我立即到您的府上去做。"溥仪连声称谢。

这时，有位二十岁左右的年轻姑娘尤感兴趣地走到老师傅面前，深深地鞠了一躬，很尊敬地说："愿意向老师傅学艺。"原来是溥杰的二女儿嫮生，她生在中国，长在日本，1961年5月随母亲来京探望已经特赦的父亲，不久又返回日本，溥仪结婚之际她再度回到中国，与父母团聚，并参加了伯父的婚礼等活动。老师傅答应了，以后一连几天登门到溥杰家向他的女儿传艺。

为了祝贺我们新婚，群众出版社派来协助溥仪修改《我的前半生》书稿的编辑，也在文化俱乐部西餐厅设宴招待我们，还邀来了婉容的五姨夫察存耆。他不但深谙"皇后"的家事，还长期担任溥仪的英文翻译，帮助他回忆了许多历史情节，他们在修改书稿过程中，频繁相聚，情深意笃。

众所周知，溥仪吃乳母王连寿的奶长到九岁，对她有很深的感情，成年以后还总是让她生活在自己身边，直到1946年她在通化中了流弹去世。溥仪特赦后继续与乳母的儿子及两个孙女保持着联系。5月4日那天，我们带着乳母的孙女王佩英到北京植物园玩了一天。溥仪历来是以植物园为家的，新婚之际当然要回家看看。

我们在上午十点左右到达植物园。因为事先通了电话，田裕民主任早在门外迎着了。溥仪把我和王佩英一一向田老作了介绍，田老把我们让进会客室，祝贺新婚，并关心地询问婚后的生活安排等等，溥仪一一作了汇报。

中午到了，田老让夫人做了许多菜，他说是招待植物园的亲人带回门的新娘。吃饭的时候，大家都夸田老夫人做菜的手艺很好。田老在饭桌上对我说："溥仪遇到你是很有福气的，他什么都不会做，你要多帮助他，照顾好他，就像对待老大哥一样。"田老的夫人也是老干部，他们夫妇对溥仪都非常诚恳，对于他们的嘱咐我完全理解。

饭后，田老陪我们参观各种植物，溥仪则能一一讲述它们的来历。

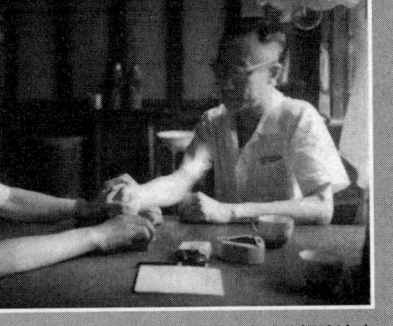

电影《末代皇后》中婉容精神失常后的剧照（潘虹饰演）

海军总医院顾问张荣增正为溥仪把脉诊病

香港《新晚报》1981年3月14日登出沈醉的文章《无药可治的隐病》。

溥仪的乳母王连寿（1888-1946）

在温室中，我们看到一种像大树一样的植物，溥仪讲："这种植物是外国传入的，对于它的管理，不但要浇水，还必须精心培养。它和含羞草差不多，是一种比较娇贵的植物。"说着，他拿起一把松土用的小铁铲，熟练地松着土，又说："必须经常松土，我刚来植物园的时候，连这种小铁铲也使不好呢，哈哈！"

我们还参观了溥仪住过的宿舍，清洁的房间内陈设很简单，两张单人床、一张办公桌和几把凳子，办公桌上只有暖瓶和茶杯，溥仪的硬板床上还铺垫着他从抚顺战犯管理所带回来的那套被褥，直到这时每周他还要在这里住上一两天。

那天我们真像新娘回门似的充满了欢乐。当我们告别田老离开植物园大门时已过了六点。回到政协，天就全黑了。

"老来得子"成泡影

新婚蜜月的第一周，在无休无止的活动日程中很快就度过了。晚上一上床，只两分钟工夫，溥仪的不轻不重的呼噜声便会传出来。我想，他已经五十六岁，受不了太多的劳累，就让他甜甜地休息一回吧！

当蜜月的第二个星期开始以后，晚上还是各盖各的被子，起初我只是觉得奇怪，莫非当皇帝的都有特殊"涵养"？我上了床，他仍坐在沙发上抽烟，或者翻书看，我以女性特有的腼腆保持着沉默，一会儿便迷迷糊糊睡着了，忽然又被一股热气烤醒，睁开眼睛就见溥仪手持台灯照我的脸，正细细地观瞧。我就说："都半夜三点钟了，你还不睡觉，点着100度的大灯泡，还不把我的脸烤焦了？"他这才悄悄睡下，一连几天都如此，他总是在我睡下后，便用台灯照着我的脸看。我这才发现不大对头，新婚生活不应该仅仅是这样的。

溥仪还每天到位于白塔寺的人民医院去打针，起初我不知道他打什么针，有一次我主动跟他一起到了医院注射室，这才知道他在打荷尔蒙，我知道这是一种增强男性性欲的激素类药，遂暗中询问注射室护士："溥仪是不是经常来打这种针？"

"他每天注射一支。"护士回答说。

有了这个题目，我便问他了："你是不是有病啊，为什么要注射荷尔蒙？"

追问之下，他哭着向我承认自己有男性病，还不能正常地与妻子同床。他本以为孤身独处多年，加之后来参加了一些体力劳动，饭量大增，人也发胖了，自觉身体状况颇佳。再说，特赦后由于周恩来等中央领导人的过问，曾做过全面体检，认为旧病可愈，继而先后接受著名中医施今墨、岳美中、张荣增等老先生的诊治，感到不会有太大的问题，有位政协领导曾问他病好了没有？他还说已经好了，正因为有这种自我感觉，他才考虑到结婚的问题。然而现在看来，当时的感觉其实还是错觉。

"为什么婚前不把这一切告诉我？"我生气地问道。

"这是难以启齿的事，我担心要是你事先知道了，也就不会跟我结婚了。同时我还有侥幸心理，也许我这病不知不觉就好了。"溥仪言辞诚恳。

"你有病，令人同情，但也不该欺骗我。"

"淑贤，对不起你，也许我太自私了，可不是有意要欺骗你，我实在是太喜欢你了，实在是怕失去你，恳求你一定不要离开我……"

"现在生米已经做成熟饭，然而，我已经三十多岁了，还想要个孩子呢！"

"淑妃"文绣提出离婚,这是皇室历史上无前例之举。

"祥贵人"谭玉龄华年即逝,她就凭这帧照片获选入宫。

"福贵人"李玉琴也在1957年与溥仪离婚,此照摄于1956年她当上图书管理员之际。

"你想要孩子，我们就抱养一个吧！"溥仪说着"扑通"一声跪在我的面前，"别人给我介绍过许多对象，都不满意，好不容易遇到了你，我真心喜欢，一定加倍地疼爱你，事事让你高兴，让你称心，绝不让你受一点委屈。如果还有别的条件，比如交交朋友什么的，只要你仍然爱我，我可以不干涉，也……依你，唯一的要求是不离婚，别离开我，好吗？"

我从小失去父爱和母爱，直到碰上溥仪，才又感受到亲人的温暖。他为人忠厚、朴实、诚恳，我们相识以来，他时时、处处疼爱我，关心我，照顾我，让我怎么舍得一下子离开他呢！他的一番话早把我的心说软了，令我对他只有同情和爱怜，而没有一点儿别的。我心想："不是冤家不聚头"，这辈子的事，我认了！勉强忍住扑簌簌往下掉落的眼泪，把跪着的溥仪扶起来，安慰说："你曾说过，我们即使不能成为终身伴侣，也要做永久的朋友。别哭了，我不会跟你离婚的，你有病也很痛苦，谁能保证自己一辈子不得病呢？夫妻间并不是除了肌肤之爱就没有别的了，今后你就做我的大哥哥吧！只要你疼我爱我，我也就满意了。你说让我另外交朋友，这对不起你的事情我决不做！政协不是派人到医院调查过吗？对此你是完全可以放心的。"

我想好了，决心牺牲自己，跟溥仪做一辈子名义夫妻，从那时起，他就开始管我叫"小妹"了。风波过去，溥仪又高兴起来，但他总觉得欠我。领导同志知道了，为此特意找我谈话说："溥仪的情况组织上是了解的，希望你不要只看到他生理上有缺陷这个方面，而要顾全大局，要考虑政治影响，你就给溥仪当个保卫工作者吧！今后关于溥仪的工作、学习、生活，不管遇到什么事，你有什么话，都可以对组织讲。我们还千方百计给他治病，慢慢就会好的。"

全国政协领导对溥仪的病情确实非常关注，为之不断地延请名医和专家，治疗一个阶段，便要把溥仪找去，询问疗效。

"溥仪，治疗效果怎么样？"

"大有起色！"

溥仪不希望领导太为自己操心，其实他的病没有什么好转，我也根本不指望了，只是想好好地跟他一起生活下去。不料，这段隐情若干年后也被人绘声绘色地编成了故事。沈醉就曾在香港报刊上撰文加以发挥，按他所述，溥仪曾说过，自己作为男人"不能人道的病""是后天的"，是少年时过度的斫伤。他十多岁住在故宫的时候，因为服侍他的几个太监怕他晚上跑出去，而且他们自己也想睡觉休息，便经常把宫女推到他的"龙床"上，要她们来侍候，不让"天子"下床，溥仪说那些宫女年龄都比他大得多，他那时还是一个孩子，什么都不懂，完全由宫女来摆布，有时还不止一个，而是两三个睡在他床上，教他干坏事，一直弄得他精疲力竭，才让他睡觉。第二天起床常常头昏眼花，看到太阳都是黄色的。溥仪把这些情况向太监说了之后，他们便拿些药来给"小皇上"吃，吃了虽然又能对付那些如饥似渴的宫女，但后来慢慢地越来越感到对那些事没有兴趣了。等到他结婚后，便常常力不从心。当上伪满皇帝以后，有时要出席日本人安排的祭神祭天等典礼，多走几步都腰酸腿痛，往往走一段路便故意东张西望，问这问那，好借此休息一下。

我曾向国内著名的清史专家请教，即使在清朝皇帝退位以后，"小朝廷"内仍然严格地执行着名目繁多的宫廷制度，像沈醉所说的那种情况是不大可能的。至于沈醉又说还给溥仪配过三种"秘方"，"除了口服，还有用煎药水洗浴配合，内外兼治"，曾有效地"维持一段时间"，令他"很高兴"云云，实为笑谈。其实溥仪病了几十年，什么样的名医都经过，什么样的好药都用过，他的病也没好过。我们婚后几乎寸步不离，我也没见过溥仪何时曾服用过"偏方"。

溥仪不止一次地跟我说过，当童小鹏来贺喜，希望我们生出"太子"

的时候，我是多么盼望这能够成为事实啊！然而，当时我就很担心，这份担心终于又成为难以启齿的惭愧，看来我这辈子永远见不到亲生骨肉了。

在众多关心溥仪身体的人们中，周振强总有负疚感，直到1964年在南方参观期间他还时时提起，说他对不起我："哎呀！我可把你害了……"

"这怎么能怪你呢！我自己愿意，我很满足。"我说的是实话。

其实，溥仪自知他的病没有康复的可能，他说，十七岁大婚以后与婉容、文绣都没有夫妻生活，后来又娶了谭玉龄、李玉琴两位"贵人"，也是只作摆设。50年代李玉琴探监，并得到特别批准与溥仪同房，后来溥仪跟我说过，那一宿也只有说不完的话，而没有别的。在这个问题上我很理解他，也深深地同情他。我认为夫妇之间还有更丰富的生活，同样能够建立起深厚的感情，我和溥仪就是这样相爱的。当然，溥仪有这种病，也不能不说是一个很大的遗憾。

教溥仪学生活

婚后的第一个早晨，我六点钟起了床，可溥仪却懒洋洋地不愿起来。我怕来客人，就召唤他。他起床后大概想表现一下，自己叠起被子来。我一看，叠的什么被呀，不过是折成一个团团堆在床头了。我开始教他，他认真地学了几遍，可叠出的被还是没棱没角。

溥仪过了几十年"衣来伸手、饭来张口"的帝王生活，缺乏独立生活的能力。据他自己讲经过十年改造已非昔日可比，却仍是笑话百出，那种可笑的事如果不是我亲眼所见也不能够想象的。我们恋爱的时候，溥仪衣帽整洁，发型优美，还以为他很会生活呢！

其实，溥仪不会料理生活，在抚顺时就已出名。他也曾努力学习叠被褥、洗衣服、缝缝补补搞卫生，但此人特笨，像做饭、生火炉这些活儿，则连学习的机会也没有，结婚之前用不着干这些，现在有了家，面对这类事情立时显得狼狈不堪。他洗脸、吃饭很不留心，新衣服刚穿上身就落上饭粒，沾了油污，很快变脏了。洗脸也洒水，洗完脸整个上衣都湿透了。

有一回，我让他把洗好晾干的床单收进屋里，再铺好床，竟把他难住了，手拿床单两眼盯着床看，看不清上下头，不知从哪里铺起。还有一回，我炒菜让他取鸡蛋，他拿了三个，没等走到我跟前就全部摔到地上去了。不久的一个星期天，我和溥仪上街转了一圈，中午在莫斯科餐厅吃西餐，晚上就在家随便做点儿饭。饭好了，我在厨房收拾一下，让溥仪把锅端到饭厅去，他却不懂应该用布垫一垫再端锅，结果因为烫手把锅扣在地上了。溥仪很难为情，一再自我批评："我太笨了，恨自己什么都不会做。"我真挺生气的，饭菜洒了一地，溅了满身，衣服、裤子全弄脏了。他也不让我动手，主动扫地、擦地、洗衣服，又怪可笑的。

溥仪帮我洗衣服，真是帮倒忙，把定量供应的肥皂浪费不少，还没有一次能够洗得干净。平时吃完了饭，还想帮我收拾一下，擦擦桌子或洗洗茶杯，也显得笨手笨脚。有一天吃完早点收拾饭桌，他竟没注意到我放在桌上的一块价值二百六十多元的进口手表，一掀台布，手表摔在地上碎了。我见他很着急就安慰说："摔就摔了吧！急也没用，你的身体要紧。"他说："我要给你买块新的，要比这块更好的表。"

还有一回，溥仪要表现一下，回家就先动手生火炉，等我下班到家一开门，满屋浓烟往外冒，以为着火了，吓一跳。蹲下细看时，却见溥仪还在火炉前眯缝着眼睛煽风呢！弄得满手煤黑，头上汗珠流个不停，用手一擦又变成大花脸了。

原来，我们结婚前天天有赵大爷帮溥仪生火炉，婚后他决心自己练习

1964年,"五一"节的假日里,溥仪夫妇在欣赏收音机里的节目。

溥仪缺乏自理能力,不便单独行动,每周去植物园劳动由政协派人送,回时搭乘植物园小汽车。

做，可总是弄得满屋烟，冬天放烟常常放空了屋中的热气，像冰窖似的。有一天，来了一位朋友刚好碰上溥仪生火炉，见这副狼狈的样子，就赶紧帮忙，溥仪则趁机认真学艺。这位朋友说："你过去当皇帝是不会生火炉的，难怪呀！"

  可笑的是，溥仪自己上街还常常迷路呢！听亲戚们说他刚特赦时住在五妹家，为了表示已经放下皇帝的架子，一起床便拿把笤帚扫大门口，扫着扫着拐个弯儿就找不到五妹家大门了，幸好有个外甥出来，才把他领回去。有位专员也讲过一件事：1962年春节期间，溥仪等特赦人员都被邀到人民大会堂参加联欢晚会，有人看电影，有人看京戏和杂技，也不知溥仪爱看什么，挤来挤去挤散了。原来约好散会后都到附近的崇文门内旅馆集合，到了深夜十二点多钟，联欢会已经结束了，大家陆续回到旅馆，却不见溥仪，让人着急，身体好一点的便分成两路去寻找。沈醉一伙人围着人民大会堂转圈圈，终于把溥仪找到了，因为他也在转圈圈，想辨别一下回去的方向。

  我们结婚后，溥仪仍坚持每周到植物园劳动两天，一般是星期五早晨去，星期六下午四五点钟就回到家了。有一回晚上七八点钟还不见溥仪的人影，怎么回事呢？打电话给植物园，因为已是下班时间，没人接电话，我挂了好多处，才碰上一个值班的，告诉我说溥仪早就出来了。我十分焦急，并向政协领导汇报，史永副秘书长安慰我说，可能他不认识路，走错了，也许会有人送他回来。直到深夜十一点钟，他才走进家门，晚饭还没吃呢！原来他每次都搭乘植物园俞主任的送班车，这回因故未搭上，便自乘公交车返城，不料换车时上错了车，绕来绕去走了几个小时，后来真遇上好心的路人给送回来了，一场虚惊就此结束。从这以后，再不敢让他单独行动，去时政协派人送，回来时搭乘植物园领导的接班小汽车。我告诉他，如再搭不上俞主任的车，要认准路，乘哪一路车，到哪一站下，向何方向走，再转乘哪一路车等等，溥仪认真地记在小本上。以后有两次他故意不搭车，要锻炼自己走路回家，还真没有走丢过。

在常人看来很普通的事情，对溥仪来说都有相当难度，他自己说原先更笨得连衣服钮扣都系不好，花和草也分不清，盛碗饭还要撒饭粒。好在他肯学，常对我说："不会就从头学起嘛！"在抚顺战犯管理所的劳动中，他学会了包扎、量血压、做消毒棉签、糊火柴盒等，在北京植物园锻炼期间，又学会了一套种植技术，劳动使他从自暴自弃中恢复了信心，也使他感觉到自己存在的价值。

还有一段溥仪学待客的故事可以说说。有一次医院一位大夫来看我们，溥仪只管坐在沙发上不动，也不让座，自己悠闲地抽着烟，喝着水，却不知道向客人让烟让茶。客人走后，我对他说："你这样待人是很不恭敬的，不了解你的人会说你瞧不起人。有客人来，应该起身相迎，让座、让茶、让烟，以示礼貌。"

过了几天，又有一位政协委员来了，溥仪立刻起身，说："您请坐吧！"又倒茶水，又拿糖果。客人说："哎呀老溥！你这一套学得很不错了，会招待客人啦！谁教给你的呀？"又打趣说："现在应该和你算账了，以前到你家，你向来不招待呀！"溥仪笑着说："欠账就一笔勾销吧！"打这以后，谁到我家都能受到溥仪的热情招待，赶上饭时也一定留吃饭的。

当然，他一做就错的时候也还不少，总是说："别着急，别着急，我慢慢一定学得会的。"每做出点"成绩"来，也不"埋没"自己，情不自禁地要问我："学得怎么样？"有次他洗了一件衣服，叫我检查领口，我看也还可以，便夸奖了他，他很得意。还有一回，他一定要烙饼给我吃，烙出一张，自我感觉还不错，就拿来让我看，等我夸他几句，好像我说两句话也挺值钱似的。可他烙糊的，就不让我看了，自己悄悄吃掉，其实，我哪能不知道呢！溥仪总是怕我累着，希望我少做点家务，说我上了一天班才回家来，应该陪他说说话。

我们婚后最初的岁月就是这样度过的。有人说我和溥仪结婚是贪图他的政治地位和物质待遇，为了享乐，这实在是误解。当年的溥仪不过是文史资料研究委员会的普通专员，每月只有一百元工资，而我作为护士的工资只有五十元，哪里还谈得到"享乐"！

就在我家不起伙的那段日子里，溥仪在政协机关食堂吃饭，我则在医院食堂吃饭，各自花自己的工资，我每月只需二十几元伙食费也吃得很不错，溥仪每月的一百元工资却分文不剩。半年后我曾问过他，工资是怎样花掉的？他说不知道，抽烟吃零食，随手就花掉了。不够便到财务科去借，下月发薪时再扣回，如此每月都有扣款，一月压一月。后来我们自己起伙，才逐渐还清了欠款，又攒钱买了收音机等家庭用品。那时我们两人的工资放在一个抽屉里，各带一把钥匙，谁用自己取。溥仪很尊重我，花了钱总是告诉我一声。我嘱咐他，该花的钱就要花，不该花的别乱花就行了。

因为收入低，没有条件请保姆，溥仪又不会生活，家务就全落到我一个人身上了。我所在的医院在东城，家住西城，每天早晨六点多钟就得赶车上班，下班以后还要开会，每周数次上课——参加业余医学院的学习，往往回到家就九点多钟了，还要做饭，洗衣服，收拾房间，一直忙到深夜十二点钟。溥仪差不多每天要换一套衣服，我势必天天洗衣服，加之溥仪的外事活动很多，每次见外宾之前，我还要帮助他整理服装，擦皮鞋，连扎领带、系扣子也必须到位，有时还要陪他一起去。我的身体不好，日久天长就有点难以支持了。婚后才两个多月，就患了神经官能症，肝大了三指，体重也由婚前的一百多斤，迅速下降到九十斤左右。这以后，胆囊炎、子宫出血、肾炎等疾病便一样一样地接踵而至了。

第一章 旧影

"皇家遗风"

在将近四十年的漫长人生道路上，溥仪先后三次当皇帝，养成了与一般人很不相同的习惯与嗜好，这或者可以称作"皇家遗风"吧！

人们都知道他当皇帝时有"洁癖"，出入不碰门把手，购物手不摸钱币，凡来见他的人必须在大门口接受消毒等等。我们结婚后他也有新表现。有一回在某宾馆的房间里，我发现他使用座便厕所，居然也把两只脚蹬在瓷盆的边沿上，问他为什么不用坐式而用蹲式？他说："谁都来坐的地方我不能坐。"原来是嫌脏。

"满洲国"年代，溥仪的生活无规律，常常要到深夜才上床就寝，一直睡到中午。特赦以后他每天上班，固然不能太随便，然而，也往往睡得很晚，有时我一觉醒来，已是下半夜一两点钟，见他还开着100度的电灯伏案写东西，而到早晨就喊不醒，上班自然要迟到，同事们了解他，也不说什么，但我还是劝了他几回，我说这种习惯对身体很不好，应该改变。他听从了我的意见，很快就纠正了。

和溥仪共同生活的年代里，我感到他有很强的自制力，能够时时约束自己，不断改正多年不正常生活所铸成的不良习惯。1962年秋冬之际，有一次在政协舞厅，时任地质部部长、全国政协常委的何长工

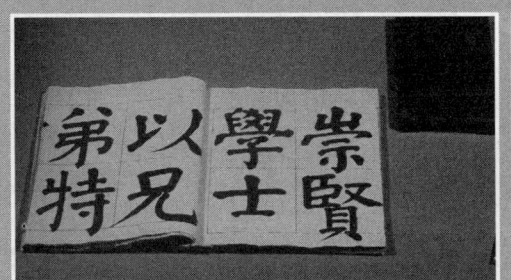
溥仪儿时写帖

1963年6月1日,溥仪夫妇搬进西城区东观音寺大院平房新居。

溥仪列席或出席全国政协会议的证件

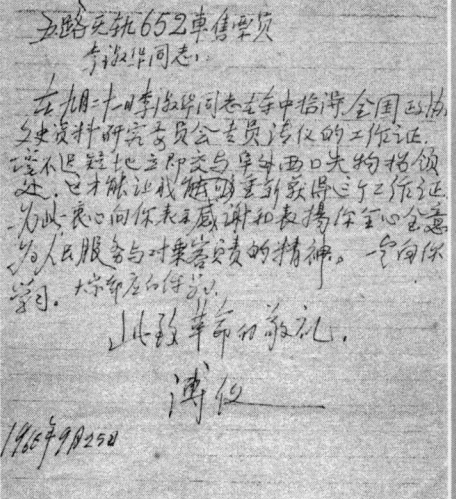
溥仪因工作证失而复得致5路无轨电车售票员李淑华的感谢信

遇见我，问我说："和溥仪在一起生活习不习惯？"我说："溥仪的生活习惯是很特别的，婚后很长一段时间内觉得很难生活到一块儿。但他听话，也愿意改正。在实践中确实把许多长年形成的旧习惯改了。"

溥仪也有改得不好的，那就是丢三落四的坏习惯。他特别爱丢东西，可能是因为当皇帝时从来不用自己提着东西出门，所以不论挎背包还是手提包，只要一放下来，临走一定记不得再带上。溥仪特赦不久，在五妹家住的时候，有一次到服务站打电话，就把装有钱和粮票的皮包丢在那儿了，很快被服务站同志原封送回。溥仪的专员同事也给我讲过这类事，说他丢过许多手提包，好在里面没有值钱的东西，不过是书籍、笔记本或钢笔之类学习用品。后来他接受别人的建议，把单位、姓名、电话号等写在手提包内明显的地方，便于拾者及时联系。有了这个办法，真找回几个提包，因为捡了东西的人很愿意亲自送到溥仪手中，趁着这个机会看看皇帝的模样，并得到他的一句谢词。

1962年3月间，溥仪列席了全国政协会议。其间，政协在新侨饭店招待专员就餐，可以携带夫人。当时，我们尚未结婚，我以朋友身份参加。溥仪高高兴兴地到家找我，又一起乘车赴宴。车到南小街时，溥仪突然发现兜里的工作证和会议列席证全没有了，拿不出证件，连新侨饭店的大门也进不去，非常焦急，又返回我家找，果然在我家地上呢！原来溥仪掏手绢时掉落的。

那时，溥仪在全国政协食堂就餐，也常常忘记带钱票和粮票，肚子饿了，便向食堂走去，炊事员渐渐也知道他并不是故意的，遂先记账，嘱下次补交。更滑稽的是常常有这种事，当炊事员把菜或饭递给他之后，他先把菜拿走放在一张桌上，回头再端饭时就找不到放菜的那张桌子了，于是又向炊事员要菜，说炊事员没给他菜，炊事员了解他并不是为了占便宜，

1961年10月3日,溥仪与著名京剧表演艺术家马连良合影。

溥仪夫妇摄于1962年秋天

1962年中秋节,溥仪夫妇出席在全国政协三楼举办的赏月会。

便再给他一份，等食堂里吃饭的人都走光，就会看到他多拿的那份菜还摆在桌子上。

有一次我问他，别的毛病都能改，丢东西这一条为啥总不改？他笑笑说："丢了东西你别急，它会回来的。"这是开玩笑的话，却也道出了一个事实：溥仪丢过多次东西，真都回来了，有的自己找回来，有的别人送回来。

1963年8月底，我们去看望三妹，顺便取出了在洗衣店洗好的被单。溥仪拿着装被单的布包上汽车，汽车开出后忽然发现被单和布包都不见了，于是，到站停车后赶紧下车往回走，在原来等车的地方找来找去，有看见的人告诉我们说："刚才被一个小学生拾到交给了交通民警。"第二天，东四北大街十二条交通队果然通知政协人事科，让溥仪领回失物。

这类事经常发生。

一天，溥仪焦急地到医院找我，问见没见到他的怀表，就是那块出宫时在乌利文洋行买的法国金怀表，特赦时管理所又还给了他，他觉得有纪念意义，丢了可惜。等我下班回到家，他又兴冲冲地告诉我：怀表已经找到了，原来是他卷窗户帘子的时候，裹在里面卷了上去。"马大哈"带来一场虚惊。

深秋时节，我们一起到政协礼堂看文艺演出。因为怕晚上回来时要冷，我就带了一件大衣，溥仪却一定要替我拿着。可我们上了7路汽车后就发现大衣已经不知去向，到站停车后又急匆匆下车快步走回原来上车的站点，真不错，大衣一动未动地放在原处，我们这才松了一口气。看他满头冒汗，我笑着说："看你急成这样！"溥仪也笑了："你又要说我！"正说着，来了一辆汽车，溥仪立刻登上去。可是，车开出以后，才发现又丢了——爱人，由于人多，我没有挤上去。于是，他照例下车返回原站，等我们重新聚齐并共同登车到达政协礼堂时，节目已经演过半场……

也有一样东西我很担心他会丢失,他却一直使用到去世之前,保存得很好。那是在1963年6月我家搬到东观音寺以后,因为溥仪每天要穿越南草场到政协上班,我怕他晒,就给他买了一把小巧玲珑的黑色凉伞,并一再提醒他不要随手乱丢,使用了几年果然没有丢失。我夸他"进步"了,他说这是爱人给我买的,怎么可以丢呢!这把伞已经成了我的一件念物。

"凡人俗事"

我和溥仪共同生活的时间不长,但那确是我一生中的黄金时代,是我所经历的最珍贵、最难忘的一段时光。这里从衣、食、住说起,叙叙当年的生活。

我们恋爱的时候,溥仪每次见面总是穿一套笔挺的制服,分头也抹了发蜡,亮光光的。给我的印象似乎他很注意修饰、打扮,也一定有很多的衣服。其实,这不过是遵照五妹夫老万的叮嘱,在搞对象的时候"装装相"而已。我和溥仪结婚后才发现,原来他这个人并不讲究穿衣戴帽。国家先后发给他几套较好的制服,是每逢会见外宾时才舍得穿的。此外,还有两套制服:一套是蓝色咔叽制服,特赦后国家给做的,平时每天都穿着它;另一套是黑色中山服,还是在抚顺战犯管理所时所发,已经穿得发白了。溥仪从不张罗添新衣,他向我说过,国家经济困难时期,他把发给自己的半年布票全部交还国家,并说自己衣服够穿,应把这些布票送到国家急需的地方去。婚后他仍是阻拦我给他买衣服,总说:"小妹啊,还是少给我买衣服，因为经济不富裕，够穿就行了。"平时，溥仪连皮鞋也不穿，有一双随脚的布鞋他就满足了。

有一次逛商店，我相中了一双男式亮面牛皮鞋，想给溥仪买下，可他说什么也不要，硬拉着我向"儿童玩具部"走，并说："你看那个大胖娃娃多好玩，还是买下它吧！"真让人哭笑不得。他这个人啊，不是我替他想着，连刮脸刀片也不会自己买。

有人以为溥仪在宫中时，吃饭有御膳房伺候，几百名厨师，每餐一百多样菜，当了公民以后虽然不能不从简，也总要讲究些吧？其实不然，他很随便，也很俭朴。结婚初期我家不起伙，溥仪和我都在各自单位食堂吃饭。有时赶不上开饭，溥仪就上周振强家去吃，周家住在社会主义学院内，离我家不远，而老周的爱人又有一手很好的烹饪手艺，直到1963年6月搬到东观音寺以后，才逐渐添置一些锅碗瓢盆，每逢星期天自己动手在家里做。1964年溥仪得到稿费以后又陆续添置了小橱以及吃饭用的方桌、椅子等。国家还处于困难时期的时候，他常对我说：咱们过日子要注意节约粮食，每人节约一点儿，全国是一个很大的数目。

两人吃饭往往总要剩一点儿，他不许扔掉，下顿总是抢着吃剩饭，不让我吃："你胃口不好，我胃口比你好。"他说，粮食是农民辛辛苦苦种出来的，一粒粒麦子积起来的，实在不容易。

他爱吃面食，平时也让我给他做玉米面饼子或玉米面、白面两掺的发糕，他说玉米面营养丰富，吃它身体好。当然，并不是说他天天要吃粗粮，从他来说还是愿意吃得好些，只是和过去比，确有根本的变化。

为了吃点儿有滋味的东西，他也常到外边吃饭。不过，一般他只到政协或文化俱乐部的内部食堂就餐，有时候也到街上的小饭馆去，只要一两样菜，或是一盘炸鱼，或是一盘油酥鸡，吃到最后往往用米饭拌一下菜盘再吃掉。偶尔喝一点啤酒。

溥仪有个嗜好，喜欢吃西餐，早在天津时就如此，特赦后还常常想吃西餐。我们每月到莫斯科餐厅或东安市场内的和平餐厅吃一两次西餐。每次去之前他都找我商量，征得同意后才去。去了也不浪费，两人吃一顿饭不过花三四元钱而已。

对于在小饭馆里吃东西，溥仪只挑剔一样，那就是食物必须清洁。有一次他去买油条，见服务员用收钱收粮票的手抓油条，一下子就倒了胃口，也没法吃这顿饭了。还把当时的所见所感详明地写入日记，就像碰上了一件大事。

溥仪的烟瘾很大，但他患有气管炎，有时夜间睡觉咳嗽得很厉害，我劝过他戒烟，他说戒不了。我又劝他尽量少吸，因好烟含尼古丁较少，有利于健康，溥仪听从了我的劝告。

至于住的地方，溥仪一点儿也不挑剔，可是，政协组织对我们是蛮照顾的。我们婚后就在溥仪的独身宿舍内临时安家，有一间卧室，一间客厅，还有特别为我们临时装配的卫生间。有一次，我和溥仪一起到政协秘书处连以农处长家闲坐，连处长说："你结婚了，现在住的房子太小，以后要给你调大些的房子。"又问道，"你过去住在紫禁城内，有那么多那样大的房子，现在一定不习惯吧？"溥仪说："我觉得现在还很不错嘛！"他讲，宫里的房子很多很大，但天地狭小；现在的房子虽小，却天地广阔，因为是两个世界呀！

我们在政协大院住了一年多一点儿，到1963年6月1日搬进西城区东观音寺新居。这里是洋式平房，条件好得多了。我们住着两间卧房、两间客厅、一间饭厅、一间卫生间，此外还有厨房、库房、佣人房和宽敞的走廊。在很大的长形院落里，长着各种各样的树木，有松树、柏树、梨树、海棠树以及榕花树等等，盛夏之季繁茂无比。我们就在这清静、幽雅的环境里一直住到溥仪去世。这套房子前后墙都有窗户，夏天特别凉快，进屋就消汗了。但冬天就很麻烦，客厅、卧室、卫生间都要烧炉子，取暖费用很高，后来剩下我一个人就没法住了，于是要求组织给我调了房。

戏　迷

1964年5月间，三位法国记者来到东观音寺22号我家访问。其中有位女记者，头发是黄色的，披在肩上。她一来就盯住我问，弄得我怪紧张的。

"你每天在医院做什么工作？"

"做护理工作。"

"下班以后呢？"

"有时和溥仪一块散散步，看看电影或京剧，有时在家里读书看报，也聊聊天。"

"你最喜欢的是什么节目？"

"溥仪喜欢看京剧，我也喜欢，常陪他去看。"

"你们很幸福吗？"

"非常幸福。"

那天，法国记者还当场录了音，又拍了一些照片。

无论从物质生活看，还是从精神生活看，我和溥仪共同生活的那个时期，都能用"非常幸福"这几字加以概括。和溥仪结婚以前，在我的想象中，皇帝一定是整天板着面孔，就像寺庙的大佛似的，除了发布命令、下达指示不会干别的。溥仪完全不是这样的人，他和普通人一样，热爱生活，有广泛的兴趣。

溥仪喜欢读书，而且常常读到深夜。我一觉醒来，发现他还在灯光下看得很有兴味。《红楼梦》《三国演义》，还有一些文言古书他都看过。

溥仪离不了收音机，他爱听新闻，爱听音乐，1963年初就多次和我商量要买一台收音机，并说"买台便宜点儿的就行"。买回以后，他每天都有很长时间收听广播。

溥仪少年时曾在名师指教下研习字、画，颇有功力。特赦后很少绘画了，但书法还练练。求他写字的人也很多。亲戚、朋友和同事都向他索字，许多国际友人和他会见后也往往请他题字，我的同事纽韵铎和胡益萍在结婚前恭请溥仪题写扇面，他欣然应允。溥仪给人家写字非常认真，倘有一字一笔不满意便要重写，而把废字随手丢进一只大竹筐内，我曾一张张叠起来，居然高高地堆满了筐，可惜未能保存下来。

十年改造期间，溥仪学会了锻炼身体。我们婚后他仍是坚持锻炼。每天早晨起床后他先在院子里打一通太极拳，打得很带劲。有一次正打拳时外宾走进来，很感兴趣，让他继续打，一边拍下许多镜头。溥仪还喜欢散步，每天晚饭后都让我陪他到外面去遛弯儿，转来转去的。溥仪还喜欢骑自行车，大家都能记得他在宫中为了骑车把门槛都锯断了，到了晚年仍然没有忘记这项运动，我为啥说是"运动"呢？因为溥仪从来不把自行车看做交通工具。溥仪骑车非常快，真让人担心。有好几次想带我，我可不敢坐。有一次借街坊的车，骑到胡同口把一位老太太撞倒了，赶紧下车赔礼，问老人受伤没有，又要送她到医院检查。老太太起来一看，原来是"小皇上"撞她一下，又急得不得了，便拍拍身上的灰尘，连声说："没什么关系"。于是，溥仪留下自家的门牌，并告诉老人，如今后发生问题一定要找他。老太太虽然并未来找，溥仪还是觉得过意不去，又让我陪着买了点心送过去。老太太特别感动，逢人就说："我是清朝末年出生的人，宣统皇帝登基时，还在家中给皇帝万岁的牌位磕过头呢！皇上登门给我送点心真是世道大变了！"我曾和他商量过想买一辆自行车，也在院子里练一练。他虽然喜欢自行车，但不同意买车，怕我学骑车出事。对我说："你若买自行车，我会得神经病的。"意思是担心。

溥仪喜欢聊天。特赦后的溥仪和各阶层人士都有接触，有的是高级党政领导人、社会名流、高级知识分子，有的是一般群众，老头、老太太、小孩子。溥仪和谁都能聊得起来，海阔天空地讲。谈话内容主要是国内外形势、工作或学习。他还常常和我谈起官中礼法，讲官里的规矩和礼法甚多，比如叩头、请安就有多少样儿，对什么人，什么时候须怎样跪拜，都有一定的规矩。请安有双腿跪、两条腿先左后右地跪下去，身子要挺直，还有单腿安，只跪下一条腿，一边讲还一边作示范给我看。

溥仪喜欢郭兰英演唱的《南泥湾》，说这是总理最喜爱的一首很优美的抒情民歌。特别有意思的是他还愿意唱呢！我记得那是1963年3月间，溥仪把《国歌》和《国际歌》的歌词抄录下来，并认真学唱。收音机一唱他也跟着哼哼，却总是唱得不很像。有一年政协举办大合唱活动，他积极报名参加了合唱队。

溥仪性格开朗，是个忘却了忧愁的人，平时爱说爱笑，特别爱开怀大笑，好像从来不懂得生气似的。别看他五十多岁了，可真逗，差不多每天都要和我说几个笑话。他整天乐呵呵的，人也就不显老，直到六十一岁去世时，连根白头发也没有，满头乌黑。因为他总和我开玩笑，有一次我也和他开了个玩笑。当他洗脸的时候我把他的近视眼镜藏了起来，我自己也躲到了房门后边。他洗完脸，没有眼镜戴，也找不到我了，就伸出双手在半空摸呀摸呀，也不敢迈步了。后来他讨饶，我把眼镜还给他，并故意逗他说："你这个人过去是皇帝，现在是废物，离了眼镜连道也走不了，我要和你离婚！"他一听就急了，脸色突然变白，并尽力表白自己。更想不到的是，他竟跑到厨房操起刀来要抹自己脖子。我急忙拉住他解释说："这是和你开玩笑呀！怎么当真事了呢？"他也"扑哧"一声笑了："我也是和你开玩笑嘛，何必当真！"说完又哈哈大笑起来。说实在话，那次可真把我吓够呛！

我们常常接到出席各种文化艺术活动的邀请，溥仪好动，总是高高兴兴地带着我去。

1962年农历八月十五日，在政协三楼参加赏月会的情形给我留下了难忘的印象。那是我婚后第一次和溥仪参加这样的活动。洁白的台桌上摆满了烟、茶和月饼，一对对夫妇满脸挂笑，整个场面轻松美好，人们对月抒怀，有赋诗的，有题字的，有以团圆为主题发表种种感想的。一位带着录音机的新华社记者很礼貌地走到我们跟前，让谈感想。溥仪说："我今年赏月感到和往年心情不一样。去年和前年是我蒙特赦后单独赏月，月圆人不圆；今年则是带着爱人一起赏月，月圆人也圆。"记者又把录音机放到我跟前了，我说："有生以来我没有参加过这样隆重的赏月晚会，感到格外高兴。这诗情画意般的场面真是令人陶醉。"

1963年3月7日我们参加"三八"节庆祝活动的情况也很值得说说。溥仪的几个妹妹都来了，先到我家，又一起走进政协三楼会议室。我婚后第一次参加这种庆祝会，溥仪和我坐在一起。文史资料研究委员会的同事们见了开玩笑："老溥怎么总陪着新娘？今天可是妇女过节呀！"溥仪却满不在乎，振振有词："她是初次在政协过妇女节，我应该陪陪她。"那天，周恩来夫人邓颖超和鲁迅夫人许广平都参加了，并先后讲了话。之后是文艺节目，由国内最著名的电影和戏剧演员表演，十分精彩。演出中溥仪问我："你和我结婚以前参加过这样的节日活动吗？"我说："医院每年'三八'节也开会，但没有国家领导人参加，没有这么隆重。"

我们经常参加跳舞晚会，看电影、看京剧、看各种文艺演出，每周至少一两次。他特别喜欢传统的京剧节目。有时候同时发了京剧票和电影票，他总是动员我一起去看京剧，开台锣鼓响过，他便会闭着眼睛"入戏"，手也打拍，脚也打拍，嘴里不停地哼着，一副入了迷的神态，回家后还要学台上演戏的动作，扭来扭去的。甚至从爱看京剧到喜欢京剧脸谱，每次到商店都买几个，什么大花脸、小花脸、老生、青衣无所不有，竟陆续装满一箱子。

　　从京剧又谈到梅兰芳，溥仪向我讲起前半生中两次看戏的情景。第一次是端康太妃过整寿那天（1923年10月2日），宫里把杨小楼、梅兰芳、尚小云三人找来唱戏。溥仪还记得，梅兰芳演了两出戏：《游园惊梦》和《霸王别姬》，他非常喜欢。唱完后，溥仪赏赐每人一只乾隆的鼻烟壶，还单独赏赐梅兰芳"御馔一桌"，银洋五百块。这一下引来不少闲话，在那些遗老们眼里，优伶是低贱的人，不应赐以厚礼。第二次是在天津时，溥仪和婉容到开明戏院看梅兰芳演的《西施》，由于这次"俯临剧场"，竟惹得一位遗老胡嗣瑗上了自劾的请求告退的奏折，大意是，这样很失皇上尊严，既然如此，可见他们随侍左右的人实在有亏职守，只好引罪求退……溥仪再三慰留，以至拿出两件狐皮筒子赏之，他才转嗔为喜，又称赞溥仪"从谏如流"。从这以后溥仪是不敢随便到戏院去了。曾有一位瑞典王子到天津要见见溥仪，他却因为在报上看见这位王子和梅兰芳的合影，便以为有失身份，拒绝不见。

　　"旧社会里无论是多么有名气的演员也属于下九流，让别人瞧不起……"溥仪感慨地继续说道，"新社会完全不同了！"他又说起1960年初与梅兰芳在三届二次全国政协会议上会面的情景，弹指三十多年过去了，在不同的时代里，两人都经历了复杂的变化，现在又高兴地紧紧握手，悠悠话旧，何等的激动！

　　溥仪还跟我讲起过他与著名京剧演员马连良先生的一次难忘的会见。那是1961年10月3日，溥仪和马连良都应邀参加了政协举办的欢迎华侨、港澳同胞归国的酒会。他们极为亲切地在一起交谈，吸引了一批又一批的

溥仪当年在养心殿内的卧室

溥仪生身母瓜尔佳氏手牵溥杰

少年溥仪在宫中从房顶眺望外面的世界

华侨，一批又一批的记者。两人还十分高兴地站在酒会大厅门外的台阶上拍了一张有纪念意义的合影。后来我见到这张照片，就向他询问马连良先生的近况，他说："马连良先生在海内外有很高的声誉。在酒会上，他见了我非常客气，我也十分敬重他。"还说这次会面引起他许多感想。

陪伴丈夫回到他登基的地方

故宫，我们去的次数最多，因为那是溥仪青少年时代的家，他当然也有依恋之情，回首往事，感慨万千。

每次从神武门进宫，溥仪总要在门前停住脚步，看看这座由古代劳动人民创造出来的伟大建筑的外观。他的目光由环绕着故宫的护城河开始，先转向那玲珑剔透的角楼，再转向红色的高墙以及"故宫博物院"几个大字和它下面的极为壮观的城门，颇有感触地对我说："这是在五百多年前的明朝永乐年间，搜刮全国人民的人力、物力和财力修建而成的。先后有明清两朝二十五个帝王，在这里过着锦衣玉食、后妃成群、一呼百诺、骄奢淫逸的生活。直到我被逐出宫，才结束了数百年的历史。"他又说，"我稀里糊涂地成了这里的主人，也稀里糊涂地认为它是属于我个人私有的家产。"

坐在御花园的长凳上，溥仪讲起了小时候的故事，最感兴趣的事儿是喂蚂蚁，让太监专门找些棒子面，招蚂蚁来吃，看着玩。有时跟太监玩"捉迷藏"，用块布蒙住眼睛互相摸，如果太监摸着他，就赏太监点心吃，如果他摸着太监，就要罚站半个钟头。冬天下雪以后，又叫太监陪他堆雪人玩。溥仪说："我三岁奉西太后之命进宫，直到十九岁出宫，四墙之内，如此大一块地方，可把我腻烦死了。随着年龄增长，'捉迷藏'已经不能使我满足，只想插上翅膀飞出这监牢一般的宫廷。直到今天，想起当年的苦闷，我还痛恨西太后呢！"

"1924年冯玉祥撵我出宫却把我吓坏了！"溥仪说着，把我拉到养鱼池边上，轻声讲述四十年前发生在这里的一段史实。当时冯玉祥部将鹿钟麟派兵包围清宫，限溥仪在二十分钟之内出宫，因为来不及，经过交涉延长三个小时。这中间，鹿钟麟的军队还向宫中开了炮，一颗炮弹就在这养鱼池里爆炸了，吓得溥仪魂不附体，站都站不起来。他说："幸亏炮弹没落在我呆的那座宫殿的房顶上，不然性命就没了！当时还有人说什么'皇帝有菩萨保佑'这类鬼话呢！"

来到坤宁宫，溥仪说："大婚那天我并未住在这里，只是好奇掀了新娘的红盖头，一看婉容长得挺美，然后就跑回养心殿写字、画画去了，直到天亮再没到新房来。"溥仪又谈起在坤宁宫吃"子孙饽饽"的一段往事。按照习俗，新娘必须找一名父母儿女俱全的"全合人"当伴娘，由她指示"子孙饽饽"的吃法。伴娘端着饽饽问溥仪是生的还是熟的？溥仪说是熟的，拿一个就吃了，又让婉容吃了，伴娘很吃惊，家族的人们听说，连脸色都变了。按照迷信的说法，"生"即生孩子，"熟"即无后，因此，说"熟"是很不吉利的。

在养心殿小院里，溥仪领我来到他当年的卧室，仔细看看被褥说："这被子是我盖过的，原物！"

"四五十年了，真结实呀！"我说。

"那就是我睡觉的地方。"溥仪指着殿内的硬板"龙床"说。

"在这儿睡觉能舒服吗？皇后也在这儿住吗？"我颇感兴趣。

"我有时候到婉容那里去住。"

"也上文绣那儿去吗？"

"不常去，偶尔去，待一小会儿就走。"接着又附耳轻声告诉我，"我和她俩实际上都是名义夫妻。"溥仪讲，他一生在夫妻生活上是很苦恼的。

在敬懿住过的长春宫、庄和住过的储秀宫、荣惠住过的重华宫和端康住过的永和宫，溥仪一一细观陈列的原物，好像要从中找到点儿什么似的。他说："我小的时候常和太妃们闹别扭，她们想约束我，我不服，向她们发脾气。心想：我是皇上，要谁管呢？"从这些名义上的母亲，溥仪又想到亲生的母亲瓜尔佳氏，他说，母亲是文渊阁大学士兼直隶总督、北洋大臣荣禄的第八个女儿，由慈禧"指婚"嫁给醇亲王载沣为"福晋"（满语，意即妻子），她有才智、爱时髦、个性强，相当能干，也特别能花钱。1918年秋天，溥仪不服端康太妃（光绪的妃子，珍妃的姐姐）的管教，扫了她的面子。端康乃召瓜尔佳氏进宫，加以申斥。她不能忍受这种刺激，出宫后就吞服鸦片自杀了。想起这些，溥仪很难过。

参观宫廷御膳房的时候，溥仪说他从小爱吃甜点心，宫里每天制作许多样，端来后也只吃一两块，绝大部分摆样子或赐给太监。

在乾清门东侧靠近毓庆宫的地方，溥仪用手指指前面这一组建筑说，这是他小时候读书的地方。因为周围都是游人，他只好压低声音："我当时不爱读书，老师也没办法，每天早晨让太监在房门外把学过的课程念一遍，希望我能用耳朵听进一些。"他还讲儿时的恶作剧："有时候老师打瞌睡，我就用纸捻成纸棍，捅老师的鼻子。"

来到故宫内珍宝馆，溥仪依次介绍各种珍宝的来历和用途，介绍慈禧佩戴的珠宝玉器尤详。他说："西太后接见外国驻华使节及其夫人时，最喜欢佩戴许多珠宝首饰，不过是为了显示'中华之物力'，以表明有足够的力量'结与国之欢心'。"讲解时，他尽量压低声音，回避游客。因为他讲得非常细致，许多又是外人不能知的内情，终于被几位游客察觉了，立刻围上来追问："你怎么知道得这么清楚？"围观者愈来愈多，溥仪连连说："不清楚！""不清楚！"赶紧脱身而去。

第二章 重逢

名园古刹新体验

北京风光秀丽，有许多著名的风景区和名胜古迹，为我们的生活提供了美好环境。溥仪特别喜欢逛公园，可是，好不容易盼来一个休息日，又总有客人来，游玩计划只能放弃。后来，我们想出办法，每逢节假日，一大早就离家出门，到北海、故宫、景山、中山公园等处游玩，中午在文化俱乐部吃饭，下午遛遛街，逛逛商店。

出故宫神武门，马路对过就是景山，也是我和溥仪常来的地方。记得第一次来，从正门进园，溥仪回头看一眼马路南侧的紫禁城，颇有感触地说："我住在宫里时来过几趟景山，虽然只隔一条马路，还是要用轿子抬过来，想自己走走路的自由都没有！"

从绮望楼沿着山路往东走，到红墙的拐弯处折向北，再往西登山而行，走几步就看到左边的一道矮墙，围绕着一棵古香古色的老槐树，溥仪若有感触地轻声说："你一定听说过崇祯皇帝吊死在煤山的历史故事吧！元朝时这里只有一个小土丘，唤作'青山'。明代永乐年间，因修筑皇宫在此堆煤，又被称作'煤山'。后来，挖护城河的泥土堆在这里，形成五座山峰，到清朝又修了几个亭子和一些殿堂，供奉历代皇帝、皇后的遗影遗物，遂改称'景山'了。李自成打进北京以后，明朝末代皇帝崇祯被包围起来，走投无路，皇后、妃子纷纷自杀，他也跑到这棵树下吊死了。说明压迫人民的皇帝终究不会有好下场。"溥仪深深叹了一口气，又说："如果不是建立了新中国，弄不好，我也一定要在这棵树下吊死的……"

随后登上主峰，扶着万春亭的栏杆，透过苍松古柏的淡烟轻霭，俯瞰北京面貌，心中充满了感慨。

我还记得那次下山后是从东门出园的。溥仪指指东门旁边的几间房子说："我特赦后在这里住过几天，参加劳动，浇花种草。"他又说，"原来曾打算安排我在景山和故宫劳动，周总理说不太合适，有那么多游人，也许会认出他来，后来就让我到植物园去劳动了，总理考虑得多么周到啊！"

北海是北京最美丽的园林之一，记得那是新婚蜜月后不久的一个星期天，我们约了媒人周振强和溥仪的本家侄女毓灵筠（溥修之女）一起去玩。进园后，我们站在湖边的汉白玉栏杆前，看那湖上的绿漪清波，看那牌楼后面的朱廊翠瓦，看那小山上如同用玲珑白玉雕琢而成的白塔。讲起北海的来历，溥仪如数家珍。

远在公元9世纪的辽代，就在这里修建了"瑶屿行宫"。金代时，又建造了"瑶光殿"、"广寒殿"、"团城"以及环绕北海的小山等，同时，由开封等处运来大批艮岳山石，砌成园中假山。到清代顺治年间修了这座白塔，同时兴建了白塔寺，以后又陆续建起许多亭台殿阁。乾隆时，在其母八十寿辰之际，建造了"万佛楼"。据说在一座三层楼中，有一万个大大小小的佛洞，而每个洞内都有一座金质的无量寿佛。八国联军杀进北京那年，帝国主义者们便揎带着把这一万个金佛以及"阐佛寺"大佛身上的无数银嵌珠宝和具有高度艺术价值的雕刻并珍宝全部掠走。

来到"九龙壁"前，溥仪拉着毓灵筠的手，给侄女讲了一段相关的历史故事。在茶座休息时，周振强开玩笑地对溥仪说："你过去当皇上能这样来喝茶吗？"溥仪说："那时候来一次北海，地铺皇毡，人抬大轿，还要多少人鸣锣开道呢！但那算什么自由呢！现在，我可以和爱人、朋友一起来逛逛，喝茶水，吃点心，多随便呀，这才是自由。"休息一会儿，又登上一条大船，到对岸去玩了一圈。当我们爬到白塔之下并瞭望北京全景的时候，溥仪高兴地说："过去我连几步路都走不了，现在爬了这么高的山却不觉得累。"

广济寺是一座不开放的佛教寺院，该寺的巨赞法师是政协委员，又是中国佛教协会的副会长，和溥仪在同一个小组里学习，他们相处颇熟。有一次，溥仪从报上看到有关佛牙的报道，才知佛牙现存广济寺，这引起了他想观瞻佛牙的愿望。巨赞法师了解他的心愿后热情相邀，溥仪很感激。

1963年2至3月间的一个星期天，我们如约来到广济寺。身穿灰色僧衣的巨赞法师在大门口迎接，把我们引进西院他的居室。房间不大却有两个很高的立式书架，摆满了各种版本的佛教经典和大量哲学著作。看得出来，法师是一位渊博的学者。好客僧人奉上香茶，溥仪呷了一口，连夸"好茶"！

聊了一会儿，法师就陪我们参观。他拿了一大串钥匙，先到大雄宝殿。殿中央是一尊释迦牟尼佛的高大塑像，迦叶弟子和阿难弟子侍立佛前，两侧则分别为东方琉璃世界佛主药师佛和西方极乐世界佛主阿弥陀佛，大殿两墙还并列十八尊护法神，法师详细介绍了诸佛来历。我不大懂，但溥仪似乎很懂，因为他在"满洲国"宫中是天天念佛的。我们又来到圆通殿，这里有观音菩萨像。最后到法堂，巨赞法师告诉我们，这是寺内向教徒讲经说法的地方。登上二楼就是存放佛牙的舍利阁，溥仪反复观察那颗约有三分之二小拇指大小的佛牙。

巨赞法师讲述了佛牙的传世情况，这颗佛牙是六朝时南齐和尚法献在新疆南部找到的。他带回南齐后自己保存起来，后因消息传出，法献和尚

溥仪夫妇来到北海公园

溥仪夫妇在香山

的住处被抢，佛牙失落。直到陈武帝时又重新出现，并被供奉宫中，正式受到佛徒的朝拜。隋唐时期，佛牙随着都城的迁徙而辗转，唐末以后来到北京。辽道宗时即在西山灵光寺造塔存放佛牙。该塔在八国联军打进北京后被击倒，佛牙暴露，当时人们看到这颗佛牙被装在檀香木的盒子内，而木盒又藏在一个石函里。军阀统治时期寺院潦倒，佛牙竟一度被送进"当铺"，后经赎回，保存于灵光寺内。1953年佛教协会成立后，才把佛牙请到广济寺，放在这个舍利阁内。

参观完毕回到巨赞法师的居室喝茶，开饭时法师很诚恳地对我们说："这里的素斋做得很好，有专门的手艺，你们可以尝尝。"但溥仪执意要走，法师也只好送客了。我们走出很远还看见那位身穿僧衣、年近花甲、个子不高、红光满面的法师，久久地站在寺院门外，目送着我们的背影。

颐和园我们也去过多次，第一次的印象还很深刻。那是1963年6月间的事，没去之前溥仪就告诉我，有个卖活鱼的地方很有名气，可以在那儿用餐。等我们到达园内已接近中午，就先去吃活鱼了。

"你怎知道这个地方？"我问。

"特赦后来过。"

"以前也来过吗？"

"我在宫里时，此地属于皇家私园，我曾派英文师傅庄士敦在这管理，我也坐汽车来过几次。"

饭后游览东山的亭、台、殿、阁，在仁寿殿后面的漪澜堂西殿屋内，见到一堵青砖墙，溥仪说这堵墙是为了幽禁光绪才砌起来的。在另一座大殿内高高的慈禧画像前，溥仪又说："每年一开春，慈禧就到这儿来了，天一凉又回城了，每次都由许多人抬着大轿，一步一步抬过来。"在慈禧的寝宫——乐寿堂，溥仪指着屋中的陈设说："她置国家危亡于不顾，带着女官和画家尽情享乐。"

转到前山，溥仪游兴更浓，竟一个人登上万寿山的顶层向我招手，然后又很快地走下来，而我只能在山下等他。

我们又沿着长廊走到石舫，溥仪指着园内的山水亭台说，慈禧太后为了享受，在光绪十四年（1888）挪用海军经费三千万两修建了这片园林。她死后，光绪皇帝的皇后隆裕为"孝敬"婆婆，又花了数以万计的银两扎纸船纸人烧，慈禧活着害人，死了还糟踏人，逼得百姓活不下去。

直到午后四时多，我们才离开颐和园。

溥仪很喜欢动物，每次去动物园之前，他都买些廉价水果或饼干之类，切成小块带着。他喂熊，而熊就用两条后腿站起来接，并会合掌致意，似乎表示感谢，这使溥仪感到很大的乐趣。

我们还一起游览过其他许多地方，如西山八大处、卧佛寺、香山、碧云寺、天坛等等，只是印象已不大深刻，记不起当时的情景了。

溥仪爱逛公园，却要冒着被围观的风险。在他曾经"登基"的地方——故宫，就好几次险被游客认出，作为我的"私人导游"，他的讲解实在太详细了，尽管总是压低声音，也还常常引来疑惑的目光。如果说碰上这种场合尚可躲避的话，在小饭馆里面对面围观就不容易脱身了。

溥仪起床时往往我已经上班先走了，他便自己到附近一家小吃店喝碗豆汁，买两根油条吃，小吃店顿时兴隆起来，远远近近的人们为了看溥仪一眼，都特意跑到这儿来吃早点。起初，服务员对溥仪很客气，照顾他不用排队，还帮助找位子。后来，吃饭的人愈来愈多，大大增加了他们的工作量，而对于国营饭店职工来说，多卖势必受累，工资并不增加，所以还不如少卖点儿，清闲些。于是，渐渐地不再欢迎溥仪了，毫不客气地让他到门外排队去。溥仪也知趣，就不太上那

1963年8月14日溥仪日记仅记八个字:"晚,雨。接贤,贤已到家。"

电影《火龙》剧照:溥仪与孩子们

家小吃店去了,那里的顾客顿时减少。

我和溥仪谈恋爱时曾在西四一家小饭馆碰上围观"险情",婚后也屡屡发生。有一天拜访张仁甫老大夫回来,中午走进王府井一家小饭馆,买几碗馄饨,却又被同桌对面的一位长者"识破庐山真面目"。

"啊!这不是皇上吗?"老头吃惊地问。

"我是溥仪!您怎么认得出?"

"谁能不认识宣统皇帝呀!您怎么还到这种小饭馆来吃饭?我想,您应该到高级些的饭店去。"

"那您可说错了!"

"啊!经过学习和改造,您和平民百姓一样了,以前您就不可能到这种饭馆来!"

"是呀!以前我身为皇帝,没有自由,当然来不了。"

吃饭的人们都围了上来,七言八语地议论着,听老头和溥仪对话。

"您现在还参加劳动吗?"

"我经常到植物园去种花。"

"您住在什么地方?"

"我已经建立了自己的小家庭!"

"听说您喜欢画画?"

"小时候学过,也不大会。"

"我家住在东城,平时喜欢画画写字,家里养金鱼。您有空时请到我家玩玩,我和老伴都欢迎您。"

"您这样盛情,谢谢!"

"您爱下棋吗?"

"下不好!"

"我喜欢下棋,您到我家时下下看!"

我们吃完饭要走时，溥仪和那位热情的老头，还有不少围观的人一一握手告别。

真诚相爱

溥仪当过皇帝，而我却是个普通护士，然而我们真诚相爱，无论是溥仪所在的全国政协，还是我所在的医院，人们都知道溥仪对我特别好。

说起来也不怕大家笑话，溥仪这个人好像离不开我似的。我每次上街，他有空就一定陪我，或把我送到公共汽车站，晚上下班，也常常会看到他已在车站上等着了，这在他的日记上有许多记载。其实，我在家里他也总是跟着转，洗脸时他就看着我洗完，在厨房做饭，他也笨手笨脚地围着帮忙，我就故意训他："你怕我跑哇！"他却嘿嘿笑两声。

我们医务人员常有夜间值班的情况，每逢轮到我，溥仪都几次电话打来，或直接找到医院，无论如何总要到我所在的值班室待一会儿。有时拿件衣服、送把伞或买点儿吃的东西送来，往往要到赶末班车的时候才肯回家去。这种情况逐渐地被医院几位领导知道了，大概也是照顾吧，后期就很少再安排我值夜班了，组织巡回医疗，一般也不让我参加。

还有几回我上白班，溥仪也到门诊来找我，患者很多，有的大夫嘴快，他就是我院某某的丈夫——末代皇帝，这一下患者都围上来了，以至影响了正常工作，回家后我对他说："我给你磕一百个头，今后千万不要再到医院去了，不是我不愿意让你去，而是患者要围观你这个特殊人物，影响工作。"溥仪答应道："好吧！小妹，我以后不去就是了。"

我每次上街或外出购物，如果饭时未归，他没有一次拿起筷子先吃，无论怎样晚也一直等我。

政协经常发影、剧票，但我的身体很糟糕，常因不适而不能去观看。我不去，溥仪也不去。当我知道正是他非常喜欢的京剧节目时，动员他自己去看，他却说："把你自己留在家里，我的心不踏实。"有一回，溥仪让我跟他到政协三楼听音乐，我说累了不想动，他就劝我"少玩一会儿"，那天是周六，他说："辛苦一礼拜了，应该换换脑筋，还是让我搀着你去吧。"参加这类活动他一定要拉上我。还有一回出席舞会，宣武医院某女医生一连几次邀溥仪下舞池，也许他怕我不高兴，便带我换了一个地方，到民族饭店一楼舞厅去玩，这方面他是很细心的。溥仪凭着一张专员活动证，有时一个晚上能跑三个地方，就像年轻人似的。

婚后头几个月，我还坚持在朝阳区业余卫生学校学习。每天晚间上课，到家总有九点多钟了。为了提高业务水平，溥仪是赞成并支持的，每次都耐心地等着我。有时回家后还要看书，他就"不客气"了，一下把书给合上说："你一整天不在家，好不容易盼回来了，还要看书写字，这怎么成啊！"其实是怕累坏我。当然，也喜欢让我陪他说说话。总之，能和我在一起他就觉得高兴。

有几回我下班回来太疲倦了，往沙发上一坐不爱说话，他便过来像哄小孩似地问我："怎么不高兴啊，谁欺负你啦？"

"没人欺负我，只是有点疲倦。"

溥仪马上端来茶水，拿来水果，温存地说："你吃一点吧！休息休息，一会儿就会好的。"让我感到很温暖。

溥仪对我的疼爱之情，在两个单位的同事之间是众所周知的，比如我们在一起出席宴会的场合，他见我很少伸筷，便会不顾众目睽睽往我小碟里夹菜，弄得我不好意思，在桌下用脚碰碰他。我的家务负担重，他也很心疼，无论如何也要让我请保姆，帮助搞卫生、洗衣服，后来我终于同意请了一位半日制工作的保姆,一直做到我停薪留职。还有一次,我跟他商量想买辆自行车,骑车上班或购物都方便些,溥仪坚决反对,他说骑车不安全,果真买了车,他连觉也不用睡了,得急疯了。

我所在的关厢医院位于朝阳区,而我和溥仪一直住在西城区。每逢天气出现异常情况,或下雨或下雪,溥仪都不顾道远路滑难行,从西城到东城接我。1963年夏天,一场暴雨下来,大街小巷遍地是水,有的地方积水竟有几尺深,汽车都无法通行,那天我是卷起裤腿,光着脚上班的,溥仪很不放心,到了下班时间便拿了伞匆匆赶到医院,可是我已经从另一条道回了家,路上还听人们议论:"有人淌水掉进了阴沟,沟口上还横着一把伞呢!"我心里就犯嘀咕:"可别是溥仪呀!"等我慌慌张张地推开家门,溥仪果然不在,遂又转身冲进大雨之中。终于在一条马路上远远地看到了溥仪,只见他像一个刚从水里捞出来的人,正高兴地冲着我喊:"千万注意下水道口——没有盖!"原来他去医院没接到我,很着急,以为我一定是被雨截在什么地方了。往回走的路上,忽然发现一处没有盖的下水道口已被雨水漫过,从表面上完全看不清楚。他知道这是我每天上、下班必经之地,怕我走到这里不注意而滑下去,于是,宁可张着伞守在旁边。关于这件事,溥仪在1963年8月14日的日记中,有八个字的简略记载:"晚,雨。接贤,贤已到家。"

有一回,医院原定的班后会议不开了,我趁机到王府井去理发。往次开会时,溥仪总要给我挂几次电话,这次他也很快就知道我没开会。上哪儿去了呢?过了晚九点仍未回来,可把溥仪急坏了,到处打电话找我,又让五妹夫老万帮他找。老万说,北京这么大的地方上哪儿去找啊!溥仪还是不甘心,自己一条条马路找,用电话向许多派出所询问,以为我一定是出事了。当我十点多钟回到家时,溥仪正在沙发上掉眼泪呢!问他为什么哭?哪儿不舒服?他见我平安无事,马上破涕为笑:"还问我呢!你跑到哪里去了？"没想到晚回家一会儿却让溥仪受了这么大的惊吓，从此再有什么事儿，我都事先跟他打招呼。

还有一回，我把溥仪惹得不高兴了。那天上午，应中国新闻社之邀去游北海，直到下午才回家，我觉得很累，脚也磨破了。四五点钟的时候，政协又派车来接我们见外宾，我说累了，就没有跟去。溥仪见外宾后回到家就批评我："这是自由主义！"他发火了，"你这样随便多不好！"

"我的脚破了，有点儿疼。"我说完又反问他，"你想让我去，为啥当时不说？"

"因为当时有别人在场，怕你接受不了。虽然累了，脚也疼，但还是应该去。"

在他的批评下，我哭了，他又心疼地说："我性急，说得太重，方式方法也不好，请你原谅我！"其实，我并非因为批评而哭，结婚以来溥仪从没用批评的口吻说过我，发现我有错的地方，总是用很婉转的话使我认识到。这次一反寻常，说明我的错误是很严重了。因此我恨自己，哭了，觉得溥仪是真心爱我的。

溥仪曾经亲自动手，用保存下来的若干历史照片和特赦前后拍摄的生活照片，装贴了一本家庭影集。有一回我们一起翻看，由一张溥仪在天津静园当寓公时所摄的照片而引起一段对话：

"这是我出宫后在天津照的，你看我当时能有多大岁数？"

"这么年轻，大概不到二十岁吧？"

"看我领带上那枚别针，是钻石的，你见过钻石吗？"

"钻石当然见过，但没有戴过钻石别针。"

"如果你是那个时候和我结婚，我可以给你很多的钻石别针戴，现在什么都没有了，不能给你了。然而，如果你真是那个时候和我结合可就遭罪了，只能充当我的摆设品和玩物。那时我根本不懂什么是爱，什么是夫妻，高兴就去说笑一阵。现在我是从心里爱着你，懂得了夫妻间应有的态度，我们建立了真正的家庭。总之，我能给你钻石别针的时候，却不能给你爱情，不会对你好！"

溥仪说了实话，我们的全部婚姻生活足以证明。

我这人经不得风霜，常常感冒。每次感冒溥仪都当成一件大事，在日记上逐日记载病情的发展。他护理我更是耐心周到，有一次我夜间发烧，他一宿起来五六次，摸摸我的前额，准备好退烧药品和开水。白天见我往窗边坐，马上伸手关窗，怕受风着凉。有一回我患重感冒，偏赶上溥仪也因病住院了，想回家来看看却办不到，于是，一天数次打电话来询问，还打电话给溥杰，请他送药给我。

1963年1月间，我因妇科病而住院治疗。当时溥仪正参加全国文史工作会议，每天都有领导同志的讲话以及参观、座谈等活动，日程排得很满，但他仍抽暇或请假探病，给我很大的慰藉。可是后来，我做了一件使他很不高兴的事儿。

那次住院，我被安排在医院的地下病房。那里一连死了几个重病号，我有点害怕，就在尚未痊愈的情况下自己办了出院手续。大夫们都知道溥仪关心我，不会赞同的，就劝我说："溥仪不让你出院，会来找我们要人哪！"可我还是决心出院了。说也巧，回家路上正好碰上溥仪，他大吃一惊说："你怎么在车上？我是做梦吗？怎么随便出院了呢？"我说不愿意住院。溥仪说："你也太不听话了，让人操心！"他拉拉扯扯地偏让我回医院去，惹得同车乘客都笑了。他还是拉不动我，就又劝："回到家，医疗条件差了，又没有人照顾你，我这些天正在开会……"劝又不听，只好"同归政协"——这几个字是溥仪无可奈何之下记在当天日记上的。当时，我家还在政协院内呢！溥仪上班也不放心，开会也惦记着。好在是一个院内，一会儿回来看看，一会儿又回来看看。

为了治愈我的多种慢性病，溥仪东奔西跑，想了许多办法，找了许多名医。他找过西苑中医研究院的岳美中大夫，岳大夫也是我的一位同事的老师，他医术高明，早在广安门中医研究院高干诊室当副主任的时候，就出国为当时的印尼总统苏加诺看过病。

　　溥仪还找过名扬海内外的中医专家蒲辅周。蒲老曾任广安门中医研究院高干诊室主任、副院长，积多年临床经验，晚年专门搞点儿中医研究工作，有时被中南海的中央首长请去诊病。此外，蒲老作为政协常委，还必须参加一些社会活动。因老先生年事已高，精力有限，是不给一般人看病的。溥仪当时和蒲老并无一面之识，找不找他呢？为了爱人决定试一试。于是，他在政协工友赵华堂的陪同下来到中医研究院。先找到院长作了自我介绍，然后说："我爱人有病，想请蒲老先生看看。"院长立刻答应，很客气地引导溥仪到蒲老处，蒲老当即应允。蒲老又问他："是否马上出诊？"

　　"不！明天我和爱人一起来。您答应给看病，我就心满意足了，哪能还劳您出诊！"

　　溥仪向政协领导说起这件事时，别人跟他开玩笑说："因为你是皇帝呀，能请蒲老出山！"从此，溥仪和蒲老之间建立起深厚的感情，溥仪有病常请蒲老诊治处方，从而留下了一批弥足珍贵的临床药方资料，填充了中医研究的宝库，这当然是后话了。

　　溥仪为了我东奔西跑，我是很感激的，可也有一次我对他有意见。那是1963年8月，我因感冒卧床，溥仪很着急，事先也不商量就把海军总医院顾问张荣增先生请到家为我诊病。张先生年近七旬，系四代祖传世医，溥仪调到全国政协后，经文史办公室副主任张述孔介绍与之相识，请他看过病。张先生走后我批评溥仪说："张先生岁数大了，让人家出诊不合适！"

"我看你正发烧,如果再外出就诊,怕病情加重啊!"溥仪是这样为自己辩护的。

"那可以先在卫生院打一针嘛!"

溥仪还是很接受意见的,打这以后,我们一般是到张大夫那里去诊病,而不轻易地找大夫到自己家来。

对爱情来说,病中是一个考验。我的身体不好,常患病,却因而感受到溥仪的一片深情。回想起来,我和溥仪的婚后生活够甜蜜的,但是,也有一点美中不足,缺少一个孩子。

"我们抱个孩子吧!"丈夫多次向我提出这样的建议。每回别人把领小孩的线索告诉他,他都细心地记在本子上,不断地提醒我。他非常喜欢孩子,总想自己能有个孩子才好,见着街坊和邻里的孩子也特别亲。

我们在政协院内住了一年,那个大院里的孩子也很多,他每天散步或休息的时候就走到孩子们中间去,和孩子们聊天,逗他们玩,给他们讲故事,有时候还和孩子们捉迷藏呢!邻居赵大妈常说:"溥仪五十多岁了并不显老,就是有颗孩子心!"

我们搬到东观音寺新居后,溥仪还是一帮一帮地往家招街坊孩子,教孩子们叠小飞机、小纸船、小纸漂玩,又买来各色各样的蜡笔和铅笔,教他们画画,还拿出糕点糖果让孩子们吃,他们一起玩得可高兴了。有些孩子挺顽皮,又和溥仪熟悉了,就当面叫他"小皇上"。溥仪并不生气,摸着孩子们的头说:"当皇上并不幸福,关在宫里不让出来,就像关在笼子里的小鸟一样。你们生长在新社会,能自由自在地学习、玩,才是幸福呢!"孩子们起初不信,怎么能说当皇帝不幸福呢?他就讲当皇帝的一件件苦衷,直到孩子们相信了为止。从那以后,孩子们见着溥仪就拥来把他围住:"给讲个故事吧!"

有一天,没等下班我就提前回到家里,打开门吓了一跳,只见满屋戴花脸面具的孩子正在打闹,其中一个特大个的孩子带着张飞的面具,也正比比划划地做动作。这个"孩子"见我进来慌忙摘下面具嚷了一声:"糟了,这回叫你看见了……"原来是溥仪。

我这才明白,为什么每次回家总发现屋里的摆设不如出门时整齐,我们家都成了儿童俱乐部了!溥仪为了掩饰他的淘气,在我下班前总要先收拾一下屋子,但我还是一眼就能看出:沙发变了位置,地上总有些未拾净的纸屑以及从面具上掉下来的一绺胡须,还有桌子底下或床底下的纸漂、纸船等等。我不埋怨他,因为我理解他,知道他为什么这样喜欢孩子。

我永远记得那件事:1963年6月1日搬家那天上午,溥仪陪我到医院请假,在汽车上遇见许多穿节日盛装的儿童,他们乘车到各处去参加节日活动。溥仪看着孩子们,满心羡慕地对我说:"今天是下一代过节的好日子,他们可真幸福啊!"忽然又若有所思地问我,"你小时候也过儿童节吗?"

我遗憾地告诉他:"没过一次儿童节!"

"我从小就关在大墙里面,不知道什么叫儿童节。"溥仪感叹地自言自语道,"咱们的儿童时代全浪费了,真可惜呀!"他从这样的心情出发,喜欢孩子不是完全可以理解的吗?

溥仪被关在四面高墙里的童年,根本遇不到一个普通小孩,妹妹偶然可以进宫陪他玩玩,弟弟溥杰和另外两个男孩陪他读书,都是以臣仆身份出现的,年长了,他在故宫再没见到过孩子。以后在天津和"满洲国"宫廷中,身边出现过几个当童仆的孩子,那是他的奴隶。如今他的侄儿、侄女和外甥、外甥女中间,有北京女子摩托车比赛中的冠军获得者,有登山队的队长,有医生、护士、教师和汽车司机等等,还有正在读书的共青团员、红领巾……特别是当他和第一次相见的侄女金霭珧会面时,心中更充满了敬爱之意,就是这个出身皇家的女儿,在新中国参加了中国共产党，抗美援朝战争爆发后，她背着家里人当上志愿军，跨过了鸭绿江，在举世闻名的上甘岭战役中立下了功勋。溥仪紧紧握着侄女的手，感慨地说："你是中国人民最可爱的人，而你大爷在历史上曾是中国人民最可恨的人，和你根本不能比。今后，大爷要好好向侄女学习！"溥仪常向我提起这个侄女，他说："我们爱新觉罗家族也飞出一批新时代的凤凰。"

溥仪出奇地想孩子，出奇地喜欢孩子，这是为了要补上童年生活的缺课啊！当时我考虑到两个人都有病，要了小孩怕伺候不起，总是劝溥仪放弃这个念头，回想起来就觉得对不住他。

拒绝旧礼

溥仪常常带着我一起去看望七叔载涛，哪怕只坐十分钟呢，也要询问一下身体、生活情况。他说："只有这么一个亲叔叔了。"

婚后的第一个新年，我们又去拜年。载涛很高兴，仍沿袭对皇帝不能直呼姓名而只能讲"官称"的旧礼，称呼溥仪为"大爷"。他也听说溥仪会干许多家务活了，笑着对我说："我们这位大爷改造得很不错，原来连穿衣服也要别人服侍呢！现在自己会生炉子了，不简单啊！"溥仪谦虚地说："我还差得远呢！"

载涛家里挂着许多字画，溥仪一幅一幅地看，特别欣赏其中一幅山水画，问是谁送的？载涛告诉了他，并说："要请大爷写几幅字呢！"溥仪说："我的字不常练，拿不出手啊！"回家以后就认真给七叔写了几幅。

亲属中也有旧意识根深蒂固的人，当他们不时有所流露的时候，溥仪感到特别苦恼，对我说，当皇帝的时候，连父母见了也要磕头，现在亲属之间可以平等相待了，得来不易呀！可是，偏偏有人喜欢不平等。溥仪确实遇到不少这类事。

一次本家几个人一起吃饭，有位平辈的兄长，听溥仪说话时老是拿出昔日臣下对皇上应诺的腔调"嗻"、"嗻"连声。还有位平辈老弟，一时忘情举杯道："今天真高兴，君也在，父也在……"溥仪放下杯子说："我们是叔侄兄弟，是新社会的公民，自由平等，难道反而不如专制吗？旧的时代和旧的溥仪都死了，你们应该为新时代、新溥仪高兴……"

特赦不久也遇到这么一回事，就让溥仪更生气了。那是1960年春节，溥仪在四弟溥任家遇到一位比他岁数还大的侄子。这位年长的晚辈诚惶诚恐地口称"皇上"，向他"大礼参拜"，竟"扑通"一声跪地叩头。溥仪当时气得不知说什么好，恼怒地斥责这位侄子说："解放这么多年了，你这个人怎么封建思想还原封不动？"

这位"大清遗老"兼"皇上的侄儿"虽然尴尬得无地自容，却没有马上起立。溥仪见侄子仍跪拜在地，气得转身就走，四弟一看情势不妙，一把拉住溥仪为跪着的侄子"打圆场"。侄子也乘机改变了口气，对"叔皇"解释说："咱们虽非君臣，总是叔侄吧！为侄给大叔拜年也是事所应当的啊！"他说着又磕起头来。溥仪只得抢上一步，把下跪的侄儿一把拽了起来，严肃地批评他一顿。这位"皇侄"见溥仪真动了气，觉得脸上无光，随后也就托辞走掉了。

最令我感动的，是七叔家的人给我讲的一个故事，原来，1961年初溥仪还碰上一位念念不忘"皇恩"的小姐。

一天，七叔载涛在政协食堂请客，只有四人参加：溥仪、载涛夫妇及那位念念不忘皇恩的小姐。从表面看，她很年轻，又打扮得很华丽，头顶上有珠宝，脖子上戴项链，脸上还涂着香粉。说话纤声细气，行动百态千姿。饭后，载涛邀请大家到三楼舞厅，坐定后她便热情地邀请溥仪下场，溥仪本不大会跳，却又不好拒绝。虽然溥仪只是很笨拙地跟了几圈，舞场上的她却十分得意，能跟当过皇帝的人一起跳舞，她觉得是今生今世的荣耀。

休息的时候她又请溥仪写字，溥仪觉得累，没有满足她的要求，她略有失望之感。当时，溥仪住在崇内旅馆，她就经常到旅馆找溥仪。她唱昆曲很动听，有时就给溥仪唱一段。还主动教溥仪学唱，但溥仪学了几句就不愿再学了。她知道溥仪爱遛街、逛公园，就经常提议要陪溥仪到处走走。接触一段时间后，她早已失去等待溥仪开口的耐性，大大方方地表明了自己的心愿。

原来，她如痴如狂地追求溥仪，也是有一段历史因由的，说来话长。她爷爷本是农村孩子，光绪年间家乡受灾，便随着难民逃到京城。一天，正碰上溥仪的祖父醇贤亲王的轿子，差人在轿前鸣锣开道，行人纷纷退避，但那个没见过世面的农村孩子竟在荒乱之中落在道上，手足无措。差人正欲鞭笞，醇贤亲王掀开轿帘看见孩子相貌英俊，就吩咐把他带进王府，以后又让他给儿子当伴读，学业甚佳。后来他受到提拔做了官，自己又购置并经营煤矿，逐渐发了大财。总之，这位小姐的先人正是靠"皇恩"起家的。

因此，她念念不忘"皇恩浩荡"，可是，这对于一不言恩，二不图报的溥仪来说又有什么用处呢？溥仪根据自己的标准，觉得小姐尚不理想，就决定对她采取回避态度。因为她常往旅馆打电话约会，溥仪就告诉服务员说："如果电话是女人的声音，就说我不在。"有一次，她的父亲来京，邀请溥仪到莫斯科餐厅吃饭，服务员在电话里搪塞了她，但她不肯轻信，竟领着父亲到旅馆来了。一进屋，正碰上溥仪下楼要走，她说明了来

自1916年起，朱益藩担任溥仪师傅兼"御医"。

1960年1月26日，周恩来在全国政协礼堂接见溥仪和载涛。

意，再三恳请，可还是遭到了溥仪的谢绝。

溥仪为什么没有相中漂亮的年轻小姐呢？后来他和我谈过这件事，他说："我喜欢朴朴实实的人，但她给我的印象不够稳重，恐怕很难和我生活到一块儿呢！她也不可能真心爱我的。"

溥仪在前井胡同五妹韫馨家居住期间，许多亲属以及与其前半生有过种种瓜葛的人纷纷前来看望。溥仪后来对我说，最令他为难的是，有些人仍把他当做"皇上"对待。

第一个到前井胡同韫馨家看望溥仪的旧日随侍就是赵荫茂，他还是个少年的时候就入官伺候溥仪了，在溥仪身边二十多年，直到"皇上"当了苏军的俘虏。其间，他受到过严酷的惩处，也得到过丰厚的赏赐，据说仅用溥仪的一笔赏钱就在北京盖起一栋小楼，便设龛供奉溥仪的照片，感念"皇上"的恩德。他依靠在御膳房给"皇上"烧菜的本领，又当上某机关招待所的厨师。

赵荫茂见了溥仪激动万分，一面呼唤"皇上"，一面磕头不止，溥仪照例扶起他来，颇为生气地说："我已是公民，直呼姓名有何不可！"那天，溥仪还留赵荫茂一起吃饭，详细询问分别后的经历，临别还嘱咐说，下次见面相互要以同志相称。我和溥仪结婚以后赵荫茂还来过几次，溥仪也到赵家去过，赵荫茂的原配妻子去世后，溥仪还曾说服赵家子女帮助赵荫茂实现了再婚的愿望，这一对历史上的主仆，今天成了"同志"。

自1959年12月23日起，溥仪遵照北京市民政局的安排，离开了五妹家，搬到东单附近苏州胡同南口崇内旅馆，与杜聿明、王耀武、宋希濂和郑庭笈等人住在一起，又过上以参观学习为内容的集体生活。

有一天，溥仪正在崇内旅馆的房间休息，服务员敲门进来，告诉他说有两位老先生在楼下求见。溥仪接过服务员手中的信封拆开一看，不由得大吃一惊。原来这是两张向"皇上""请安"的红帖。恭恭敬敬的墨笔正楷字写在大红纸上，一个落款赫然是"前清翰林院编修陈云诰"，另一个则是"前清度支部主事孙忠亮"。可见，仍然称呼溥仪为"皇上"并且愿意给他磕头的人，不仅有皇亲以及贴身数十载的随侍，还有已经灭亡了四十八个年头的"大清王朝"的遗臣！一股怒火在溥仪的胸中燃烧，他厌恶这些遗老们，不愿见他们，就对服务员说："麻烦您转告来客，就说我不在。"于是，服务员替他挡了驾。

这件事第二天就传到周恩来耳朵里，总理加以认真的思考，结论是：人的思想不容易改造！他说，如果不把溥仪特赦出来，谁会相信还会有这种人，皇帝经过改造都不想当皇帝了，而过去的臣子却还没有忘记这个皇帝，还想当臣子！1960年1月26日周恩来接见溥仪和他的亲属时说："现在不一定每一个人都能把你当成平民看待，可能有的人还会向你下跪打恭。"溥仪当时就告诉总理说："这次回来后，还有两个老头拿着用清朝官名写的信来见我，当时我说要出门，没空儿，没有见他们。我想是没有办法说服他们的。"

在短短的时间里，溥仪碰到了那么多来磕头的人，不免悲观。然而，总理并不赞成他的认识，要求他面对"社会死角"，不但自己不受影响，战胜环境，还要帮助落后，这些话被溥仪记住了。

一两天后，族侄毓嵒又到韫馨家向溥仪行三拜九叩大礼来了。毓嵒也是五爷府的后人、大阿哥溥儁的胞侄，当时在德胜门煤厂当业务员，没想到把溥仪给惹生气了，从此再不敢见溥仪的面。

溥仪特赦后的第一个春节过去以后，心怀旧礼的人并没有绝迹，溥仪到植物园以后，同类事又一而再地发生。

有一次，溥仪在由植物园回城里的路上，遇见一位原来官中的殿上太监。这位当年伺候过小皇上的老人，因为已听说"万岁爷"特赦回到北京的事儿，所以一眼便认出了溥仪，并恭谨地向皇上请安。虽说没有像过去那样就地三拜九叩，可那谦卑的样子已足使路人侧目并为之惊奇了。溥仪连忙过去搀扶老人，诚恳地解释说："从前的溥仪已经死了，现在我是公民，我们之间的关系是完全平等的。"这次溥仪没有像在崇内旅馆那样大动肝火，除了尊重老人的心理之外，不能不说是在学习中得到了进步，对社会上客观存在的各种阶级现象有了一些认识。

1960年7月的一个星期日，溥仪进城到五妹家度假。五妹告诉他，前几天有位姓陈的女同志送来一大包东西，有香皂、牙膏等生活日用品，还有两瓶酒、一匣糖以及其他许多食品。来人说，是父亲陈懋侗让她送来的。

陈懋侗就是溥仪青少年时代最敬重又最依赖的"帝师"陈宝琛之子，他也曾随溥仪到长春，先后出任"执政府内务处事务官"、"宫内府内务处需用科长"、"宫内府侍卫处处长"等职。

现在，20世纪的60年代，陈懋侗又给溥仪送礼品来了。这礼品之中，显然包含着二三十年代他父亲对溥仪的感情，也显然包含着三四十年代他自己对溥仪的感情。溥仪反复考虑的结果，认为不该收这份念旧情的礼品，于是决定只留下糖果，其余送回。

8月7日那天溥仪抽暇去陈家退礼。因为路不熟，他找了两个伴儿同行，一个是族侄毓嵒，另一个是乳母的孙女王佩英。这次去，溥仪是决心要帮助一下陈懋侗的。三个人按照门牌找到陈家。陈懋侗看见溥仪后，脸上现出惊喜之色，继而又进来一男一女，还带着他让女儿送去的包裹，遂又疑惑起来，不知应以何礼接待。溥仪抢先伸出手来，陈懋侗勉强握了一下，显得很拘谨，半天说不出话。

"这些年身体还好吧？"溥仪先开口问道。

"还可以，只是这两年肺病不好。"陈答。

"有固定工作吗？"

"解放后我也参加了工作，现在退休了。"

溥仪和他闲谈了几句，就把话转入正题，他说："我在历史上对祖国、人民犯下了严重罪行，百死不足以蔽其辜。政府对我宽大，给我学习和改造的机会。这次又蒙特赦，实在是做梦也想不到的事。"溥仪这样说着的时候，陈懋侗心慌意乱地左顾右盼，根本听不进去。

"过去我们之间的历史旧关系早已完结了，绝不应该恢复它，而要重新建立新的同志关系。"溥仪把退回的包裹放在床上，对陈懋侗说："你送的糖果我留下了，这些日用品还是你们留着用吧。我样样都有，用不着这些东西，况且你的经济情况并不充裕，以后再不要给我买这买那的。"溥仪这句话说得陈懋侗更紧张了。

"送东西？我根本不知道！"陈懋侗用眼睛看了看毓嵒，又瞅了瞅王佩英，神色很紧张。他一口否定了送东西的事，这是出乎溥仪意料的。

"你女儿明明说是你让送的，怎么说不知道？"溥仪生气地说。

"我女儿真荒唐！她给你送东西，我竟一点儿也不知道！"陈懋侗还是矢口否认。

"不管谁送的，反正我不需要，请你们留下。"溥仪态度显然又升级了。陈懋侗没有再说什么，但还是神色不定，总像是防备着什么似的。溥仪对此很反感，就赶紧告辞出来了。

植物园田主任知道此事后告诫他说："这次你遇到落后人物，没有采取拒绝态度，而是采取了帮助态度，这是你的进步。但是，帮助人要讲究方法。你不是经过十年改造成为新人了吗？你知道这十年中多少人为你操心，千方百计地帮助你呀！"溥仪在后来的思想总结中谈及此事时写道：

这件事说明我对后进人物的帮助不讲方法，比较生硬，使人不易接受。一则说话不婉转，二则带了两个人同去。我想，这两个人一定被误认作两个干部了。因此，他不讲心里话了，连事实也不敢承认。不但帮不了人，反而拒之于千里之外。这就是心怀善意，效果不良。今后应该讲究方法。

旧仆重逢

跟溥仪的前半生联系着的人们，情况各有不同，当然也有溥仪喜欢、想念的人，他们的重逢完全是另一种场面。

溥仪对乳母二嬷的感情胜过亲生母亲，他说："我吸吮乳母的奶直到九岁。当太妃们背着我把乳母赶走以后，我天天嚷着要嬷嬷，嗓子都喊哑了，做梦还叫呢！大婚后懂得行使权力了，立刻接回了乳母，后来又接她到长春，把乳母当做唯一的亲人。"

溥仪特赦回到北京就急不可待地打听乳母下落，并终于在鼓楼附近后门桥找到了乳母的儿子王书亭。其实，二嬷被选入醇王府当奶妈时已经守寡，当时唯一的吃奶女婴又因断乳而夭折，后来二嬷被赶出宫，又从哥哥和弟弟家过继了两个儿子，王书亭便是其中之一，他也跟着养母在长春住了多年，见着溥仪十分亲热。直到这时溥仪才知道，他最怀念的乳母早在1946年跟随皇族溃逃时，就被流弹击中死在通化了。溥仪又为乳母流下了眼泪。

那天，王书亭留溥仪与家人在一起吃了饭。从此，溥仪与他们又像亲戚一样走动了。王书亭的儿子佩兴是开关厂工人，大女儿佩华是儿童医院护士，小女儿佩英也是工人。这几个孩子常到政协宿舍帮助溥仪打扫房间，溥仪也常到他们家看望，我跟他去过多次。后来佩华嫁给一位华侨，佩英和佩兴也先后结了婚，我们都赠送了礼品。王书亭不幸在1966年故去，他的妻子也患了重病，溥仪一次又一次前往探视，给以悉心照顾。

　　凡是住在北京又与溥仪早年接触较多的人，先后都来看过他了，唯有一个人始终不来，这就是李国雄。这个以忠君而深受溥仪赏识的人，十二岁入宫给溥仪当奴才，由"殿上"升为"随侍"，从宫廷乐队演奏员到宫廷仪仗队队长，还曾出任护军第二队队长。1945年8月与溥仪一同当了苏军的俘虏，在伯力囚室中继续伺候溥仪。1950年8月又一同引渡回国，在抚顺战犯管理所改造，直到1957年春节前获释。回到北京不久，便被地方公安部门编入带有强制性的生产大队，先后在天安门前建筑工地、八宝山砂石场、石景山钢铁厂、小汤山苗圃等地参加重体力劳动。

　　李国雄有了这些经历，"忠君"的思想早已破除了，甚至认为正是溥仪这位"万岁爷"造成了他的终身痛苦，所以不愿意再见溥仪。然而，已成为全国政协文史资料专员的"皇上"，由毓嶦陪同，一直找到德胜门外八道湾李国雄的家里来了。李国雄后来回忆这次见面的情形道：

　　虽然他是以普通人身份来看我，见面主动和我拉拉手，又拍拍我的肩膀、弹弹我身上的灰尘，显得很亲切，但这一切在我眼里都是虚假的，唤不起往日的情义。他说回京后生活好、工作好，什么都好，我不爱听，甚至有反感，又说如何如何想我，我根本不信。

这次见面并不愉快，但溥仪不埋怨别人，认为还是自己对不住李国雄。我们结婚时李国雄也不参加婚礼，溥仪就去看望李国雄及其全家人，那时他已调入大兴县天堂河农场成了农业工人，因农忙不能回家，没看见他。这以后，溥仪还几次让毓嵒或毓嶦捎口信，表达想念他的心情。

全国政协秘书处副处长朱洁夫乃是朱益藩的本家亲属，溥仪听说以后马上找来打听朱家的情况，朱洁夫很快就把朱益藩第四子朱毓鋆给带到了溥仪面前，两人相见悲喜交加，都很激动。

朱益藩也是清朝翰林，自1916年开始担任溥仪的师傅，受到信用，与闻机要，兼为"御医"，在毓庆宫诸位师傅中间其地位和影响仅次于陈宝琛。溥仪出宫后他管理"清室北京办事处"，仍负有为溥仪谋划之责。"九一八事变"后，朱益藩"但主拒，不主迎"，态度鲜明，溥仪出关，他不但不随行，而且至死没去过长春。1937年朱益藩病逝，溥仪闻报极为伤悼，依例追赠"清故太保"，谥"文诚"，赏银五千元治丧。

朱毓鋆告诉溥仪说，他是中学教师，膝下二子二女，生活美满。又谈到他三哥毓鋈在北京土产杂品公司工作，他五弟毓玾在北京调压器厂工作，还谈到几位姐妹的情况。这次谈话使他了解了朱家的一段历史秘闻：朱师傅生前曾掩护过从事地下抗日工作的朱洁夫，把他藏于家中的重要文件保存下来，溥仪因而更加敬重朱师傅了。

常言道"冤家路窄"，很少单独上街的溥仪居然单独在一条街上碰上了实实在在的冤家，他就是伺候溥仪十多年，后来又被溥仪开除了的随侍李体玉，原来他正是当年有染"宫闱秽闻"的两人之一，溥仪没杀他，只把他赶出了长春的"宫廷"。将近三十年过去了，他们俩谁也想不到会在这样的场合重逢。

"过去的事实在对不起了！"李体玉向溥仪深深地鞠了一躬。

"过去的事就让它过去好了，你又何必道歉？"溥仪平和地说下去，"这些年过得还好吗？现在做什么工作？"

"我在宽街中医院工作，老婆孩儿住在西口袋胡同，生活还凑合。"

"好嘛，咱们又生活在同一个城市之中了。"

"奴才早已从新闻中了解到'皇上'的近况，只是没有勇气去看望'皇上'……"李体玉发现溥仪并不生气，才敢于恢复了旧日说话的口气，不料又遭反驳。

"从现在开始我们是新的同志关系，再不要'皇上''皇上'的，等我有了时间还会来看你。"

溥仪说到做到，这以后去过宽街中医院，也去过西口袋胡同李家，得知李体玉的妻子患病，还掏出自己的工薪资助他，让他感动得直流眼泪。后来我听说，他还参加了我和溥仪的婚礼呢！

还有一位半生都伺候溥仪的人叫王简斋，自1916年入宫，任过膳房会计、御前随侍和代理奏事官等职，跟随溥仪经历北京、天津、长春三个时期，达二十八年之久，直到1944年因母病返乡尽孝，从此离开溥仪。他听说溥仪获赦，专程从京东蓟县来到北京东观音寺22号门前，以后的情形，他本人是这样回忆的：

我摁了门铃之后，走出一位十八九岁的姑娘，我请她通报溥仪，"就说京东的王简斋想见见他"，那个姑娘进去后很快出来对我说："让您快进去呢！"遂由她引领，刚穿过耳房，就见溥仪双手扶着客厅的阁扇迎候，见到我即快步上前，把我紧紧抱住，拥到客厅让我坐在沙发上。由于过去的老习惯还不敢坐，溥仪硬把我摁在沙发上，然后坐在我身边，紧紧握住我的手，感伤往事，无语呜咽。我的心情也十分激动，一时说不出话来，只是相对垂泪。一会儿李淑贤进来，溥仪才稍稍平静些，边用手帕擦拭眼泪边介绍说："这位是京东的王老大爷。"随后又向我介绍了李淑贤。李夫人中等身材，举止端庄大方，待人诚恳热情，她感到客厅温度较低，遂把我让进卧室，沏茶，端点心，拿香烟。

溥仪跟当年相比判若两人，身体胖了很多，精神也焕然一新。他简单介绍别后的经历说："往事真如一场恶梦不堪回首，你走后一年日本投降，当时为吉冈挟持，想此生定是沦落他乡，成为异域之鬼了。没想到后来党和政府能对自己这样的历史罪人如此宽大，晚年又回到了祖国首都。"溥仪大谈党对他的改造和教育、今天的幸福生活，流露出对党对毛主席和周总理的感激之情。他还向我细致地询问家中生活，连有无自行车、半导体、养了小鸡没有都问过了。谈话中间李夫人问我"溥仪过去打过你没有"？当我回答说"打过，那都是过去的事"时，溥仪面带愧色说："过去真对不起你，现在应该向你道歉。"

近中午时我起身告辞，溥仪说："你问问淑贤答应不答应？"李夫人诚恳地说："你们爷俩二十多年没见面了，吃完饭再好好聊聊。"溥仪当即把我摁在沙发上说："过去是你伺候我，今天我要让你尝尝我的手艺。"说着就扎起围裙和李淑贤一起到厨房做饭，我也想帮忙，但他们不答应。

边吃边聊直到下午二时，因为要赶车我便起身告辞。溥仪夫妇送到大门外，并一再叮嘱有时间再来。我走出很远回头看时，他们还站在门口目送。这回目睹了他们相敬如宾的情景，无限感慨涌上我的心头：是党把一个暴虐、冷酷、乖戾的人改造成懂得尊重别人、关心别人、体贴别人的人；是党把一个连衣服也要别人穿的封建皇帝改造成自食其力的劳动者。

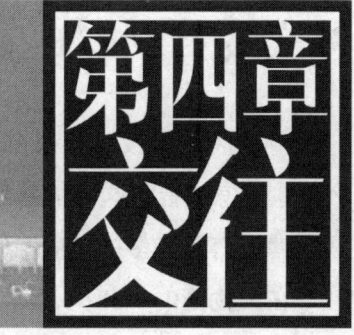

第四章 交往

社会交往

特赦后的溥仪生活在60年代的中国社会里,接触方方面面的人,那么,他们怎样看待这位特殊身份的人物,而他又怎样对待别人呢?

溥仪有了许多的"同事",对他来说,这也是一件新鲜事。

在植物园的一年里,溥仪和俞德浚、田裕民、胡维鲁等领导,建立了深厚感情,他们始终保持着密切的联系,这是我亲眼见到的。植物园主任俞德浚40年代曾在英国爱丁堡大学专攻植物学,是园艺界知名专家。溥仪得到他亲手赠送的学术专著《植物园手册》以后认真研读,写笔记,采标本,真摆出了要钻进去的架势。植物园党总支书记田裕民早年参加革命,当过红军,打过游击,负过伤,立过功。他常把溥仪带到自己家里,让他从家庭藏书中挑选喜欢读的借回宿舍去看,有时还会拿出新购藏的清代文物与溥仪一同鉴赏,两人成了知心朋友。胡维鲁是20年代入伍的老红军,新中国成立后任公安部队大校,因病在植物园长期疗养。他和溥仪在一个院子里居住,在一间食堂就餐,早晨起床后一起练太极拳,周末又同乘植物园的小汽车回城度假,两人友情甚笃。

在植物园职工中间,溥仪也交了许多朋友。刘宝安和刘宝善是与溥仪住在一间宿舍里的年轻人,正是他们帮助当时还不大会生活的溥仪逐渐适

1963年11月10日,周恩来在人民大会堂接见溥仪和李淑贤。

溥仪和王耀武、杨伯涛两位文史专员同事研究工作。

1961年6月10日，周恩来总理宴请溥仪、溥杰、嵯峨浩和老舍等人之后合影。

全国政协文史委副主任沈德纯(中)、文史办公室副主任张述孔(左)探望溥仪时合影

周恩来和陈毅同特赦人员及家属亲切交谈

应了新社会的要求。溥仪犯了痔疮或是得了感冒，他们悉心照料，端水取饭，无微不至。溥仪同样关心两位年轻人，比如天气突变的时候，他能够想到把刘宝安和刘宝善晾晒在室外的被褥收取进来。

我见到溥仪精心保留的一张解放军战士的照片，起初还以为是他的哪个侄儿呢，一问才知道，原来是他在植物园结交的好朋友刘宝安。溥仪指着照片对我说，他从小在东北受苦，后来入伍，参加过解放战争和抗美援朝战争，在植物园我们共同劳动、朝夕相处，真有点儿难舍难分。离别之前，刘宝安把自己的一张六寸彩色照片留赠溥仪，照片背面还写着几句话："敬赠溥仪先生：相处虽短，情意深长。离别前夕，留此永念。您的年轻的朋友：刘宝安。1961年3月6日。"

到政协以后，溥仪和全国政协文史资料副主任委员申伯纯、全国政协文史办公室主任兼北洋组组长沈德纯和全国政协秘书处副处长连以农接触最多，得到他们的帮助也最大。同时，溥仪和专员们也相处得十分和谐。杜聿明先生常和溥仪开玩笑，学习讨论中也愿意争论，他认为溥仪忠诚坦白，有话直说。王耀武、沈醉、李以劻以及曾任国民党天津市长的文史专员杜建时、曾任国民党第十五绥靖区司令部第二处处长的文史资料专员董益三等，和溥仪的关系都好。溥仪有病，大家都来看他，无话不说。有一次我和溥仪一起到和平里去看望同事们，大家招待我们，每家端来一盘菜，真挺热闹呢！

前半生里的溥仪是个虐待狂，而且生活极不正常，害得服侍他的人叫苦连天，每天从早晨六点到晚上十二点，他随时都有可能用皇帝专用术语"传膳"下令开饭，因此，他的厨子就得一直陪着，稍有怠慢都是不允许的。至于溥仪欺辱太监、打罚随侍的例子，《我的前半生》一书中写了很多。如今不同了，溥仪关心着他接触到的劳动者。

政协老工友赵华堂，在溥仪独身生活期间，对他有不少照顾，两人之间建立起很深厚的感情。溥仪常带我去看望赵大爷、赵大妈，赵大爷病了，他就带着点心一遍一遍地去探病，安慰二位老人。

因为溥仪和我都常常闹病，虽然主观上都想自己把家务担当起来，却力不从心，因此，先后雇佣过几位保姆。溥仪待她们都非常好，谁家有困难尽力帮忙，改善生活的时候，溥仪总不忘记把已经离开我家的保姆再请回来聚一聚。一位姓杜的保姆，女儿上学常常为缴学费犯愁，溥仪每次都替她缴上，溥仪去世后我的收入很有限，但仍尽量帮助她，我想，帮助有困难的人是不应该中途辍止的。还有一位曾在我家当过保姆的老太太，一次往外倒土时不慎跌倒，膝盖出了血，溥仪和我轮流去看护她，并送去钱和粮票。溥仪每次去就像在自己家里，往炕沿上一坐问寒问暖。

由于特殊的历史身份，溥仪有许多机会接触党和国家领导人，会见各界知名人士。

溥仪在后半生中，多次受到周总理的接见，又常常应邀出席总理招待贵宾的宴会，他对总理怀有一种特殊的爱戴之情，每每溢于言表。有一次，溥仪出席了在全国政协三楼举行的"双周座谈会"以后，兴奋地告诉我："今天的会议是周总理亲自主持的，总理见到我就亲切地打招呼，我很激动，一时不知道说啥好啦。我想，总理这么关心我，我怎么报答他老人家呢！想了想，也办不了什么事，谈到特长，也许故宫里的情况能比别人多知道些。于是向总理说：'我对故宫很熟悉，给您当个导游吧！您可以抽点儿时间逛逛故宫。'总理听见这句唐突的话爽朗地笑了，惹得旁人也都笑了。"

1963年11月10日周总理接见在京的特赦人员和家属，宴请时周总理、陈毅副总理与杜聿明夫妇、张治中夫妇以及溥仪和我等八人同桌。我还记得那天吃的是中餐，南方菜。总理给我夹菜，因为他的小臂有疾，伸不直，伸出去又只好放下了，他亲切地对我说："还是你自己夹吧！"继而

1961年9月,德籍新华社摄影记者叶华在全国政协采访溥仪并摄制新闻记录片。

溥仪与叶浅予(右二)、王人美(右一)、连以农(左一)在香山碧云寺

1964年10月11日,溥仪夫妇会见日本广播协会中国特别采访团。

又对溥仪开玩笑道："杭州出美人啊！"我说："什么地方都有美人，可是我并不美。"总理遂又把话题转到曹秀清身上："你回来后生活还过得惯吗？你终于跟杜先生团聚了，祝贺你啊！邓大姐今天有事没有来，她让我向你问好。"

溥仪和其他党政革命老干部也有很多接触，如地质部副部长何长工、水利电力部副部长刘澜波、对外文化联络委员会主任张奚若、华侨事务委员会主任廖承志以及他的姐姐廖梦醒等，他们都常和溥仪会面，都关心他。

一天，正在政协委员张维汉家里做客的中共中央组织部部长安子文想见见溥仪，于是派车把我们接到张家。安子文详细询问了关于文史资料的编选和写作情况，溥仪一一回答。同时，他还就国际国内形势中的重大问题，虚心地向安子文求教。当时溥仪已经确诊患有肾癌，并未因此失去信心。安子文关心地告诉溥仪，一定要注意身体，过好晚年幸福生活。张维汉热情而诚恳地留我们吃饭，溥仪坚持告辞，也只好用车把我们送回去了。

徐冰、廖沫沙等搞统战工作的领导同志对溥仪的关怀和帮助就更多了，不必细说。

我家的影集上，有一组溥仪在郊游中拍摄的照片，他告诉我，这都是1961年春天在潭柘寺郊游并野餐时拍的。溥仪指着合影中的人物说，这是曾在电影《渔光曲》中扮演主角的电影明星王人美，这是她的丈夫、画家叶浅予，这是中央统战部秘书长金城，他组织了这次活动，使我和王人美、叶浅予成为朋友。

溥仪在全国政协委员学习会上还结识了许多名人，如学贯中西的哲学家梁漱溟、著名戏曲艺术家新凤霞、著名国画家篆刻家陈半丁等。有一回，溥仪如约前往陈半丁家观赏他收藏的古字画，我也一同去了，从谈话中得知，陈老曾受业于晚清大画家吴昌硕。

在毛泽东的家宴上，溥仪与仇鳌相识。当作为清朝末代皇帝的溥仪退位时，仇鳌已在孙中山领导的南京临时政府内担任法制局参事了，他后来一直在国民政府和国民参政会中任职，是国民党内进步人士，新中国成立后当上"民革"中央委员，成了毛泽东的朋友，又成了溥仪的朋友。有一回仇鳌在四川饭店宴请溥仪等人，毛泽东《蝶恋花》一词中提到的李淑一女士也在座，于是，他们就中国古典诗词这个题目各有高论地畅谈起来。

为了修改《我的前半生》一书，在一些讨论会上溥仪又认识了许多学者，如著名历史学家白寿彝、著名文学家老舍等。老舍和溥仪曾在60年代初周恩来主持的几次宴会上见面。1961年6月10日宴请溥仪、溥杰和嵯峨浩等人时，周恩来特意把老舍和溥仪拉在身边坐下，感慨地说，"老舍是旗人，他也蓄过辫子，若在清朝见着皇帝都得下跪，如今却能坐在同一张餐桌前，变化真大呀！"周恩来的话深深感染了老舍，回到家里还自言自语："一个皇上，一个穷人，在一起相会，真是世道大变！"

后来，他们都应邀参加了孙中山先生诞辰一百周年纪念活动的筹备工作，常在一起执行共同的任务。有一回工作完毕，政协来接溥仪的车还没到，老舍就请溥仪乘坐文联派来接自己的车回家，他也随车把溥仪送到门口，溥仪则留他在家坐一会儿，他们都是满族人，又都是"老北京"，从离此不远的小羊圈胡同到半个世纪以来清宫的变化，从清朝王府的衰落到新中国的民族政策，他们有说不完的话题，聊起来显得十分亲热。我给两人沏茶，也有幸听到他们的高谈阔论。溥仪十分钦佩老舍的文学才华，老舍也很关心《我的前半生》一书的写作，并曾给予指导和帮助。

那时我家没有雇保姆，我记得老舍先生还问溥仪是怎样安排日常生活的，溥仪说他每天早晨起来扫院子，搞卫生，也是锻炼身体的好机会，

溥仪获赦后来到五妹家,深情地凝望着毛主席像。

1961年10月3日,溥仪在欢迎归国观光的华侨酒会上。

有时还想动手洗几件衣服，说到这里溥仪用手指指我："淑贤就怕我洗衣服，说我洗不干净，却把衣服都要搓破了。"老舍笑着夸奖说："你现在真学得不错了，什么事都想努力去做，洗衣服也一定能学会的。"那天老舍还参观了我家的房间和庭院，站在苍松翠柏花草丛中，他说这里空气新鲜环境真不错啊！

由于溥仪的特殊历史身份，对他来说是素不相识的路人，却往往认出了他或愿意与他交往。对此，凡属好意的，他都很尊重地以礼相待。

有一次，溥仪在汽车上认识了一个人，两人交谈十分投机，并互相留了地址。后来，他上街偶然路过那人的家，就进屋坐了一会儿。回来后和我讲，那位同志很钻研，养花草入了迷，搞了不少科学实验，屋里也干净、漂亮。溥仪还对我说："我这位很普通的朋友有许多长处，是我学也很难学到手的，确实是劳动者最聪明。"

还有一次，有位从事民俗学研究的人，在街上认出了溥仪，便抓住机会向他请教清宫和王府内礼俗方面的疑难问题，溥仪举事例，说史实，随问即答，左右逢源，他热情"奉送"的宝贵第一手资料，后来都被研究者写入《京都旧闻》一书，从而大大提高了这本著作的学术价值。

搬到东观音寺胡同的第二年夏天，有位陌生的老先生忽然来访，他自我介绍说是附近一家研究所的收发员，急于想看《我的前半生》一书，但一时买不到也借不到，无可奈何而冒昧地找到作者来借书了，实在对不起。当时我家的几本书都让专员同事们借去了，溥仪颇觉为难，歉意地表示等别人把书还回，一定给老先生送去。数日以后溥仪不负前言，亲自把书交到老先生手上，把他感动得不得了，逢人便说："'皇上'对我这个当收发员的不速之客如此认真，难以想象，难以想象！"

与溥仪一起接待外宾

许多国际友人万里迢迢来到中国，都想看看末代皇帝现在是什么样子。大部分人都当做一件奇迹，想从中增长见闻；也有人疑团莫释，完全不相信当年威风凛凛的皇帝能够变成今天普普通通的公民；还有的则纯粹是为了猎奇。

溥仪会见外宾是很多的，1962年以前就相当多，这在他的日记中有记载，从1963年到1965年几乎每个星期都有两三次这类活动，有时一天之内就接待两三批外宾。多数在单位或宾馆会见，也有一些外宾一定要到家里访问，一般我总是参加的，在别处会见，有时也邀我陪溥仪一起去。访问溥仪的外国客人最感兴趣的问题之一，是溥仪特赦后的生活，特别是他婚后的家庭生活。有一次来了位英国记者，话题也很快就集中在我们这个家庭上面。

"我很想知道您夫人的父亲是怎样的人？能谈谈他的身世和职业吗？"英国记者问道。

"他是一位银行职员。"溥仪回答说。

英国记者立刻显露出十分惊奇的神情："一位当过皇帝的人娶普通职员的女儿做妻子，这在我国是不可思议的，不可思议的！"

"我现在只是一个公民。"溥仪认为这根本不值得惊奇。

"您的夫人也每天上班吗？"

"是的，她在医院工作，是个普通护士。"

"这太有意思了！我认为，现在你才过着真正的生活。"

溥仪认为英国记者的这个评价是很有代表性的。

这位英国记者很有感触地谈到英国贵族的生活。他说到温莎公爵当年放弃皇位跟一位美国妇女结婚的故事，这是30年代轰动一时的新闻，溥仪也记得。但溥仪认为拿温莎公爵的故事和他特赦后的新婚相比，完全不伦不类，他说："不过，温莎公爵一心要和心爱的人结婚，要建立和睦相爱的而不是摆样子的家庭，其心情我是理解的。我现在也有个温暖、幸福、美满的小家庭，我能够建立起这样的家庭，不是因为放弃了皇位，而是因为当上了公民。"

1963年5月22日，溥仪会见日本北海道输出入协同组合、自由民主党北海道议会议员阿部文男时，同样的问题又从另一个角度被提了出来。

阿部：您过去身为皇帝，在生活上总有许多人伺候。今天不一样了，您感到不方便吗？

溥仪：我的感觉完全相反。我自幼养尊处优，过着饭来张口、衣来伸手的骄奢淫逸的生活，这使我不幸地失去了一般人都具备的生活自理能力，就好像温室里长大的鲜花，经不起风风雨雨，加之生活无规律，造成身体虚弱多病，因此说，正是那种许多人伺候的生活害了我。

从苏联回国以后就过集体生活了，逐渐锻炼，身体才开始好起来。我去年结婚后，有人劝我们雇用保姆，但我和爱人都反对。我们已经懂得了：在能够独立生活的情况下，让别人服侍对身体是有害的。现在，我们生活得很好，精神方面也比当傀儡皇帝的时候愉快多了，因为我是一个自由自在的公民，没有什么必须挂心的事。

溥仪还说他过去当皇帝都是受制于人，并不自在，虽是北京生人，却连北京什么模样也不知道。成为"康德皇帝"以后，更在日本军阀的完全控制下，连会见亲属的自由都没有。在后半生的公民生活里才有了真正的自由，有了真正的幸福。

溥仪这些真实坦白的谈话深深感动了阿部，面对眼前这位当过天子的人，他是这样表白心迹的："和您谈话，我有很多的感触。我承认自己的头脑还很旧,我觉得您过去是皇帝,我以平民的资格和您谈话,心中是惶惑不安的。谈话过程中我逐渐发现您完全是以平民的身份对待我,才使我的心情安定下来,因此我是非常感激您的。"

短短几年里,溥仪会见了几百位国际友人,他的工作和生活,以一种新的方式在世界范围内产生了影响。据我所知,他会见外宾的活动都有较好的反映,许多客人曾被他的谈话所感动。一位日本朋友回国后写了一篇文章叫做《人间奇迹》,叙述了访问溥仪的经过和自己的感想。加纳一位记者说:"西方人了解溥仪比了解雷锋容易些。"法国一位记者听取溥仪的谈话后对他说:"你现在是真正获得了自己的人格。你的工作对国家的贡献是很大的。你的著作对世界人民有特殊的影响。"

这位法国记者谈到的"著作"就是指《我的前半生》,正如一位香港记者所评论的,"事是奇事,书是奇书"。许多国家的朋友都要求把书译成他们国家的文字,智利一位客人还希望把书译成拉丁文。看过这本书的人从各地不断给他来信,政协文史资料研究委员会一位帮助溥仪处理来信的工作人员在出书后四个月曾写过一份简报,其中说:"溥仪的国内外来信一直很多,自从《前半生》出版后来信更多。其中国内来信有询问清朝文物的,有要求作报告的,有要求题词、借、赠《前半生》的,也有一般表示景仰、盼望联系的,甚至还有盼能介绍工作或者'奉侍左右'的。国外来信有英国、丹麦、西德、印尼、墨西哥等,多是要求签名或者赠给照片,也有盼对《国际名人录》所载有关溥仪的记述提出增改意见。"

一位巴基斯坦记者曾向溥仪建议说:"从皇帝到公民,你是世界上第一个。你应该到世界各国去旅行,告诉那些皇帝和国王,当皇帝是不好的。"溥仪没有去旅行,但是他的著作,他的文章以及他的谈话,就像长了翅膀似的,越过高山,越过大海,越过一道道国界,走遍了天涯海角。

奇书问世

当毛泽东在1964年春节教育座谈会上表示，要拿点自己的稿费送给我们"改善生活"的时候，溥仪的一笔丰厚的稿费也快要拿到手了，被称为"奇书"的《我的前半生》是1964年3月出版的。

我和溥仪恋爱那几个月，正赶上他在修改书稿，也就常谈起有关的事情。溥仪对撰写回忆录很有兴致，他希望做个有用的人，而写回忆录又是力所能及的。他那时也常常到出版社去，听取编辑关于修改书稿的意见，我也跟他一起到出版社去过多次。

我们结婚后很长时间内，溥仪仍为那本书而忙碌，当时我们住在政协院内，他经常伏案写到深夜，开着电灯使我很难入睡，我说："你早点睡觉吧，干吗那么拼命？"他总是耐心地劝我先睡，让我"照顾"他。

从溥仪嘴里，我渐渐了解到《我的前半生》一书是怎样写出来的。早在1957年，抚顺战犯管理所的领导建议在押战犯拿起笔来总结自己的历史，溥仪经过几年的改造以后，对自己的前半生已有一定的认识，遂决定要把半个世纪中的所作所为一一笔录下来，要写出自己由封建皇帝改造成为新人的过程，并为之确定了《我的前半生》这个题名。

溥仪此举令人瞩目，管理所领导尤为重视，为了让他能够集中时间和精力回忆重大问题，特派溥杰协助笔录，派同监战犯原"满洲国"驻日大使、外交部大臣阮振铎等协助提供线索，又派管理所的干部前往辽宁省图书馆查找晚清以来的背景资料，并把战犯中"满洲国大臣"一级人物按系统分别写的资料也提供了出来，给予了全力的支持。

自1957年下半年到1958年底，溥仪完成了这部将近五十万字的回忆录，从家世写起，按照经历的历史顺序，一直写到1957年参加战犯管理所组织的社会参观。不过，当时还没有把它写成书拿出去出版的想法，只是想把一生的经历写出来，留给后人一点儿历史教训。在撰写方式上，当时想得也比较简单，大体是写一段经历，再作一篇自我批评。然而，毕竟写出了一个皇帝的变化，透露了真诚悔罪的心情。

1959年12月14日，周恩来接见溥仪及杜聿明等首批特赦人员时，向溥仪询问改造期间的情况，他便汇报说自己曾撰写一部文稿，总理极为重视，立即追问文稿现在何处？希望溥仪能把它修改好。

溥仪非常感激总理的关怀，当时他只知文稿已由同监战犯分头用钢板刻写，并油印了十余部，仍存放在管理所内。于是立即写信给金源所长，把总理接见的喜讯传到他生活了整整十年的地方，并表示一定要按总理指示把书改好，请战犯管理所的领导同志给予帮助。

然而，溥仪有所不知的是，他那本文稿油印后早已越出了抚顺战犯管理所的高墙，分别报送国家公安部、中央统战部和全国政协等领导机关了。不久，中央统战部副部长徐冰指示，用4号字体按16开本分三册，以"未定稿"名义铅印四百部，发给中央负责同志参阅。几乎与此同时，国务院副秘书长齐燕铭同意了公安部和全国政协文史办公室的建议，指示群众出版社以"内部发行，征求意见"为限印制所谓"灰皮本"即32开本上下两册，共七千部，限政法系统和史学界，在一定范围内购买阅读。

毛泽东、周恩来、彭真等中央领导人都看到了这部文稿，他们既有热情的鼓励，又有中肯的批评。当总理在1960年1月26日接见溥仪及其亲属时，就把自己的意见当面告诉了溥仪，他赞扬溥仪敢于向旧社会宣战，彻底暴露，"创造了一个新纪元"，同时又批评说："书里的自我批评太多了，那些事情都过去了。"他要求溥仪"再改，改得完善些"。这实际已为《我的前半生》一书的修改确定了基调。

这次谈话结束后不久，溥仪就收到了在白皮右上角标有"未定稿"字样的一套三册"我的前半生"自传文稿，他一看内容，原来在抚顺时

李玉琴等知情人为修改书稿而追逐那些早已逝去的时光，提供了生动素材。

1960年11月28日溥杰特赦回京，大哥端杯祝贺。

左起：载涛、韫颖、韫和、溥仪、溥任

对油印本加以修改的部分并未收入，遂于1960年2月19日致函金源，与之商议说：

我还有事情和您商量，现在，《我的前半生》三本书，已由统战部发给我看了，但是这三本书里还没有来得及把我在抚顺最后修改的部分加入进去。是否把最后修改补充的部分加进去为适当？或者不需要加入？如果加入好些的话，是不是把修改的部分由所里重新补印上？或是给我寄来，我再抄写上？究竟怎样办合适，请您们暇时来一信，以便解决这个问题。

对于这部自传文稿，溥仪自己也不满意，希望把已修改的内容纳入，还希望遵照周恩来的指示作进一步修改，并续补从1957年到特赦的新内容。

修改的事情落实到群众出版社，为此，全国政协文史办公室副主任姜克夫，曾亲自把溥仪领到出版社，与总编辑姚垠等人见面。几天之后，国家公安部内负责与各战犯管理所联系的领导凌云，出面约请溥仪在全聚德吃烤鸭，群众出版社总编辑姚垠、文艺编辑室主任李文达在座，席间确定由李文达协助溥仪把书改好。

据李文达后来自述，他当时刚从机要部门调出，安排到出版社，心情极不舒畅，正"夹着尾巴做人"，对编辑工作也不懂，是"尸位素餐"的编辑室主任。但他曾在抗日根据地工作，当过新四军淮海报的记者，又发表过《双铃马蹄表》等文学作品，有很好的文学修养，姚垠遂把协助溥仪改书稿的任务交给了他。

修改书稿的具体工作是溥仪在植物园劳动期间开始的。从1960年4月末起，李文达入住植物园附近的香山饭店，开始参与书稿修改工作。此后两个半月的时间里，溥仪上午在植物园劳动，下午在香山饭店的房间里，与李文达商谈有关问题并共同动手修改书稿。他们在抚顺那份原稿的基础上，删繁就简，砍掉那些重复的，和一些自嘲自骂的段落，又增补了特赦前后的内容，写入一些生动的细节，同时对全书加以润色。

然而，当一部二十多万字的新书稿摆在面前时，无论溥仪还是李文达都不甚满意，经过充分的讨论和细致的研究，两人都认为一些关键性的经历还需核查证人并占有更丰富的原始资料，思想发展变化的脉络也需要进一步澄清，于是，一个新的建议产生了，那就是前往东北溥仪留过足迹的地方，特别是抚顺战犯管理所，进行实地考察，访问与溥仪有过接触的知情人，查阅相关的历史档案，以把这本书建立在更扎实的基础上。这个建议很快就汇报到公安部领导机关并得到了批准。

1960年8、9月份，李文达等两人奉派来到抚顺，在战犯管理所调查采访曾与溥仪同监的战犯多人，如原"满洲国"外交大臣阮振铎，原"满洲国"恩赐病院院长、军医少将宪均，原"满洲国"第九军管区中将司令官甘珠尔扎布，原"满洲国"第十军管区少将参谋长正珠尔扎布，原"满洲国"国务秘书和滨江省省长王子衡等。同时还与前任和现任所长、看守人员、管理人员、医生、护士、炊事员等接触谈话、了解情况，并看到了足以反映思想转变过程的溥仪在改造期间各阶段的亲笔总结，得到了较多的生动资料。嗣后又到长春、哈尔滨等地，走访了李玉琴等知情人。

与此同时，溥仪在北京同样为了修改书稿而付出了巨大的劳动，他经常反复回忆，努力追逐那些早已逝去的时光，以及和这些时间相联系的事件。原来，溥仪有一个好习惯——天天写日记，即便是"满洲国"期间，在日本人的眼皮底下，他也曾记下大量日记。很可惜，那些已被摄取的历史镜头，却又大量地被历史吞没了。"满洲国"垮台前夕，溥仪令族侄和随侍烧毁了十四年的全部日记，因为那些日记里面，有不少"忠顺奴仆"抱怨"主子"的话，溥仪怕日本人发现后饶不过他。同时，溥仪还令人在"缉熙楼"地窖内把有关自己的纪录影片和照片大部烧毁，"这倒不是为了日本人，而是为了对祖国人民湮灭自己的罪证"，由此，"险些把'缉熙楼'付之一炬"。从历史上看，这是一大损失，对个人也不利。数年后他写回忆录时，就感到有困难了。好在溥仪的记性不错，连总理也称赞他博闻强记呢！为了保证记忆准确，溥仪还陆续把在他身边时间较长的族侄毓嵒和毓嶦、三妹夫润麒、五妹夫万嘉熙、四弟溥任、二弟溥杰以及给溥仪当过英文翻译的察存耆，当年给溥仪当过首领太监的张谦和，还有集居于兴隆寺尚健在的太监们等动员起来帮助提供资料或线索。溥仪在撰写工作中认真细致，一丝不苟，核实了各种各样的历史资料。植物园图书室内的线装书和历史类书籍被他翻遍了，他钻研故纸的精神给图书管理员留下深刻印象。

当年设在中央档案馆内的明清档案部，为了支持溥仪写书，还破例打开了从来不曾开放、甚至尚未整理的清末以至小朝廷时期和溥仪在天津时期的原封文书档案。其中有二三十年代著名遗老陈宝琛、郑孝胥、张勋、金梁、罗振玉、康有为、胡嗣瑗、刘凤池以及庄士敦等人的奏折、信札，有溥仪与民国政府往来记事，有溥仪青少年时代的亲笔诗文、授读日记，有溥仪与婉容、文绣、二妹、三妹等相互传递的游戏信件，甚至还有溥仪幼时练字楷的"红模子"，溥仪随手画出的游戏漫画等等，活现出溥仪青少年时代的生活。

溥仪还寻查了报道过有关事件或清室新闻的中外报刊；翻译并阅读了在世界各国出版的用英文、日文或中文写成的有关溥仪生平的著作；还看过由四弟溥任保存的摄政王载沣的日记以及郑孝胥的日记。郑孝胥日记收藏在中国历史博物馆内，现任该馆研究员的著名文物专家史树青先生当年就曾陪同溥仪阅看了这部日记。溥仪对这批历史资料的原则是：以当事人的身份，实事求是加以鉴别，取其实，弃其虚。这在溥仪留下的《我的前半生》初稿和其他手稿中，能找到大量例证。

溥仪在《我的前半生》一书中，曾专门介绍了他的英文老师庄士敦。

这位英籍"帝师"在1919年2月受聘入宫的时候，溥仪才十四岁，直到1924年初庄士敦又被溥仪派去管理颐和园等处，嗣后庄士敦又奉英国政府之命留华处理庚子赔款事宜，并在1927年至1930年间出任英国驻威海卫专员，其间多次前往天津访问溥仪，后来还到过溥仪在长春的"宫廷"，一直与溥仪保持密切联系。回到英国以后，忆述"帝师"生活，写成一本书，即《紫禁城的黄昏》。溥仪发现这位老师并不完全实事求是，常常为了炫耀自己或维护他的"皇帝学生"而夸张或扭曲事实，现在溥仪要把真相写进自己的著作。

在《我的前半生》第三章第七节里，溥仪写了小朝廷在"出洋"问题上内部冲突的真相。当时王公大臣为了保住"优待条件"和自身地位，都一致反对"出洋"，而溥仪感到处境很危险，同时，为了闯一条"复辟大清"的新道路，在庄士敦的引导和二弟溥杰的支持下，经与荷兰公使欧登科联系，秘密研究了逃出紫禁城的计划。结果，由于以醇亲王为首的王公大臣的发现和阻拦而告失败。

庄士敦曾绘声绘色地叙述这件事的经过，却把自己说成与此事毫无关系，只给荷兰公使写过一封信，并没有"参与"溥仪"出洋"这个"极其孟浪"的计划。其实，与荷兰公使欧登科联络的具体办法正是庄士敦告诉溥仪的。溥仪指出，庄士敦"捏造许多事实耸人听闻，以显示自己的'高明'"，庄士敦还极力替他开脱。溥仪的笔记上还引录了庄士敦的原文，并逐句加括号予以批驳或澄清。

溥仪把这件事情的真相写进了《我的前半生》一书，驳斥了庄士敦对事实的扭曲，订正了史实。这正是历史见证人的责任，也是文史工作者的责任。

自从溥仪调入全国政协当上文史资料专员以后，每天上午都在群众出版社后楼的一间小屋里与李文达见面，这正是修改书稿最紧张的时期。

1962年6月，业经修改的《我的前半生》印出大字本来，分上、中、

溥仪于1964年3月赴南方六省一市参观访问时写下的日记

《我的前半生》1964年3月甫一问世，便轰动了世界，被译成多种语言。

溥仪和同事们来到南京梅花山（右起：溥杰、溥仪、沈醉、董益三等）

下三册，送有关方面征求意见，四个月以后，又拿出了进一步修订的大字本，再度征求意见。

1962年11月，溥仪在一次书稿讨论会上，亲耳聆听了史学界、法学界许多专家学者的评论，其中北京大学历史系教授翦伯赞、邵循正，中国人民大学历史系教授何干之，学部研究员侯外庐、刘大年，中央民族学院教授翁独健，《历史研究》主编黎澍，中华书局总编辑李侃等。在此以后，著名文学家老舍还从文字和写法上提出了中肯的意见，并亲自动笔修改润色。

1964年3月，《我的前半生》一书终于问世，很快便在全国和世界引起了轰动，溥仪从来没有忘记，他撰写回忆录的成功是在党的鼓励、人民的支持、特别是许多知名和不知名人士给予具体帮助的情况下取得的，当他领到稿费的时候，首先想到要拿出一部分酬谢曾在写书中付出了劳动的人。

然而，《我的前半生》毕竟不同于一般的著作，它不但是完全真实的溥仪个人的生平经历，而且，其内容又充满了溥仪头脑里的思想斗争，没有与封建主义、帝国主义思想的斗争，让溥仪暴露自己总是不可能的，尽管别人可能帮助他搜集资料，整理文字，但这种思想斗争和自我认识是任何人也代替不了的。我有幸看到他全身心地投入写作之中，我也有责任把所看到的公布于世人。

江南行

从1964年3月10日起到4月29日止，我和溥仪随着全国政协参观团，经过江苏、浙江、安徽、江西、湖南、湖北六省和上海市，行程一万两千多华里，先后参观了二十三个工厂、四个人民公社、一处水力发电站、一所大学、一座天文台，瞻仰了井冈山革命圣地、韶山毛主席旧居，游览了南京的中山陵、玄武湖，无锡的太湖、锡惠公园、梅园、蠡园、鼋头渚，苏州的网师园、留园、西园、虎丘、狮子林、拙政园，杭州的西湖，安徽的黄山，汉口的东湖等名胜古迹，历时五十天。

这次参观是根据周恩来的指示安排的。记得是在1963年11月10日，周总理、陈毅副总理在人民大会堂接见并宴请前四批特赦留京人员及家属，饭后总理当众宣布，等明年春暖花开时，让在座的特赦人员及家属，到东南和西北参观游览，看看祖国新面貌。到1964年3月初，全国政协秘书长张执一又把溥仪等特赦人员请到政协礼堂小餐厅吃饭，宣布由当时担任人大常委会副秘书长、全国政协常委、民革中央常委兼宣传部部长的陈此生和全国政协秘书处副处长连以农带队，随同前往的还有中国新闻社的几位记者。全国政协南下参观团就算组成了，连眷属二十余人，因为其中有当过皇帝的溥仪，当过亲王的溥杰，还有杜聿明等原国民党名将、王子衡等"满洲国"大臣，故被戏称为"帝王将相参观团"。

3月10日上午9时30分，政协送站的汽车到家接我们，那天我稍有点儿感冒，但心情还是很兴奋的。我看溥仪更活跃，他手舞足蹈的样子简直像个未成年的孩子，因为这是他第一次到南方啊！我们把家交给二妹和妹夫照看，就高兴地登车到了北京站。

在软卧车厢里，我们和宋希濂以及他的新婚妻子易吟先住在同一个房间，欣赏一路风光，大家说说笑笑，在列车上度过了愉快的一夜。当我们透过明媚的晨曦向窗外望去时，河北平原上的残冰败雪，早已被南方春色取代了。

3月11日中午到达南京，当地省、市政协把我们看作贵宾，安排在条件舒适的福昌饭店，并引导我们游览了中山陵、明孝陵、灵谷寺、梅花

溥仪夫妇参观苏州刺绣厂和刺绣研究所

溥仪夫妇在南京雨花台革命烈士纪念碑前留影

溥仪参观无锡泥人研究所

山、玄武湖以及紫金山天文台等名胜古迹或风景区。

在梅花山一座小亭前，溥仪听说汪精卫死后埋于此地，便向周围的人们追问起来。问怎么看不到坟墓？为什么要炸掉？炸坟之前开棺看过了吗？殉葬品有些什么？汪墓是在1946年1月下旬秘密炸毁的，当时没有公开报道过，溥仪全不知情，此时便没完没了地问下去，由此赢得一个"每事问"的雅号。

我因为身体不好，从北京出来时又闹点儿感冒，许多参观活动未能参加。溥仪出门前总是嘱咐我好好在房间里休息，有一天他参观回来在房间里找不到我十分焦急，就和周振强说："淑贤丢了！"老周立刻陪他到街上去找，果然在一家商店里碰上了我，那天我一个人呆在饭店里太闷，就出来走走。溥仪见到我，一把拽住我的手，说啥也不松开，好像一松手我就要跑丢似的。

有一回，参观南京化学工业公司，这是归中央化工部直属的一个万人以上的大厂，年产化肥六十万吨。我们在这个公司里看了工人宿舍、职工第四小学和第九村幼儿园。活泼、天真的孩子们表演了小歌舞，一向喜欢孩子的溥仪像着了迷似的，问这个孩子"几岁了"，问那个孩子的姓名，别人已经走出老远，他还恋恋不舍……

我小时候常听父亲谈到南京的"夫子庙"，它曾是纪念孔子的"圣地"，却也是旧社会歌女、娼妓、赌棍三教九流各色人等麇集的场所，我和溥仪怀着好奇的心情去了一趟。在这条街上买了一些特产作为纪念品，又走进一个卖汤圆的铺子，我喜欢吃汤圆，就买了一大包，有糖馅的，有肉馅的。溥仪说："怕无法吃得下呢！"其实，也只能算作一种纪念品吧。我们又沿着碎石子铺的路面，来到秦淮河边，凭栏和小篷船上的当地老乡聊了起来。

"商女不知亡国恨，隔江犹唱《后庭花》。"往回走的路上，溥仪低声吟诵唐代诗人杜牧那首《泊秦淮》中的名句，像是自言自语，又像是对我说："那样的情形是绝不会再重演了。"

在南京的最后一天，我们怀着沉痛的心情，晋谒雨花台烈士陵园。溥仪和廖耀湘、宋希濂等人一起，在摆满了花圈的高大宏伟的烈士纪念碑之前默哀并照相留念。

那天下午，我们还游览了西花园，又看了原国民党总统府。溥仪以为蒋介石的办公府邸一定规模庞大，其实不然。从大门到正房相当幽深，蒋介石的办公室在最里边，并不大，外间是仅有六七平方米的会客室。溥仪说："蒋介石的办公室原来这样小！"我坐在会客室内的单人沙发上，溥仪依靠着沙发扶手，合照了一张相。

在南方参观的第二站是无锡。无锡南滨太湖，西倚惠山，是江南著名的风景区之一。溥仪游兴很浓，我们从梅山到蠡园，再到鼋头渚，又乘汽艇游太湖小箕山。当导游者介绍太湖石的特点时，溥仪特意记在本子上："太湖石的精品，要俊、瘦、秀、透。"每见一石都用这四个字衡量一番，看合不合标准。他还恍然大悟地说，难怪北宋好几个皇帝都派人到江南采花石，这太湖石确实可爱！

我们还参观了无锡泥人研究所。这里生产的彩色泥塑古装美人好看极了，"惠山泥人"，造型精美，神采生动，真是名不虚传，溥仪见我喜欢就买了几个带回家。

来到古城苏州，立刻被玲珑剔透、美丽无比的园林风光吸引住了。网师园、拙政园、西园、留园、狮子林以及虎丘等著名园林的山光水色，令溥仪赞不绝口。

在丝绸厂、刺绣厂和刺绣研究所，我们参观了世界闻名的"苏绣"的生产过程。有一帧双面绣的猫，从两面看都丝毫不差，同样生动可爱，溥仪特别喜欢，便伸手去摸，介绍情况的人忙说，这只能看，不能摸，一摸就会起毛不好看了，溥仪这才缩回了手。随后访问刺绣研究所的金锡所长，她在40年代已是一位苏州知名的刺绣艺人，然而战乱频仍埋没了她的灵秀和技术。新中国成立后，她被请到刺绣研究所当了所长，并被选为市政协委员、省人民代表，她带了许多徒弟，才能得到了充分的发挥。溥仪向金所长请教刺绣的原理和工序，金锡同志耐心解释，这时介绍情况的人插话说，金锡同志曾应邀出国表演刺绣，许多外国妇女都抢着看她这双能生产"苏绣"的巧手。溥仪听到这里完全被感动了，也情不自禁地握住金锡的手，率真抚摸起来，弄得人家怪不好意思，他却并不觉得。

溥仪在上海的几天里，听取了上海市委统战部吴康副部长介绍上海情况，浏览了上海市容，参观了上海第一钢铁厂、塑料制品第三厂、第一印染厂、吴径化工厂、微型轴承厂和嘉定县徐行人民公社，还参观了张庙新村、蕃瓜弄等几条街道以及工人文化宫、上海青年宫等文化单位。溥仪对于被称为上海"龙须沟"的蕃瓜弄，已经成为全国闻名的卫生城很有感想。

那些天，我由于身体始终没有恢复好，不能参加许多有趣的集体活动，大家出外参观的时候，我就一个人待在房间里，有时到街上遛弯儿，逛逛商店，买点东西。在溥仪自由活动的时间里，也和他一起走走，这样，上海的四大公司：永安、新新、大新、先施等，我们都逛了。

溥仪每到一个商店就往儿童玩具部和文化用品部挤。在前一处买些小洋娃娃呀，小手枪呀什么的，在后一处则买些戏装脸盔呀，小花脸子什么的。反正都是小玩意儿，见啥都想买。我说："你没有鞋穿呢，买双皮鞋吧！"他说："还是买小玩意儿吧！"我索性任着他的性子去买。

溥仪任着性子做事，常闹笑话，有一回就在我们住的上海大厦餐厅吃饭，手艺高超的厨师做了一道美味烤鲋鱼端上来，很合乎溥仪的胃

溥仪夫妇参观南京原国民党总统府内蒋介石的办公室

溥仪夫妇和杜聿明、曹秀清夫妇留影于杭州六和塔前

溥仪夫妇游览到杭州三潭印月

口，他又任着性子目无旁人地品尝起来，一不留神鱼刺卡在咽喉间了，随行医生费了很大劲儿才把它弄出来，溥仪却像没事似的从容谈体会："如鲠在喉，一吐为快"，这句话原来是鱼刺卡住咽喉之后才体验出来的！

　　我从小住在静安寺路，现在叫南京西路，直到十六七岁才离开的。有一天，别人都去看上海杂剧，我和溥仪却跑到难以忘怀的儿时旧地去了。从街的这一头走到街的那一头，一边走着，我一边讲述儿时在这里生活的情形。他细心地听着，并以惋惜的口气说："如果你父亲、母亲都还活着该多好哇！两位老人一定会欢迎我们的。"我注意寻访当年的老邻居，也都不知道搬到哪里去了。在这条马路的尽头处，我们雇了一辆三轮摩托车，回到大厦的时候夜色已深了。

　　参观团离开上海以后就来到我的家乡——杭州了。晚上十点多钟，杭州市政协的同志把我们接到杭州饭店。清秀安谧的西湖夜景，让我忆起孩提时代的往事，我八岁离开杭州后，十岁又随父亲回来一趟，以后一直到今天旧地重游，在儿时依稀的印象中，还留有西湖岸边残破的大墙。溥仪感慨地说："许多变化是想也想不到的。如果没有这变化，我也不能和你一起到你的家乡来。"

　　第二天一早，还没吃饭，溥仪就和连老等人一起去看西湖畔的岳飞庙，下午我们又分坐几条摇船，荡于西湖之上。这里和北海不同，所乘之舟并不是那种双桨小船，比较大些，还有船工摆桨。跟我们同坐在一条船上的，除溥杰夫妇和杜聿明夫妇，还有位随行记者。大家说说笑笑，心旷神怡，一面欣赏风景，一面讲起历代诗人和词赋家歌咏西湖的佳句："若把西湖比西子，浓妆淡抹总相宜。"

　　在那个愉快的下午，我们遍游了西湖名胜，苏堤和白堤、孤山、三潭印月、花港观鱼、保俶塔等，溥仪每到一处必让我这"杭州夫人"讲述来历，感到很大的兴趣。来到秋瑾墓前时，溥仪对我说："秋瑾是一位了不起的女革命家。她是在我即位前两三年时被清朝政府杀害的。"在那附近，我们还看到了名妓苏小小的坟墓。那天晚饭后，我们邀了宋希濂夫妇到繁华的市区游览。杭州是座清洁的城市，商业繁盛，特产丰饶，什么小核桃、芝麻片、龙井茶等等，应有尽有，街面上的小商店一直营业到深夜。

到杭州的第三天，参观团乘车去新安江水力发电站，我因身体不好没能随行。次日又来到龙井茶的家乡——西湖人民公社梅家坞茶叶生产大队。茶农从自产龙井茶的茶叶蕊中挑最好的给我们沏上，色美味香，名不虚传。

社长卢振豪介绍了梅家坞的发展和变化，又讲起家史，他说父亲因为欠了地主六十元钱干粮的高利贷就被夺去祖宗遗留的几亩地，忧郁而死。母亲惨遭一个富农的毒打后也病死了。他领着弟弟和妹妹乞讨为生，到处流浪，历尽人间辛酸。溥仪落了泪，等卢社长讲完，立即掏出笔记本来请他签上名字。接着参观采茶劳动，我恰恰和卢社长的妻子在一块儿，还在茶叶地里照了相。参观社员住宅时也到了卢社长的家，室内大都有收音机、缝纫机，家具摆设整整齐齐。

在杭州期间还游览了灵隐寺、玉泉、玉皇山、黄龙洞、虎跑、净慈寺以及烟霞三洞等名胜，在曲径通幽的黄龙洞，溥仪钻来钻去，跟我玩起捉迷藏来了。

4月2日起程赴黄山，由于长途汽车颠簸动荡，连老特意把我安排在他的小车里，可以稍微舒服一点儿。当晚抵黄山宾馆。

黄山以雄伟挺秀闻名于世，山中有大小七十二峰，并以奇松、怪石、云海、温泉称"四绝"。我只能在宾馆附近转一转，不敢走远，而溥仪为了领略黄山胜景，常去爬山，我远看那陡峭的山峰真替他担心，可他安慰

溥仪夫妇在杭州灵隐寺笑佛前

在武汉钢铁公司,溥仪参观了初轧厂、炼铁厂、焦化厂和炼钢厂。

1964年3月31日,溥仪夫妇参观龙井茶之乡——梅家坞生产大队茶园。

了我又去爬。其实也爬不了太高，只到过丹井、三叠泉和鸣弦泉等地，在迎客松前照几张相就下来了，回到宾馆休息一会儿，又换上游泳裤，到温泉游泳池去玩玩。

在黄山参观的最后一天，乘飞机赶到的安徽省委统战部洪沛部长以及安徽省政协戴戟和李云鹤两位副主席，在黄山宴请参观团全体同志。宴会前又接见溥仪等各位专员和夫人，因为我俩迟到了，感到很不安。

结束在黄山的参观游览活动以后，我们又折返杭州，转赴南昌，开始了对江西省的参观访问。在"八一"南昌起义指挥部，溥仪仔细地观看了周恩来、叶挺、贺龙、朱德、刘伯承等同志开会商讨举义大事的地方，看了关于"八一"起义的图片、文件和实物展览，还看到了贺龙当年的指挥部和革命烈士纪念堂。

4月10日从南昌出发，经两天的汽车路程，过吉安，到井冈山访问革命圣地。溥仪多么希望我能和他同行啊！然而我的身体不做主，坐长途汽车怕头晕呕吐，只好待在江西宾馆中。参观团是4月15日返回南昌的，溥仪见到我，露出十分惋惜的神情说："不该失去这样的机会呀，井冈山很值得一看。"

4月的南昌天气很热了，下场透雨才凉快一点儿，天一转晴又热起来。有时晚上热得难受，我怎么也睡不实，溥仪就拿扇子替我扇，直到我睡熟了才肯去睡，有时觉出我翻身就又拿扇子来扇。在参观中，溥仪时时关怀着我，这已是人所共知。吃饭时总是先把他得意的菜往我碗里夹几口，好像怕我吃不上，又好像我吃了这几口菜就能长几斤肉似的。参观时只要我能去，溥仪就一定形影不离地跟我走在一起。别人常常因此和我开玩笑说："李淑贤，你可真有福气呀！有这么一个好爱人照顾你，真让我们羡慕呢！"

在毛泽东的家乡——美丽的韶山冲，溥仪了解了主席青少年时代的生活。他看到主席诞生的那张旧式木床，非要用手摸摸。解说员告诉他这些陈列品不准摸，但他还是一再要求，解说员看出他很真诚，便说可以特殊照顾，只允许他一人摸一下。不料，他又决定不摸了，原来溥仪最怕别人说他特殊，不愿意因为过去当过皇帝，就被看成与其他专员不同的人。

在长沙，一天午餐后，大家都讨论一道颇有滋味的肉菜，溥仪也跟着说"好吃"。后来有人告诉他，那道肉菜正是闻名的湖南狗肉。溥仪听了很后悔，真想吐出来，却无论如何也是办不到了。他从来不吃狗肉，尽管狗肉很好吃，溥仪的心情也是不愉快的，埋怨我没有告诉他。其实，我也是饭后才知道是吃了狗肉。

在南方参观访问的最后目标是湖北，重点参观了长江大桥和武钢。溥仪在当天的日记中记下了自己的感想："当我看到我国自行设计、自己建设的规模巨大的长江大桥和武钢时，心里有说不出的兴奋，真感到作为中国公民而自豪。"

4月28日中午，参观团离开武汉登上归途。在南方五十天的参观访问和游览活动对溥仪来说可谓硕果累累，后来他总结收获说："这次参观，我亲眼看到祖国社会主义建设的伟大成就和充满阳光的新社会以及人民的欢乐。我再一次地感到祖国的兴盛，祖国的可爱和社会主义具有的无可比拟的优越性。"

西北行

参观团赶在"五一"劳动节之前结束南方之行而回到北京的原因之一，是溥仪有许多既定的外事活动，中国新闻社正在拍摄的纪录影片《中国末代皇帝溥仪》也需要实拍会见外宾和节日游园的许多场面。

记得从南方回来的第二天，我和溥仪就应邀出席了中华全国总工会等十二个全国性人民团体联合举行的庆祝"五一"招待会。宴会进行中，周恩来在大厅里发现了我们，立刻把我们招呼到主桌席这边来，在这里，还有刘少奇主席陪伴着外宾。总理先把我们介绍给布隆迪王国国民议会议长塔德·西里乌尤蒙西阁下。总理指着溥仪说："这是中国末代皇帝溥仪先生。"又指指我介绍说："这是溥仪夫人。"议长阁下很礼貌地答道："见到溥仪阁下和夫人非常荣幸！"我和溥仪也十分高兴地向议长阁下和总理祝了酒。

溥仪和刘少奇主席早就熟悉，趁着这个机会也让我和刘主席见了面。他站在刘主席身旁对我说："这是刘主席！"又转过身来对刘主席说："这是我的爱人！"刘主席和蔼地问我叫什么名字，在什么单位工作，生活有没有困难等等，我一一作答，刘主席满意地点着头，这给我留下了至今难忘的深刻印象。

经历了紧张的日程安排，我们又开始准备新的旅行了。

从1964年8月5日到8月28日，全国政协参观团又由吴群敢主任等带队走了西安、延安、洛阳和郑州等四个地方。瞻仰了革命圣地延安杨家岭、王家坪和枣园中国共产党中央与毛主席曾经居住的旧址，拜谒了烈士陵园，参观了陕甘宁边区参议会大礼堂，还先后看了四个博物馆、两个人民公社生产大队、九个工厂、一所大学、一个纪念馆和八路军办事处，游览了临潼、大雁塔、白马寺和龙门等名胜古迹，历时二十四天。

我们来到西安，住进人民大厦，餐厅早准备好了地方风味的羊肉泡馍。溥仪从来没见过这种烧饼一般的馍馍泡在肥羊肉汤里的吃法，不顾天热难耐，美美地饱餐了一顿。

饭后参观团到陕西省博物馆去，因为天太热，我头晕，就留在大厦休息。不料，中午拉参观团的大客车回来了，却不见溥仪。吃过午饭又返回去找，好不容易才在"碑林"中间找到他。原来他在少年时代曾听老师陈宝琛

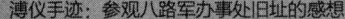

溥仪手迹：参观八路军办事处旧址的感想　　溥仪夫妇参观洛阳拖拉机制造厂时登上"东方红"拖拉机驾驶室。

在韶山冲毛泽东少年时代游泳过的池塘边留影。　　溥仪夫妇和杜聿明参观湖北黄陂县杠店区滠口人民公社的油菜田。

讲过西安有个"石质书库",今天得观真景,非常兴奋,正坐在角落里一字一字地认真仿抄王羲之体《大唐三藏圣教序碑》,早把时辰忘到脑后去了。

参观团于8月9日开赴延安,溥仪感到失望的是我又不能同行。他回来以后,一股脑地向我介绍延安情况,发表观感,我成为从溥仪那里接受延安教育的第一人了。

溥仪到延安后本来是被安排在延安招待所有卫生间设备的高级房间中,但是他对其他几位专员住的窑洞感到很新奇,就提出要换住窑洞,领队只好答应,选出一间设备稍好的窑洞让他住了。溥仪说,过去听戏,常有"寒窑"一词,今天住进窑洞方知是冬暖夏凉的好地方,本不该把窑与寒这两个字连在一起。为了京戏中可不可以使用"寒窑"一词,溥仪还跟对京戏素有研究的杜建明辩论得脸红脖粗。

参观延安宝塔时,溥仪看到门楣还保存着"俯仰红尘"匾额,便问导游人员:毛主席和中共中央在这里七八年,为什么像这一类带有迷信的匾额还没有换掉?导游人员说,这是保存古迹。他又告诉溥仪,延安还保留两座寺庙,至今有烧香磕头的老头老太太,政府尊重人们的信仰自由。

溥仪告诉我,延安之行使他进一步了解了中国革命,他敬佩毛泽东作为战略家的伟大气魄。他说,日军空袭凤凰山时炸弹就落在主席住处附近,他由此联想起自己在关东军司令官梅津美治郎调任日军参谋总长向他辞行时的献媚言论。当时溥仪曾对梅津"建议"说:"日本要南进,应当同苏联和好,以巩固后方而全力南下,尤其要多多制造飞机以确保制空权。"他感到日寇轰炸延安也包括着自己的一份罪恶。

在西安期间,我们还游览了南郊慈恩寺内的大雁塔和临潼骊山,参观了八路军办事处旧址以及醴泉烽火公社烽火大队,特别是骊山之游极为尽兴,秦川渭水,美不胜收。在山脚下唐玄宗与杨贵妃的华清宫旧址,溥仪说:"唐玄宗每年冬季携杨贵妃及其姊妹数家来此居住,至岁尽而还,各地的进贡则源源而至，供其享乐。"他还给我讲了一个故事：据说杨贵妃喜欢吃荔枝，当时四川涪州贡的荔枝用驿马飞递，取道西乡入子卡谷，不三日即到长安，跑死许多马。唐朝诗人杜牧以《过华清宫》为题，用轻快讽刺的笔调吟诵道："长安回望绣成堆，山顶千门次第开。一骑红尘妃子笑，无人知是荔枝来。"这引起溥仪无尽的联想，在当代中国恐怕难得找到有他那样细腻体会和深沉感触的人了。

我们又来到相传杨贵妃沐浴过的"芙蓉池"，该池用白色玉石砌成，形似海棠，所以也叫"海棠池"。溥仪说："这是当年杨贵妃洗澡的地方，有人传说她用牛奶洗澡，恐怕不对，牛奶哪赶得上这温泉之水更宜人？"这水是确实去病的。我和溥仪都不想放弃这个用"杨贵妃用过的水"洗澡的机会，遂分别在男女浴室洗了澡。跟溥仪一起入"男二人池"的一位同事说，溥仪刚下浴池就没有站稳，差一点儿倒在水里。他不怪自己笨，却埋怨温泉的水太滑，站不稳。那位同事笑着说："温泉水的确很滑，白居易早在一千多年前，在《长恨歌》中不是明明白白说过'春寒赐浴华清池，温泉水滑洗凝脂'吗！华清池温泉水一向就是这样滑的。"溥仪听完，便小心翼翼地爬上来穿衣服。穿上衣服他又诧异地问，怎么洗过温泉就会肥胖起来？难怪杨贵妃肥胖，赵飞燕瘦小，因为杨贵妃天天在温泉洗澡，赵飞燕没有洗过温泉。原来他错穿了别人的衣服，勉强穿上，还以为自己忽然肥胖起来。换回衣服，溥仪自言自语地说："杨贵妃洗澡留下的余香没有闻到，差点把骨头都摔断。"

温泉浴让溥仪牢牢地记住了《长恨歌》，他随口又读出其中的几句："七月七日长生殿，夜半无人私语时，在天愿作比翼鸟，在地愿为连理枝。"溥仪用手一指说："诗中所谓长生殿大概就是这一片华清宫中的一座宫殿，相传天宝十年七月七日夜半，唐玄宗和杨贵妃曾在这里仰天盟誓，愿生生世世为夫妇。但这在事实上并未做到，至天宝十五年安禄山乱

溥仪夫妇参观洛阳龙门石窟

1964年8月10日溥仪、溥杰和嵯峨浩在延安

起，玄宗仓惶出走四川，杨贵妃被迫在马嵬驿缢死，说明皇帝的爱情是不会长久的。"我听了溥仪讲的这个故事真想去寻寻长生殿的遗址，然而问了几个人都说不清楚，也只好作罢。

我们又到蒋介石曾经住过的房子参观，看了卧室、休息室和会客厅，前面玻璃窗上还留有当年事变时的弹痕。

8月22日，我们来到"九朝都城"的洛阳，先后参观了滚珠轴承厂、矿山机械制造厂和拖拉机制造厂。溥仪对许多事物都感到新鲜，看见那一排排正待出厂的"东方红"拖拉机，他非要上去开一开并拽我上车，请工厂师傅手把手地教开车，竟真把拖拉机开出好几米远，有位记者抢拍了这个镜头。当时，溥仪很高兴地说："如果我能多待几天，就可以驾驶它上田野中去了。"拖拉机厂一位在场的领导同志马上说："我们欢迎你落户啊！"溥仪走下拖拉机说："下次有机会一定再来！"

在洛阳，溥仪还游览了龙门石佛窟、白马寺和洛阳博物馆。当我们来到龙门这个世界著名的风景胜地后，溥仪亲见自北魏以来数百年间陆续建造的佛像均已断头残臂、肢体不全，便连声感叹，并对我说，这使他联想起自己对故宫国宝的糟蹋和损害……

这次参观的最后一站是郑州。我们参观了郑州纺织机械厂、河南省博物馆和"二七"纪念塔，特别是郑州的城市建设给溥仪的印象尤深。他在参观总结中写道："郑州和洛阳一样，看到它的市政建设，就像是看到了祖国的光明前途。很明显，旧的狭隘破旧市区，已是无足轻重的一小部分了……规模宏大，四通八达，气象一新的新市区已经出现。新旧对比，正是抚今追昔的极好教材。"

8月28日，我们结束了西北和中原之行，回到北京。两次在祖国各地的漫游使溥仪和我都受了教育，正如溥仪说的那样："参观使我们更加了解祖国、热爱祖国了！"

第五章 病魔

癌症袭来

溥仪下江南，上西北，两次在外地参观访问了三个来月，能吃能睡，跋山涉水都不在话下。当时我真羡慕他，如果有他那样的好身体，就不至于常常"掉队"了。不料，溥仪的健康竟是徒有其表。

我清楚地记得，从西北和中原参观归来，政协领导讲：大家很疲劳，都要在家休息几天。可溥仪不听话，第二天一早就张罗要上植物园去，他说："这么长时间没回那个家了，我要去一趟，劳动三天再回来。"我本想拦他一下，又找不出理由，也就随他去了。不料第二天他却回来了，我正感到奇怪呢，他开口说："我又溺血了。"

"溺血"作为使溥仪致命的肾癌的先兆，早在1962年5月中旬就已经出现了。当时才新婚两个星期，哪里想到，罪恶的病魔竟伴着我们刚刚开始的幸福，潜入溥仪的身体。现在想来令人痛心的是，当时并未因溺血而引起重视，丧失了早期诊断并根治的机会。

溥仪发现溺血现象后，曾到人民医院诊治，但未能确诊，只是注射维生素K止血。溥仪笃信中医，经常找海军医院张荣增老大夫诊察，张大夫按"膀胱热"开了三服中药，果然止了血。在中医施治期间，也曾多次到人民医院就诊，均未能早期发现癌细胞。此后的两年里，溥仪虽然也常

身患重病的溥仪

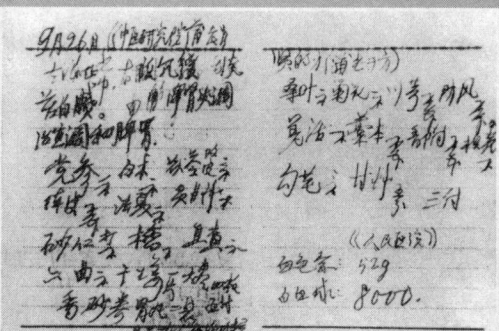

溥仪治病日记

患感冒，发烧，不断就医服药，但很快就能好转，从身体外观看，一直是挺健康的，精神也好。然而，"溺血"现象自1964年7月以来又时有发生，有时连续几天，有时半月乃至一月，但没有痛感，体温也正常。

9月初再度溺血那天，我陪溥仪到人民医院检查，经大夫诊断，结论为"前列腺炎"，仅注射维生素K止血，对病情的严重性未予足够认识，根本没做尿培养，也未能断定癌症病变，这样又拖了两个多月，溺血更加严重，终于在11月份住进人民医院。

周恩来就是在这个时候由于一个偶然的机缘而得知了溥仪的病情。1964年11月里的一天，大约下午四五点钟光景，一辆红旗轿车开到我家门口停住了。从车上走下一位身穿中山服的男同志，进院后很礼貌地向我说明了来意，原来是总理邀请溥仪参加宴会，陪同会见某国贵宾。往次这种活动都是预先通过政协送来请柬，这次是总理临时决定，就直接派车到家来了。我遗憾地告诉来人说："溥仪因溺血住医院了。"

"住在哪个医院？"他问。

"人民医院。"我答。

"几天了？"

"十多天了。"

"现在病情怎样？"

"继续溺血。"

那辆红旗轿车风驰电掣般地开走了。当天晚上总理就打电话告诉申伯纯，要求密切注意溥仪的病情发展，组织专家全面会诊。这才引起全国政协的高度重视，即照总理指示做了细致的安排。

第二天，以著名泌尿科专家吴阶平为主，还有其他几位外科、肿瘤科专家参加，给溥仪会诊，先后做了膀胱镜检查、前列腺组织穿刺、精液检查和肾脏造影，仍未见异常。但是，吴大夫这时已感到有问题，一面采取措施止血，一面继续观察。二十天以后溺血停止，溥仪出院，并参加了中国人民政治协商会议第四届全国委员会第一次会议。

1965年2月5日，溥仪因溺血又趋严重而再一次住进人民医院。在3月6日的膀胱镜检查中，终于发现了长在膀胱内的两个小瘤子，一如黄豆粒大，一如小桑椹大，而且怀疑是恶性的，病历上的诊断为"膀胱乳头瘤，前列腺肥大"。其后又在周恩来直接关怀下转到协和医院高干病房，由泌尿科专家吴德成任主治医生负责治疗，肿瘤科专家吴恒兴及几位外科专家也参与其事，采取各种积极措施精心治疗。遗憾的是，已经误诊三年，失去了最宝贵的早期诊治的最佳时期。

溥仪治病过程中先后六次住协和医院，三次住人民医院。溥仪的性格又好动、好热闹，特别怕寂寞，我深深地了解他，在他住院的日子里，我几乎每天到他那里去，坐在床头或床尾，伴他度过那些由于病魔缠身而显得漫长的时光。

可是我的体质也很不好，1965年又查出了子宫肌瘤，而正在病中的溥仪仍为我倾注了全部心血。我的病尚未确诊时，溥仪特别担心，一连数日吃不下饭，睡不着觉。有几回竟自己掉起泪来，问他为啥哭，他说怕我的病是癌症，说着说着又呜呜地哭起来。我说："我要是得了癌症死了，你就再结婚得了。"他说："你可不能死呀！你死了我也再不结婚了……"我笑着安慰说："还没确诊呢，你先哭什么呀！"到了看化验结果那天，他陪我到医院，一路上严肃得很，一语不发。到了医院，医生说是良性的，他又高兴得像孩子似的笑个不停，回到家又笑又唱。

记得那是8月下旬，为了根治我的妇科病，溥仪托请担任四届政协常委、政协医药卫生组副组长、中华医学会副会长的友谊医院院长钟惠澜，介绍一位妇科专家，钟院长立刻给当时担任三届人大常委会委员、中华医学会副会长的协和医院门诊部主任林巧稚大夫写了一封信。这样，林大夫为我的病整整治疗了半年，并建议动手术。于是，溥仪又请协和医院院长介绍了一位专治疑难病症的宋教授，为我实施手术。住院期间，他每天都到医院看我，晚上也来。由于他当时也手术不久，切除了左肾，又有点儿累着了，而且右肾又发现了问题，出现尿血现象。当他已经很难步行，来医院的时候就雇出租汽车（为私事他从来不向政协要车）坐着来，直到我在"十一"前伤口愈合出院为止。

探病风波

1965年6月，溥仪在协和医院做了左肾切除手术。住院期间，有位"老姑娘"常来看望。溥仪在6月14日的日记中记载了她来探病的情况：

下午2时，正午睡，无味纠缠的王某直入欲见。姚护士随来，告以正睡午觉。彼也不顾，用手推门。姚护士先入，见我睡，方欲退。我不知谁来，问：谁呀？这样，彼乘入。问询病况如何？告以医嘱静养，不让多见人，因此，以后不必来。彼又谓其母惦念，欲来看，我仍告以如前文。彼坐不走，我乃告：你可休息，我还要歇息呢！彼才走，殊为麻烦扰人。

从日记中可以明显看出溥仪的厌烦情绪。其中"王某"即王大姑娘，是一位满头珠翠耀眼、身着绣花旗袍的满族女性。

溥仪特赦回京不久，被族人唤作"大格格"的婉容的一位亲戚听说了，特别高兴，立即请他到家里吃饭。这位老太太的烹调技术很高，做的菜很有味道。溥仪这个人并不像人们所想像的那样,似乎总是带有一种皇帝应有的威严的神情。其实,他也是嘻嘻哈哈的,挺好开玩笑。吃饭中间,他谈笑风生,显得十分活跃。

老太太跟前还有个女儿,这位婉容的表妹,那一年将近五十岁了,因为从小生活在贵族家庭,娇生惯养,总是带着一身阔小姐的作风。虽然新中国成立这么多年了,还是不愿意参加社会工作,说话、走路也忸怩作态,高不成,低不就,始终未婚,成了老姑娘,人称"王大姑娘"。

吃饭那天,溥仪和王大姑娘说句玩笑话,谁知她竟动了心,以为溥仪对她有意思呢!事后,她托付一位亲戚给溥仪捎话,表示愿意和他交朋友。她没想到的是,竟被溥仪一口回绝了。可是,王大姑娘还钟情于溥仪,在很长一段时间里主动追求他。听说溥仪认识了一位护士,正在恋爱,还哭了一场呢!溥仪和我结婚那天,她哭得可伤心了。

然而,她并未因此而打消念头。我因患子宫肌瘤施行摘除手术的时候,她以为是癌症,竟满怀希望地等待"续弦"了。溥仪知道这件事后很气愤地说:"她这是白高兴,什么时候我也不能要她!"

溥仪有病住院期间,她总是老早就去等取探病牌。按规定,每个探病日的下午只允许会见两人,她却一下子把两个牌全拿走,害得别人没有办法再来探望,于是,出现了溥仪在日记中记载的情形。不久,我顺利做完子宫肌瘤切除手术,王大姑娘的期盼又落空了。

1965年12月间,溥仪又住院了。有一次,王大姑娘来探病,在病房碰到了我,见我和溥仪说说笑笑的挺高兴,马上退到病房外面站着,我遂拉她进屋,请她坐下,端茶递糖拿水果,谁知她竟理也不理。溥仪很生气,事后对别人说:"她对我爱人太没礼貌了,她吃什么醋呀!"还让亲戚转告她,以后就不要再来了。这件事,在12月20日的溥仪日记中有一段记载:

下午，贤来看。大格格之女亦来，坐于客厅，贤问话而其不理。我即通知护士长，告以医生不让见，须静养，才去。

还有一次，溥仪从昏睡状态刚刚醒来，一眼看见王大姑娘坐在床边，立刻发了火，大声让她出去。恰巧嵯峨浩这时进屋，误以为溥仪是向她发火，等弄明白以后，浩子对别人说："这么多年，我还没见过他发这么大的脾气呢！"

有一次，我和溥仪说笑话时谈到王大姑娘："溥仪！你怎么总是看不上她？她家几代都是清朝大官，又有钱，又是旗人，你们不正是'门当户对'吗？"

"她所中意的人并不是我，而是那个皇帝溥仪，今天的溥仪配不上像她那样高贵的女人。"

溥仪这句话言简意赅地道出了他们无法结合的症结，我却从他对爱情的忠诚里感受到无限欣慰。

在恋爱和婚姻这个问题上溥仪确实是有原则的，他与我相识之前还曾经人介绍认识一位强女士，并一起在政协礼堂三楼参加了几次周末活动，强女士当年三十多岁，长得很漂亮，常到政协跳舞，舞姿很优美，对溥仪也可谓情有独钟，最初给溥仪的印象也不错，但这件事很快就被一位政协领导知道了，提醒他说，此人生活方面不够严肃，还是慎重为好。溥仪遂毫不犹豫地断绝了与强女士的来往。后来她又多次打电话找溥仪约会见面，都被婉言谢绝了。据说我们结婚那天这位女士还当着溥仪的一位友人很生气地说："我哪一样比不上她？"表示对我很不服气，甚至在这以后还打过几次电话给溥仪，为此溥仪曾嘱告办公室的同事，"她来电话就说我不在"，再也不接她的电话了。

溥仪还讲过一件事，他与强女士相识前，中共中央统战部金城副部长曾邀溥仪吃饭，同席的还有一位上海的女政协委员，溥仪还记得她的脸很红。饭后金城颇寓深意地提议说，你们俩随便去走走吧。大概两人各有想法，反正谁都没有动弹，这件事也就搁下了。政协一位领导也曾给溥仪介绍对象，见面后溥仪就表示不同意。为此政协文史办公室主任吴群敢还曾劝他说："这位女同志能讲几种外语，对你参加外事活动是很有帮助的。"溥仪反复考虑，还是觉得不合适。组织上固然很关怀，但抉择的自由还在他自己手里。

邻里情

就在我已确诊患了子宫肌瘤准备住院手术的时候，我家院子里的风波也闹起来了。人们说，恩爱夫妻也不能百分之百的一致，我和溥仪因为邻里关系就有过矛盾。

我们是1963年6月1日迁入东观音寺胡同22号新居的，政协领导考虑到溥仪年岁已大，而我的身体又不好，便安排政协机关电工戴师傅也搬进了这个院子，住在紧挨两扇朱漆大门的厢房内，两户人家，望个门，守个院，互相有照应。

戴师傅颇有资历，全国政协机关成立那天他就在，政协第一届会议期间他参与了会议供电及维修服务，而在开国大典的庄严时刻，就是这位普通电工奉命掌管着为全世界瞩目的天安门城楼电闸。这时他的三个大子女都已结婚另过，只有老两口领着两个小女儿住在我们院子里。

起初，两家和睦相处，关系很融洽。我家客人一敲大门，总是戴家人先听着，跑来开。碰上政协礼堂有文娱晚会或是医院发影剧招待票的时

溥仪和妻子在自家院子里乘凉聊天

1963年8月10日,溥仪日记中留下记录:"雨,戴文山家漏雨。"

候，溥仪总要设法多弄一两张，携戴家姑娘们同往。我们两家合用厨房，有好吃的饭菜总是你端一碟过来，我盛一碗过去，互相品尝。

1963年夏天，北京市区下了一场沟满壕平的大雨，老戴家的房子因年久失修而漏得千疮百孔，溥仪闻讯赶紧过去看望，并再三劝他们暂时搬到我家客厅住。但老戴知道随时会有外宾要来，很不方便，执意不搬。于是，溥仪立刻到政协房产管理部门说明了情况，请他们抓紧维修，以免房倒伤人。这样，戴家住房漏雨的问题很快就解决了。此事在1963年8月10日的溥仪日记中也留下了记录："雨。戴文山家漏雨。"我曾对溥仪说："你真不错了，还懂得关心别人的疾苦呢！"溥仪回答说："过去都是别人关心我，我却不懂得自己也应该关心别人。"后来政协领导还在专员学习会上表扬了他。溥仪很谦虚，说自己刚开始学习，做一点点关心别人的事，距离一个中国公民应有的道德还相差很远，今后不是希望得到表扬，而是希望同伴们多多提醒，以便多做关心别人的事，这才是真正地帮助他。

本来我和戴大嫂相处也很愉快，溥仪1963年9月11日日记上有这样一笔："贤托戴大嫂为煮粥。"让我想起了当时的情形，就在一两天前溥仪病了，高烧达39.6度，一连几天卧床。载涛七叔、溥杰二弟、妹妹、妹夫以及宋希濂、范汉杰、李以劻、罗历戎等亲属同事纷纷前来看望。我又要照顾病人，又要招待客人忙得不亦乐乎，做饭一类事自然就由戴大嫂揽过去了。

从1965年夏天开始，两家的关系不那么融洽了，矛盾起因于我家姓李的保姆乱传话，结果产生隔膜，闹了意见。我不顾溥仪的阻拦，向戴师傅和政协文史办公室主任吴群敢都谈了情况。溥仪为此做了我很多工作，他说："这样一点点小事也和人家计较是不合适的！"

然而事情并没有简单地化解，于是我想到了搬家，估计到溥仪不会同意，就把自己的想法直接讲给政协文史办公室副主任冯廷雄了。我的理由不仅是要避开邻里矛盾，还因为这里的房子虽大，却没有暖气设备，冬天须自己烧火炉，客厅、卧室和厨房每室一炉，烧得少就冷，而自己的身体不好，干不了累活儿，所以宁可搬到和平里专员宿舍楼内的单元房间去。溥仪当时也愿意搬到楼房里去，但当他了解到领导的意图后又表示服从安排，他说组织上安排我们住这么多房间和这么大的庭院，是因为接待外宾需要，即使用一个保姆，多生些火，也不属于浪费，要服从大局，不应再无谓地给领导添麻烦。为此，他还找到全国政协文史资料研究委员会副主任委员沈德纯，汇报了思想，溥仪说："邻居关系没处好，我有责任，希望领导也能帮助帮助我的爱人。"

有一件事至今想起来还觉得对不起溥仪，他那时为了改善两家关系主动做了许多调解工作，感动了戴家。有天戴师傅又把自家炸的麻花端过来一盘，溥仪高高兴兴地收下了，我不想要，也没有好好考虑就给送了回去，扫了溥仪的面子，也扫了戴家的面子。溥仪把这件事记在1965年7月11日的日记上，他虽然很生气，却能够容忍我。

1965年8月25日我入协和医院住院手术，家里只剩下溥仪自己，想找个伴宿的人。五妹夫万嘉熙要来陪伴大哥，溥仪却要趁着这个机会改善邻里关系，遂把戴文山请过来同住了。溥仪那些天的日记上有一连串的记载：8月25日，"本日，戴文山暂居我的小屋子"；8月28日，"晚，和戴文山畅谈"；9月1日，"夜，和老戴交心谈"；9月4日，"晚，和老戴同吃饭"。几番彻夜长谈，两家的疙瘩解开了。

我是9月11日出院的，那天，溥仪特意约了戴大嫂一同到医院来接我，我很受感动，所谓邻里纠纷就此冰释，翻开了睦邻新篇章。溥仪在10月1日日记上写道："晚，到天安门看国庆焰火，戴淑英随行。"次日的日记又记着："晚，老万、五妹夫来，同晚饭，约戴文山同餐。"

行使公民的权利

　　1966年的早春，寒气尚未退去，刚刚做完肾切除手术的溥仪，身体十分虚弱。并且他已知道，自己的病乃是绝症。但是，当他听说街道居民委员会正在召开选民会议的消息后马上要去参加。我想，他这么长时间连班也不能上，何必还去参加这种选民会议？就对他说："你现在病得这样严重，又刚刚出院，不宜活动太剧烈。选民会就不用去了，我可以代表你去参加。"溥仪说："那可不行！这个会，我应该亲身参加。"

　　3月6日，我和溥仪一起到街道主任家里参加选民会议。首先，由李忠主任讲话，他谈到人民代表的职责。他说，人民代表就是要代表人民说话和办事，他们将在各级代表大会上反映人民的意见和要求，并讨论和处理有关的国家大事。他强调说选代表的时候一定要慎重考虑，要把在社会主义建设中有贡献的，又有远见卓识的，精明强干的人物选出来。上次选出的代表不称职的也应撤换。李主任又谈到候选人的产生问题，说我们是采取个人提名和集体提名相结合的办法，由下而上，由上而下，使选民都可以充分地发表意见。这次区人民代表候选人的初步名单是中共西城区委、西城区团委、工会、妇联和政协各单位联合提出的，还要征求全区选民的意见方能确定。

　　最后，李主任介绍了本选区七位拟提名候选人的情况。七人中四男三女，一位是轧钢厂副厂长、总工程师；一位是仪器厂技术员；一位是南草场小学的老年教师；一位是托儿所保育员；一位是炼钢厂老工人；还有一位是认真负责的业余学校教员；最后一位是勇于和坏人坏事作斗争的街道居民。李主任说这是个初步名单，提出来请选民发表意见。

　　溥仪听取李主任的介绍后，对几位候选人均表示满意。他在选民会议上发言的情形我至今记忆犹新。他说:"几位候选人大多数是基层的普通群众,在各行各业,每人都有生动感人的事迹。体察民情,完全可以反映人民的要求和愿望,是能够得到选民信任的。"溥仪以公民的身份,带着庄严的神情,用很洪亮的声音,表达了自己对候选人的意见。当时在场的人们大概谁也想不到眼前这位发言者竟是一个病入膏肓之人!我看到选民们都静静地听他讲。

3月31日溥仪再度住进协和医院复查身体,而投票活动又恰恰确定在4月3日上午九时进行,医生叮嘱溥仪要减少活动,不能累着,我就对溥仪说:"你可以在医院填好选票,我代表你投入票箱也是一样啊!"溥仪不同意,一定让我搀扶他,暂时离开医院的病房,一起走进设在南草场小学校院内的选举大会会场。当我们随着选民队伍走过票箱并投入自己的一票后,在场的选举工作人员都热情地跟他打招呼,似乎替他高兴,替他骄傲,这位前皇帝又一次行使了自己作为公民的权利。

如果说,在前半生中溥仪对"皇帝"这一称号曾那样恋恋不舍,那么,在后半生中溥仪对"公民"这一称号则爱护备至。

有一次周恩来招待外宾让溥仪作陪,总理指着他向外宾介绍说:"这位便是中国清朝的宣统皇帝!"溥仪大声回答:"现在是中华人民共和国公民溥仪!"总理和许多人一起鼓掌,认为他回答得很好!从此,每当领导人向外宾介绍他的身份时,他就用这一句话来大声回答。

溥仪那么严肃又那么认真地投票选举人民代表,自然也是出于对"公民"这一称呼的尊重。他在《我的前半生》一书中,自述1960年11月26日第一次得到选民证的感受说:"我觉得把我有生以来所知道的一切珍宝加起来,也没有它贵重。"

1963年4月溥仪第二次参加公民投票。这时他已经当上文史资料研究委员会的专员,对"公民"这一称号感情深切。

溥仪日记第二十四本（从1965年8月23日起到11月3日止）

这是溥仪的最后一张选民证。

溥仪、溥杰、杜聿明、宋希濂在商谈工作

投票前多次召开预选会议，每次得到通知都欣然参加，他还专门走访过候选人王廷栋，通过了解，十分满意。原来这位候选人是丰盛中学的地理教师，在教学工作中成绩卓著，受到学生广泛的好评。因为王老师是一位来自东北的知识分子，曾就读于"满州国建国大学"，而溥仪还当过这所学校的"名誉校长"，他们的谈话不能不向历史拐了一下，对那个时代，两人的看法也完全合拍了。

投票的前一天，即1963年4月13日，我下班刚到家，溥仪就兴奋地告诉我："明天我要参加选举了！"溥仪说，他当上选民，能够行使公民当家做主人的权利，心情激动，特别高兴。那一夜，他几乎没有合眼，一会儿开灯抽支烟，一会儿又开灯看表，弄得我也睡不好。

"你高兴是可以理解的，却干吗不睡觉哇？"我问溥仪。

"淑贤，明天我将作为选民参加今生第二次投票，这是一件大事呀！"

凌晨四时许，溥仪已经起身了。他穿上那套蓝色制服，又对镜梳头，弄得很亮。我和他开玩笑说："你又要搞对象啊！"他不回答我的话，却说："你也快起来吧，一会儿在政协集合了！"

投票结束后，他高高兴兴地拉着我的手到文化俱乐部内部食堂去。他说："今天我请你吃饭。这可是个好日子，你一定要多吃一点儿。"他叫的菜也比往日多，吃得也多。吃饭中间，不少熟人过来打招呼，还问我们为啥跑这么远来吃饭？溥仪说："今天是大喜的日子，值得庆贺。"

饭后，我们就在游艺室里打台球玩，很尽兴，直到下午五六点钟才回家。如果不是心情高兴，他是舍不得花这许多时间的，因为当时他正忙着校改《我的前半生》书稿，经常搞到深夜。三年后，溥仪又一次走近选举人民代表的票箱，参加了平生最后一次的投票。

第六章 狂风

狂风突起

溥仪特赦以来,生活方面重新建立起甜蜜的小家庭,工作方面也一帆风顺,出版了著作,政治方面则已被特邀为全国政协委员。特别是能够亲身感受到党和国家高层领导人的关怀,思想里总有一股向上的力量。到60年代中期,这位末代皇帝甚至想加入中国共产党。1966年1月11日,患病中的溥仪在协和医院遇见了廖承志的姐姐廖梦醒,他们谈话后,溥仪带着尚未平息的激动,写下一篇题为《应永记廖大姐的最恳切的期待》的日记,内容如下:

下午,遇廖梦醒。勉励要不断努力、上进、争取,如果能入党,更是惊人的创举。改造中,自己虽有进步,主要是更在于现在和将来的努力。

这件事过后才十天,沈醉带着新婚妻子杜雪洁到医院看望溥仪,他们就在病房中推心置腹地畅叙了对新中国的感激之情,这一番肺腑之言恰是溥仪思想改造成果的真情流露。溥仪在日记中详细记录了当时的情景,他写道:

今天是住院第四十三天了。早十时许，沈醉夫妇来看。他谈到我这次得病，沈老曾向周总理做了汇报。我们总理和彭真市长，立刻告诉统战部平杰三部长，指示要集中著名大夫组织抢救。他讲到这里，我的眼泪早已禁不住夺眶而出了。是党几次挽救了我的生命，我的有生之日全是为党的事业、为人民服务之日。沈老又谈到今年春节"团拜"，往年是政协常委和民主党派负责人参加，今年文史专员也全部参加。团拜中演文娱节目的时候，彭真市长还特意告诉申老，专员们的学习太紧张了，对老年人要注意身体。后来，申老把这件事告诉了专员们，他说，不能搞得太紧张，你们的身体坏了，我们可有责任。党就是这样千方百计地启发、改造我们，关怀我们，深恩厚泽，语言难述。

沈醉谈到周总理接见他的情景。当时，他十分惭愧地提起在国民党统治时期，他受命于蒋介石，屡次企图谋害周总理。总理笑着说："那是过去的事了，今天，我们已成为朋友。"

沈醉又谈到，他曾写过一篇文章，回忆蒋介石命他暗杀李宗仁的经过。蒋介石在逃跑之前，命沈准备两架飞机，在里面架上机枪，等李宗仁先生登机时，将他干掉。可是，李未上飞机，幸免于难。李宗仁的夫人郭德洁在重庆登机欲逃时，蒋问沈："郭曾何语？"沈答："她说逃难。"由此才解除了蒋介石的猜忌，而未对郭下手。这真是"一言兴邦，一言丧邦"。李宗仁先生在《文史资料选辑》上看到该文后，特意邀请沈醉到家，李氏夫妇陪同吃饭，一起话旧。李对沈说，万没想到蒋介石竟对他下这毒手。

沈醉感慨地说："过去的政敌，今天却坐在一起谈话、工作，这是史无前例的奇迹，只有在共产党领导下的人民中国，才能变为现实。"他的话让我想起1961年我和鹿钟麟、熊炳坤的会面来。我们三十多年前是敌对者，经过党的教育和培养，今天都成为文史工作者，同在一个岗位上工作了。

我对沈说：党真是太伟大了，若是共产党人落到国民党手里，肯定一个也活不了。像我过去当日寇走狗，你当国民党特务，都是不死不足以蔽其辜的罪人。但在新中国，我们得到了拯救。看你们夫妇多么幸福，到了晚年还结了婚，我也有了自己的美满家庭。王耀武病了三四年，工资照付……我们应怎样做才对得起党和人民呢？

我看得出，沈醉心里也和我一样充满了对党的感激。临别时，我对他说："沈醉同志，努力吧。"沈答："彼此努力！"像这样语重心长的相互赠言，我们相识四年来还是头一次呢！

然而，政治气候渐渐发生了变化，"阶级斗争"的火药味愈来愈浓，起初溥仪很难理解，但他认准了一条：只要是党和政府提倡的，报上积极宣传的，就一定是对的，必须去努力适应。

当时，吴晗写的新编历史剧《海瑞罢官》正在受到步步升级的批判，连历史上的"清官"也被株连，报上是连篇累牍的批判文章。溥仪也在讨论会上发言说："清官比贪官更坏！"为了说出这句话，他可是很认真地想了几天，终于想通了：贪官容易激怒人民，等于统治者自掘坟墓，而清官更能迷惑老百姓，消磨了人民的斗争精神，延长了封建社会的反动统治，从这个意义上可以说"清官比贪官更坏"！

在"红五月"的日子里，批判的矛头又从《海瑞罢官》转向"三家村"，斗争的靶子也不再是吴晗一人，又多出了北京市委文教书记邓拓和北京市委宣传部长廖沫沙。特赦以后这几年里，溥仪与廖沫沙的接触很多，这位统战部长学识渊博又平易近人，本是一位很诚挚的朋友，现在硬要把他放在批判的位置上，这不能不引起溥仪的犹疑。他搜索枯肠，总算想起廖沫沙对他说过的一句话："你可以研究清史，一定能取得别人做不到的成绩！"溥仪"批判"说，他让我研究清史当专家，却不是为人民服务，这是不对的。溥仪也想找几个带火药味儿的词语，却说不出口，内心还有着廖部长和蔼可亲的形象。

6月初，中国的大地上和天空中，狂风突起，乱云翻腾，所谓"大字报"，从北京大学迅速蔓延全国，各级领导干部一夜之间都变成了"走资派"，全国政协机关内第一个遭受批判的就是政协副秘书长申伯纯，说他利用旧社会的残渣余孽，在《文史资料选辑》发表毒草文章，企图推翻社会主义的红色江山。继而，《人民日报》发表了《横扫一切牛鬼蛇神》的社论，溥仪的同事王述曾因为写过一本小册子而以"借古讽今"的罪名被揪出，溥仪三妹夫润麒也因为与廖沫沙有来往且保留着与廖合影的照片而被斗，一场人类史上罕见的浩劫就这样来到了。

一天，我家附近的小公园内人山人海，听说正在批判斗争廖沫沙，溥仪很惦记廖老，想看看他现在什么样子，身体瘦了没有？于是，我跟他一起挤进人群。看到廖老被押在一辆运货汽车上，脖子上挂着很大的牌子，"红卫兵"还不时地摁他的头，在这样的体罚折磨下，豆大的汗珠顺着廖老的脸上滚落下来，一颗颗摔在车厢板上……溥仪看了几眼不忍再看，就像没魂了似地，这时游斗车已经开动，溥仪不顾一切地挤出人群，等我发现后已经到处找不到他，只好自己走回家去。

我到家见他还没回来，非常着急。又过了大约二十分钟，一位姓王的邻居把他送回来，我问他到哪儿去了？他说："心里难过，走错了路，多亏遇到王同志啦！"

送走老王后，溥仪坐在沙发上一声不吭，光是叹气，后来又落了泪。我说："廖老比原来好像还胖了，倒是老干部心宽。"说这话也是为了安慰一下溥仪。好半天，他才又像是自言自语，又像是对我说："这些老干部不都是参加革命多年吗？那么大岁数了，挂大牌子，又弯腰，这怎么理解？即使有错误，也是功劳大，不应受到这样的折磨啊！"他还念叨着："战犯管理所的几位所长怎么样了？植物园俞主任、田老、胡老都有'事'吗？"他真想去一趟呢，无奈重病在身，走不了远路，遂跟我商量，想让我去看看。我说，现在正是"文化大革命"期间，没有介绍信进不去植物园的大门哪！他叹口气，作罢了。

溥仪心情不好，竟忘记了单位还在开会，那天他匆匆赶到专员办公室的一幕场景，给同事们留下了深刻的印象。溥杰后来回忆说：

当时，最不能适应这种环境的是溥仪。有一次，我们正在阅读新发下来揭发和批判《三家村》的文件，他迟到了，一进专员办公室的门就哭着说："我在路上看到廖部长被人捆绑在卡车上游行。他是个好人，我真想把他从车上扶下来，替他解开绑。但车开得快，我跟不上，只能叫几声……"他哭得说不下去了。我们都被他那真诚的态度所感动，也为他那直率的态度而担忧。掌握会的王耀武很勉强地劝他不要太激动，要相信党和政府。溥仪表示他相信廖沫沙是没有罪的，因为他接触过廖老，相信廖老是好人。

敢说真话的溥仪

6月16日下午五时，全国政协李金德副秘书长来到专员办公室宣布了几项决定：一、原来专员不参加机关"文化大革命"运动，由于形势发展，现在也要参加了；二、因为群众对文史部门意见大，给申伯纯贴了很多大字报，机关党委决定派工作组进驻，把文史部门彻底搞一下；三、要求文史专员要协助工作组工作,可以揭发自己,也可以揭发别人。

在此之前专员们学习文件,讨论一下,发发言,也就行了,连机关群众贴大字报都不让他们看到,真可谓"隔岸观火"。这本来是被故意设置的一层保护膜,这层膜现在揭破了。

第二天,溥仪和其他专员们一起走进了集中贴大字报的第三会议室,看到了批判王述曾《卧薪尝胆的故事》并要求他交代"黑线"的大字报,而批判申伯纯的大字报里恰恰包含着"包庇溥仪"等内容,下午讨论的时候,溥仪发言说,他对大字报牵连自己表示欢迎,其实他的思想负担很重。

这时专员们的业务工作已被停止了,文史资料全部封存,专员每天上班除了学习讨论,就是参加劳动,而且不论老弱病残。据溥杰说,造反派对他们也有"区别对待":溥仪、溥杰、杜聿明、宋希濂四人可以干些轻活儿,而像原国民党第十五绥靖区中将司令官康泽,虽然有病也得干重活,因为他是"特务头子"。

中国著名评剧演员新凤霞曾回忆与溥仪一起劳动的情景。有一次她和中国评剧院的老郝被派往政协大院参加移花劳动,恰好与溥仪分在一个小组,任务是给十几盆五颜六色的玫瑰和月季花换土。先要准备好新土筛细,把疙瘩块块都挑出去,并把每一盆花土都倒出来,垫上新土加好底肥,再把花放进好盆,培好土,但培土不能太满,留有浇水的空间。新凤霞回忆溥仪参加劳动的场面又传神,又形象:

> 沈醉很会干活,杜建时也因年岁大了,干活很细致,筛土倒盆都慢慢来。"皇帝"一定要去帮忙,他不帮不忙,一帮就是倒忙。"皇帝"看见杜建时把土换好了,就把盆都搬到太阳下去晒,他边闻香边放在阳光下。可是刚刚换了盆的花不能晒,应当先放在阴凉地,浇上水,

过一两天才能见光吹风。每盆花晒了一两小时眼看着全都不行了，花头叶子都耷拉下来。"皇帝"惊说："这么好看的花，怎么全要死？我说过不能换土啊，这也是小生命啊……我看着害怕，这些花都死了就糟了！"我找来管花的师傅，师傅说："不要紧，把每盆都搬到阴凉地，慢慢就会好。"总算花又慢慢地缓过来了，有几朵掉下的花瓣，"皇帝"心疼地捡起来，他说："太可惜了，放在口袋里闻香。"他对花的喜欢传染了我们，我们也都捡起来装进口袋留着闻香。

劳动休息时，大家拿出自带的干粮来吃，还有人带来了佐餐的"臭豆腐"和辣椒油，并故意逗趣说："今天干的活是闻香的，现在我给大伙来点臭的。"说着，打开了饭盒，一阵臭气放出来了！溥仪特别讨厌这个臭味儿，他说刚刚闻到的是香花味儿，怎么一阵臭气，真叫人……大家七嘴八舌，有的说："上海臭豆腐干，天津王致和臭豆腐，都是美食。"还有的说："你就是臭豆腐，大家不是批那些专家名人是臭豆腐，闻着臭吃起来香吗？"这时，溥仪也拿着馒头凑过来说："我吃一点尝尝。"他夹一小块"臭豆腐"，送到嘴边咬了一口，脸上的神情顿由紧张变得高兴起来："真好吃！"接着又摇头晃脑地说："美味！"他向大家行礼并挑起大拇指："谢谢大家教我知道，我就是臭豆腐。"

　　新凤霞谈到的这次劳动是确实有过的，文史专员董益三的日记上明确地记载着1966年6月19日专员们的活动内容："上午，搞清洁扫除、移花，下午，学习报纸，移花。"

　　在"文化大革命"初期，溥仪面临的问题主要还是针对别人的，形势所迫，专员们也不得不拿起笔来写大字报，批判平时很受他们尊敬的老领导申伯纯，批判他的"超阶级的认识论"、"史料独立论"、"专家思想"等等。据一位专员的日记所载，6月17日以后一个多月内，专员们多次开会检查文史工作中的问题，集体拟稿写了《申伯纯为大军阀刘文辉树立记功碑》等多张大字报，还连续召开了批判申伯纯大会。其间，虽然溥仪也不得不在以全体专员名义写的一张大字报《批判申伯纯的文史资料工作的指导思想》上签下名字，也不得不按分配的份额，仔细检查《文史资料选辑》第五十五辑的有关文章，但是，在他的思想深处，良心并未泯灭，他的真情实感终于在申伯纯及几位中央统战部领导被游斗以后发泄出来了。

沈醉向溥仪讲述游斗的情况说，这些首长被红卫兵押在一辆大卡车上，让他们每人口中咬住几根稻草或一只破鞋子，不断地加以污辱和殴打。溥仪闻此便大哭起来，还不停地说，他们都是好人，给国家做了那么多好事，为什么要遭到如此非人的待遇？他对当时时髦的口号——"造反有理"也完全不能理解。他拉着沈醉的手，一边哭一边问，"老沈，究竟为了什么要这样干？好端端的国家弄成这个样子，是谁的主意？"沈醉当时既不理解，也很怕惹事，只是劝他不要讲这些，好好养病，他却不停地大发牢骚，认为这一运动是不应该的。

沈醉说，溥仪平时在学习会上总是"跟着报上和文件上的内容来发言，很少提出自己对某一问题的看法或意见"，大家都认为他不肯联系思想，对他表示过不满，还准备批评他呢。政协领导人也为此进行研究、分析，认为溥仪虽然当过皇帝，但从来没有亲自处理过什么问题，所以自己提不出对问题的看法，并不是不敢暴露思想，更不是当面一套、背后另一套，所以不应该批评他。实在说，他在学习时是相当勤奋的，他摘抄文件和报纸比谁都多，笔记本一大堆。这种认真终于在特定的政治形势下发挥了作用，沈醉对此发表了感想：

那天他却敢说出那么多的看法，不同意搞由下而上的"夺权"，这在当时是会被扣上"反对文化大革命"帽子，甚至能被打成"现行反革命"的。他却毫无顾忌，一个劲地说出自己的心里话，不但不主张批斗他认为是好人的许多首长，还敢于同情他们，直到为他们被斗而哭泣。当时我们这些平日自命敢大胆暴露思想的人，却连一句真话也不敢说，更谈不到为那些不应该受到批斗的人而流泪了。

今天，我回忆那次溥仪和我谈的话，他那次的哭，我认为他的那些举动是真实的、正义的，也是十分大胆的，溥仪确实是敢于提出自己意见的人。我常常感到有责任把他那天说的话写出来，肯定他是从思想上得到改造的，更是应当受到表扬的人。因为在那场暴风骤雨中，许多人还不知道究竟是怎么一回事的时候，他却提出了那些不同的意见。回想起来，当时我和许多过去自命敢大胆提意见的同事们，都是噤若寒蝉，只求得自己平安无事就感到万幸的人，今天都应感到愧对溥大哥。过去我们误会他，还准备批评他，真正应当受到批评的却是我和其他专员们。

从7月下旬起，专员们又恢复了在北京府右街附近北京低压电器厂的每月一次的劳动。在这里，溥仪恰与藏传佛教领袖班禅额尔德尼·却吉坚赞分在同一个小组里，面对面干活儿，活佛头戴鸭舌帽，"皇帝"身着蓝色制服，两人都很认真地跟着工人师傅穿螺丝、装元件，不时地也可聊上几句。因为他们也是旧识。原来班禅自1964年被错误地批判以后，所担任的全国人大副委员长、全国政协副主席等职务也被撤销了。周恩来担心班禅会发生意外，便把他全家迁来北京居住，并在1965年11月24日安排溥仪与班禅会面，目的是让活佛能从"皇帝"身上得到启发，看到光明的前途。当时他们曾经长谈并共进午餐，数月后当两人又在一起劳动的时候，不能没有重逢的喜悦。然而这已经是非常短暂的平静了。

当震撼全国的"红八月"到来时，政协大院内也发生了杜聿明、沈醉被干部家属中的孩子们斥骂为"大坏蛋"的人身侮辱事件，甚至遭到黄泥团的袭击，有一次竟把沈醉身穿的白衬衫变成了满布黄点的"花衬衫"。这虽然只是一帮十几岁的孩子所为，但在当时的背景之下，就连仍然担负文史部门领导职责的沈德纯也无可奈何！沈老善意地提醒各位专员说，目前各学校正流传"爸爸反动儿混蛋"的对联，因此专员子女也有可能受到株连。这使专员们感到形势严重，人人自危，怕如此发展下去无法做人。

作为中国的最末一个封建君主，溥仪在那些日子里更是提心吊胆，思想上的负担很重。回到家里，他常常拿起扫帚就扫院子、扫胡同，端起脏土箱就倒垃圾，还跟我商量说，用保姆也有剥削之嫌，还是辞了吧，从此我们自己做家务，而溥仪是病人，我不能不照顾他，真是够难的。

8月8日晚间，溥仪收听了中央公布的"文革"运动"十六条"，心情一度转为兴奋，专员们座谈时，他说前一段运动有些乱套，这回有了"规矩"，希望能够扭转局面。然而，事实不等于想象，著名的"八一八接见"之后，法令、制度和纪律，一概不复存在了，各式各样的暴烈行动出现在北京城的大街小巷。新街口的理发店、缝纫社门前贴出了"最后通牒"，命令不准再理"港式头"，不准再做"奇装异服"。全市的商店牌匾，凡有"四旧"成分者一律砸烂。从六必居酱园到全聚德烤鸭店，从同仁堂药店到瑞蚨祥绸布店，一律遭劫，甚至连历史悠久、反映中华民族传统文化的荣宝斋也被"彻底砸烂"了。随之而来的是，从东四到西四，到处贴出了这样那样的"命令"、"勒令"；从东单到西单，到处是"警告"和"通牒"。不许浴池为顾客搓澡，不许饮食店卖高级食品，不许商店在出售的商品上贴商标，更不许售卖香水、胭脂等化妆品。一时间，腥风血雨，弥漫京华。

动乱的凶涛险浪眼看着冲击过来了。随着拿定息的资本家遭劫，甚至"勒令各民主党派一律立即解散"的通令也贴上街头。与此同时，在政协机关里也出现了命令全体文史专员参加劳动，降低工资的大字报。鉴于廖耀湘夫人张灜毓、王耀武夫人吴伯伦被中学生"小将"们围攻、辱骂，以及宋希濂目击某青年妇女被"红卫兵"剃光头等事，全体文史专员们对大字报中的"指示"无不服从遵命。

8月25日那天，专员们开会讨论降低工资问题。"造反派"规定：政协委员一级降薪百分之五十，专员一级降薪百分之三十。那些富有政治斗争经验的前国民党将军们都懂得，对于这个规定，本来就没有讨价还价的余地，所以他们二话不说。溥仪却不懂这一点，他十分认真地考虑起来，自1964年11月成为全国政协委员时起月薪为二百元，如按规定取消一半工资，只剩一百元，这对两个病弱之人来讲怕很难维持，于是，他就诚实地要求"保留一百五十元"。可是，他又觉得这太特殊了，就咬咬牙在"本人申请"一栏内填上"保留一百三十元"字样，满以为"造反派"会采纳他的合理要求哪！

就在讨论降低工资的次日，专员们被强令在政协大院内劳动。他们扫院庭、拔草，为伙房劈柴、收拾煤堆，还要消除那些被"小将"们砸得粉碎的石兽头之类。溥仪有病，蒙"造反派"略有照顾，允许他不必按时来参加这种劳动。可溥仪还是经常出现在清扫人员中间。

新凤霞还记得与溥仪一起给政协伙房劈柴的情形，她说，劳动过程是先由木工用电锯把大圆木头锯成一节一节的，等电锯一停，就让参加劳动的人去把圆木墩搬到一个地方，然后坐到小马扎上，抡起大板斧把圆木墩劈成一条条的柴条，点火生炉子就好烧了。溥仪没见过这场面，电锯"咔咔"的响声就把他吓得躲在墙边一动不敢动，抱木墩时别人一次抱两三个连跑带颠，溥仪一次只搬一个还累，常常累得靠在墙边喘气，劈柴时更是被斧子震得难以忍受，劈一下甩甩手，很可怜。木工心肠好，主动提出再把圆木墩锯成四块，这样就好劈多了，溥仪对着那位木工不住地鞠躬。

内乱的继续扩大对专员们越来越不利了，正是8月下旬的最末几天，不知从哪儿来的"小将"先后闯进杜聿明、宋希濂和董益三的家中，他们不出示任何证件，也不说明任何理由，就问罪抄家，甚至在董益三家抄检时竟带走了其妻宋伯兰的退职金和全部积蓄。幸运的是，在那个难熬的"红八月"中，末代皇帝溥仪竟没有遭受抄家之祸。

有人说，溥仪在内乱之初未受大骚扰的原因是溥仪的群众关系好，人们自觉地保护他。自从搬到东观音寺胡同后，他和附近的街坊邻居都相处得很好。附近的老人、小孩以及青年学生和机关职员、工厂工人，见了他都打招呼，他也总是爱和这些人扯上几句，特别是一些老人、孩子对他更有兴趣。然而，显然还有更重要的原因。

"红卫兵"最初只是出现在青少年的中学生中间，后来却漫延到社会上了。8月27日，在全国政协机关内也有人宣布成立了所谓"红卫兵"。于是，政协成了"兵"的天下。当天下午学习的时候，沈德纯传达了新的安排：专员们从即日起停止集体活动，回家学习。溥仪和他的同事谁也没有说话，每人都默默地收拾起一包"学习材料"，悻悻地离开办公室，走回家去。从此，他无班可上了。

溥仪特赦后每天上班工作，他从心里愿意、高兴，能够用自己的劳动为人民服务，这是他多年来连想也不敢想的事情，在这一点上，我感到他和一般人的想法确是截然有别的。他为失去上班的机会而感到不可名状的痛苦，翻开1966年8月28日的溥仪日记，我们看到那最上面的一行写的是："未上班第一日。"此后相沿，每篇日记的首句都是"未上班第某日"，这难道不正是末代皇帝对"文革"的无言控诉吗？

在此后的几个月中，溥仪主要是养病看病，有时间还上新街口看看大字报，回到家或是读读《毛选》，或是练练毛笔字，听到什么消息总是和我聊一聊。有一次他从新街口回来就对我说："我看见了批判刘少奇同志的大字报。少奇同志严肃认真，勤勤恳恳，我是有印象的，特赦令就是他发布的。"他看到批判徐冰和安子文的大字报后心里很难过，对我说："大字报没写出什么具体事，却有一串大帽子，真是一夜间把老干部都打倒了。"后来，溥仪又听说帮助他修改《我的前半生》一书的群众出版社的一位负责同志也被打成"特务"，他几乎有些愤怒了，在家里就像喊似地对我说："我就不信！我曾和他长期相处，他怎么能是特务呢！"溥仪感慨地说："这么搞，国家要受损失啊！"他讲这句话时那种无以名状的表情，我至今记忆尤深。

溥仪的病这时日趋严重，本来文史专员看病享受高级干部待遇，有病只要先给特诊室打个电话，等着安排就行，此时已被造反派取消了优待，我只好天天陪他上医院排队挂号，偶尔因故我不能去时，他就自己去，往往闹出点儿麻烦。有一次就让新凤霞碰上了，因为全国政协和中国评剧院的公费医疗关系都在人民医院。新凤霞回忆说：

溥仪为人非常善良老实，我看见他缩着脖子低着头坐在长椅子上，可能因为生病太难受吧，我没跟他说话，一会儿护士在叫人把医疗证交过去，护士喊："新凤霞！"我快步走过去，因为"文革"中早不许我演戏了，叫我的艺名容易被人注意，有人在看我，我交了医疗证又回到位子上坐下。这时又叫："爱新觉罗·溥仪！"大家注意他了，就自然不看我了，他一下子站起来，楞楞磕磕的双手垂下，两只眼睛直着，不知怎么回事，一位护士笑得直不起腰来，用手指着说："那里叫你交医疗证！那里，去吧……"他像一根直棍走过去，护士说"真可笑，他还是在皇宫的习惯，看他两手垂在下边，清朝奴才的样子……"他也不敢走快了，还是护士向他要去医疗证。他回来时，坐的位子已被别人占用，他也不敢问，呆呆地站在那里看。我向他招手，往边上挤挤还坐得

溥仪夫妇在自家廊下读书

这场浩劫的狂流终于把溥仪卷了进去(《火龙》剧照)

下一个人，就对他说："来……你坐在这里吧。"他看见我叫他本应高兴啊，但他不是这样，反而说："这里不是我的位子……"我拉了他胳膊一下，好烫啊！他好像不太愿意坐下，我说："你别死心眼儿，你的位子被别人占了，你就坐在这里吧。"他身上冒着热气，准是发高烧，几个年轻人有意寻开心，对他说："哥儿们别冒傻气了！这是医院，你还在想我坐了你的位子，是吗？你过来坐呀！"他站起来让溥仪坐，溥仪转身真去坐在了当中，一边一个年轻人有意挤他，他一动不动，脸上一阵青一阵红，可能很难受！我向对面年轻人说："他人很钝，又发高烧，原谅他吧！让他进去先看病吧！也怪可怜的。"

我看完病，问大夫溥仪怎么样？才知道他已经住院了。

在社会上、人际间，溥仪的笑话真多，但对大是大非他还看得清楚，即使躺在病床上，仍牵挂着国家的命运。他常向来探望的专员同事打听：政协和统战部哪些领导人又被批斗了？是否天天游街示众？我每次去医院，一定要给他买几张"造反派"印制的小报，上面登的文章，不是给一些老干部扣上反党反社会主义罪名，就是吹捧"副统帅"林彪和"革命旗手"江青的，溥仪要看这些小报，借以分析形势。

有一次沈醉来探病，溥仪悄悄问他：小报上说某某是什么"军统特务"、"中统特务"，你在军统中那么多年，是不是认识他？见过他？沈醉总是回答说，过去听也没有听说过，若知道某某是军统，早就揭发了。溥仪又附耳细问：小报上说林彪怎样怎样，为什么过去学《毛泽东选集》时没有看到过？小报上还说江青的贡献那么大，为什么过去从来没有提到过？沈醉后来回忆说，他听到溥仪这样问吓了一跳，赶忙劝他不要管这些事，更不能随便对人说，因为那是要犯大错误的，也可能惹来杀身之祸，溥仪才不再问下去了。

"红八月"有惊无险

　　这场浩劫的狂流终于把溥仪卷了进去，现在看来是不足为怪的，因为溥仪特赦后与周恩来的接触很多，对总理的感情也很深，"四人帮"既然把推倒总理作为自己的既定目标之一，又怎肯放过溥仪呢？

　　有一个时期，我家常常接到不报真名实姓打来的奇怪电话，对此，溥仪很警惕，也担心，这说明已有人注意着我们。接着，一件件五花八门的事情就接踵而来。

　　我陪溥仪去看病，像普通人一样排队挂号且不说，挂号处的工作人员还要询问家庭成分，这一下把溥仪难住了，想说自己就是"宣统"，又怕把人家吓着，但撒谎也不好，不知该怎样回答。他为此感到苦闷，就去找同事董益三商量，决定一起到机关向领导汇报请示。1966年9月3日上午，他们在机关找到了沈德纯和张刃先，可那时的当权派也是泥菩萨过河——自身难保，对溥仪提出的这类问题无法表示否认，只好对他们说："现在机关已经停止办公，家里有什么事可直接和派出所或街道联系。"

　　9月初，我到粮店买粮时被告知，不准我家再买白面和大米了，只许买苞米面，我就每天用粮票到街上买馒头吃，溥仪劝我不妨买点苞米面，说苞米面富于营养，他也挺喜欢吃。我真去买回几斤，做发糕吃，溥仪还说很香呢！

　　因为"红卫兵小将"把大字报送到政协去，不许我们"继续享受"，当溥仪于9月10日到政协财会科领薪时，只拿回原薪的百分之五十，即一百元。溥仪曾要求"保留一百三十元"也未获准许，按当时的物价，照一般情况，每人五十元生活费也蛮好了，可是，我家情况特殊：两人都一身病，几乎每天到医院去，虽有公费医疗，但许多贵重补药和补品如

溥仪、载涛、溥杰与家族亲人们

溥仪照例收到国庆招待会、国庆观礼和国庆晚会的邀请

白人参和西洋参等都自费，雇车的开销也无法报销，即使每月二百元也无剩余，现在只发一半了，我很觉为难。溥仪却不介意，劝我说："你别着急，省点儿花就算了，如果实在有困难，政协也不会不管。"

对溥仪最沉重的刺激和打击还不是这些，而是来自长春的"算账派"。一位自称某"文化革命战斗队"的原长春伪官中的"童仆"以批判《我的前半生》为名与溥仪算起旧账来了，他的第一封信是在9月15日收到的。那天下午，我正在厨房做饭，只听溥仪在客厅中喊叫起来，我急忙过去看，见他手里拿着刚收到的来信发呆，接过一看才知是从长春寄来的，通篇是威胁、恫吓和毫不讲理的批判。溥仪害怕极了，就像没了魂，木呆呆地站在电话旁，两只拿信的手哆嗦着，长时间不动一下，我说话他也听不见。

当他清醒一些的时候，就给政协挂电话，不通；又给群众出版社挂电话，也找不到人。他想把突然出现的事情告诉组织，以便取得指导，但是没有办到。那天晚上，他粒米未进，滴水未喝，睡觉后也不安稳，梦中又哭出声来，我劝也劝不住。

第二天，溥仪遵照信中的命令，把《我的前半生》数千元稿费全部上交政协机关奉还国家。但是，这一切都不能满足长春造反者的要求，寄自长春的信一连收到七封，而溥仪复了九封，以累计数十页的篇幅自我检查，却总不能"过关"，成了溥仪的一块心病。

溥仪大家族中的一户户也先后遭了殃。四弟溥任的家首先被抄，一箱箱金银首饰、文物字画通通拿走了。接着七叔载涛的家也闯进了一队"红卫兵"，结果，载涛二夫人金孝兰用菜刀割破动脉血管自杀，出了人命。由家族内一个"誓与封建家庭决裂"的中学生为导引的"红卫兵"小分队，继又冲入二弟溥杰家，他们呼喊着"日本帝国主义的走狗站出来！"等口号，把厨房里贴有日本商标的酱油瓶子、醋瓶子砸个稀巴烂，吓得嵯峨浩缩成一团，不敢动弹。继而，二妹韫和家、四妹韫娴家都被抄了。溥仪的族兄溥 斤最惨，这位全国知名书画家，年轻时就在溥仪的"小朝廷"里清查"大内书画"，溥仪到天津和东北，他没有随行，但每逢溥仪的生日必往贺寿。溥仪特赦后又与之时有往来。"文革"初期，他领着女儿出走，就此永无踪影。

　　天无绝人之路，在狂暴的浩劫初峰席卷而至的日子里，溥仪和我都切身感受到一股保护我们的强大力量。我们知道：这力量来源于那位人民爱戴、举世景仰的伟大人物。

　　福绥境派出所负有对我家的具体保护之责，他们根据上级指示，尽心竭力地执行任务。当派出所史所长了解到粮店停止了我家的细粮供应后，立即出面与粮店负责人洽商，很快就恢复了细粮供应，又不必担心吃饭问题了。工资问题也很快得到解决。溥仪只领了一次低标准工资，待再次领薪时，就接到"仍照原数"的通知，恢复了月薪二百元的标准，我们的生活重新有了保障。

　　特别让溥仪感到欣慰的是他所得到的政治上的关照。在那个非常时期，溥仪照例收到了国庆招待会、国庆观礼和国庆晚会的邀请，这当然和前几年参加同类活动的意义不同，等于给他穿上一件政治保险的外衣。当时，人们惯于从这些礼仪性活动的参加与否、名次前后，来判断中央对某人所取的态度。因此，这种情况在当时不仅表明某人的政治地位，且也决定着群众将要对他采取的态度或行动，实在生命攸关啊！

　　有一次，派出所史所长跟溥仪谈话时泄露了"天机"，当他讲完那通"运动大方向完全正确"、"缺点、错误微不足道"的"时腔"后，很神秘地对溥仪说："你的名字人人都知道，但对于你，家未抄，人未斗。你知道，公安机关为此做了多少工作啊！"史所长的话，不久就被验证了。

"红卫兵"第一次来，正赶上我和溥仪出门，他们进院看了看，宣告是来"破四旧"的，让邻居老戴转告，要求我们把房顶上的一对儿石狮子拆掉，但不曾破锁入室。第二天，还是那伙光顾爱新觉罗各家的"红卫兵"又来了，先质问溥仪为什么还没有拆掉房顶的石狮子？我说溥仪有病，没办法上房。"红卫兵"用命令的口吻说："限两天内拆掉！"随后进入客厅转了一圈，又对溥仪说："你怎么还这样享受？吃着白米饭，睡着沙发软床，生活还这样讲究？都不要用了，全撤掉！"我们正感到为难的时候，街道办事处的几位同志跟在"红卫兵"后边进了院。他们跟红卫兵头头解释说："溥仪先生经常会见外宾，这都是国家给安排的。"

　　"现在不是没有外宾吗？都拉走！""红卫兵"毫不客气地说。

　　接着又要翻箱倒柜，被派出所老李当场制止："上级有指示，不许抄溥仪先生的家，可以让他们自己开箱给看看。""红卫兵"遂没有动手，我打开客厅的书柜、卧室里的大衣柜和几只木箱给他们检查，只是一些《毛泽东选集》等书籍以及衣物和生活用品。在这之前我们已把溥仪的日记、笔记本和他写的条幅等等大部烧毁，留存的部分资料也妥善收藏起来了。"红卫兵"找不到他们需要的东西，其中一个头头颇觉奇怪地问："溥任家的保险柜里有那么多好东西，你家怎么穷得什么东西都没有？"说完就失望地撤走了。

　　为了少惹麻烦，溥仪决心不再使用客厅中那些在当时看来颇为刺眼的家具了，虽然不少人劝他说："你家常有贵宾来往，需要这些东西。"但他还是找政协说明了原委，第二天，来辆汽车把沙发、软床连地毯通通拉走，只留下一张木桌、两把椅子，又调换了两张单人旧木床，记得当天晚上溥仪睡觉中竟掉到地上去了，原来床架早已松动，搭边的床板突然滑落，把溥仪从梦中摔醒。这是我最担心的事情，次日便上街买回一张新板床。惊魂未定的溥仪又打电话给政协房管部门，请他们来人拆掉了被称作"四旧"的石狮子。

福绥境派出所的公安人员也通过这件事积累了经验，进一步研究了保护溥仪的措施，让他再遇上"不速之客"时立即电话通知派出所。

10月14日晚饭后，果然又有一批外地来京串连的"红卫兵"闯进了我家宁静的院庭。他们就住在附近南草场小学校内，听理发员说这里有位末代皇帝，岂可放弃这个造反的机会？于是，就来"拜访"了。溥仪马上拨通了派出所的电话，史所长和唐所长迅即驾临。这时溥仪刚把"红卫兵"让进客厅，两位所长问明"红卫兵"谁是头头后，把他招到门外："谁叫你们来的，有介绍信吗？"

"听说小皇上住在这儿，想来看看他。"

"根据上级指示，到这里来要有中央特批手续，这是涉及统战政策的大问题，你们还是回去吧！"

那个头头回到屋内领着"红卫兵"就走了。这以后也有几拨外地"红卫兵"来敲我家大门，却不是为了"造反"，只是要看看"不同凡人"的皇帝。他们总是把溥仪上下端详一番以后就说："皇帝原来就是这模样啊！"开了眼界随即离去，也有几个顽皮的小伙子从溥仪家出来就编几句顺口溜："久闻大名，特别惊人；今日一见，普普通通；和我一样，戴副眼镜。"

在那些乱哄哄的日子里，溥仪没有受到更大的骚扰。只有一件令我们想起来就很惋惜的事情，那就是毛主席和溥仪的合影以及毛主席和溥仪、章士钊、程潜、仇鳌、王季范等"五老"合摄的照片，无可挽回地失落了，因为怕被突然闯来的"红卫兵"顺手牵羊，我们主动把这两张照片上交政协机关群众组织保存，却从此下落不明。据沈醉先生讲，在特赦人员中，毛主席只接见过溥仪一人，并在一起照了相。溥仪总是把这两张照片摆在卧室床头的办公桌上，沈醉曾劝他收藏起来，等局势稳定后再摆出，不料上交机关也未能保存下来。

"旧账"新算

　　尽管来自上层的无言保护，挡住了红卫兵的正面冲击，却挡不住令人恐怖的长春来信，溥仪继续一页一页细读《我的前半生》，冥思苦想找毛病，严厉地自我批判。那位长春的造反者原是一位孤儿，曾在"满州国"宫廷中当童仆，遭受不少苦难，溥仪为此而深深地感到内疚。虽然，今天这一封封来信充满了令人难以容忍的尖酸刻薄的词语，但溥仪是从内心里谅解的。他从来没有对写信者挑剔过什么，而总是想自己怎样才能检查得更深刻，让人家满意。

　　内乱之中，各级党政干部不能问事了，可溥仪没有因此而失去对组织的信赖。长春的来信，自己的复信，他都拿到政协机关去，请领导过目，同组织商量。10月24日，溥仪又到机关找沈德纯副主委和张刃先主任谈《我的前半生》一书的检查问题。那天，张主任还表扬了他，说他"对社会主义好，无他心，依靠组织好"，而沈老对他的表扬则寓有批评："相信党，相信社会主义，依靠领导，这很对。但不能变依靠为依赖，遇事自己也要动脑。"沈老的批评是有益的，在那个特殊的历史阶段，许多事情领导也是束手无策的。

　　由于《我的前半生》一书是在群众出版社帮助下写成的，所以溥仪也常和他们联系，希望共同搞好该书的"检查"工作，以消除"不良影响"。为此，溥仪于12月2日又打电话给出版社，但接话人却以"知情负责同志外出"为借口推脱了。溥仪在电话中十分恳切地说，他不是依靠个人，而是依靠组织。因为长春来信对他反复的检查仍不满意，要他再详细地全面地检查，"自己限于水平，再也检查不出什么来，所以要和出版社商量一下"。接话人虽然答应"向领导反映一下"，却从此没有下文了。

苦恼无休止地纠缠着溥仪，到底怎么办呢？我说，还是再去问问董益三吧，他的水平高，能看出问题。溥仪一下子被提醒了，我俩一块儿来到董家。老董推心置腹地提出了自己的看法，他说："大溥哇！只有自己独立地去迎接困难，解决问题了。毛主席说过，事情就怕认真，你认真去对待，这个困难也没什么了不得。更不要怕恐吓，闹到底也就是那点儿事嘛！"又说："要耐心地并准备长期地和对方通信，在来往的通信中得到教育和提高。"这话让溥仪感到眼前一亮，心里也觉得豁然开朗了。打这以后，长春来信或溥仪复信都要找老董商量，溥仪还请老董翻看《我的前半生》一书，帮助他认识、提高，老董的真诚和热心使溥仪万分感激。记得是12月12日那天晚上，溥仪伸出两手拉住老董的两只手，热泪盈眶地说："我好比溺在水中的人，是你伸手把我拉起来了。"

短短的一个多月中，溥仪对自己那本书连篇累牍地作了长篇检讨，连从长春寄来的信中也不能不说他"有所认识"了，但新的问题仍是层出不穷，要他"挖出思想根源"，要他交待"是谁支持写的"……溥仪一着急，血压升高起来，把我慌得不知如何是好，手足无措。

强烈的精神刺激严重地损害了溥仪的健康，致使尿毒症复发，病势转重，并于1966年12月23日第五次住进协和医院。就在溥仪住院期间，又有威胁恫吓的信件寄来，我担心溥仪负担不起，遂瞒了他，并代他回了一封信。我说，溥仪病重，正住院治疗，待愈后再继续检查书中的问题。谁知

这封信更惹恼了那位长春的"造反派",他于1967年1月31日给溥仪和我写来一信,信中说:

爱新觉罗·溥仪、李淑贤先生:

你的来信我收到了,真令人怀疑是什么严重疾病连字都不能写了。你们若是要花招可不行!先告诉你,我要印传单散发北京市,呼吁革命工农兵来反对你。我希望你答复,如果你不能让我满意,我也不能叫你满意下去,我也可能到北京去……答复不答复完全由你!

像这样的一个人,恐怕溥仪一直检查到脉搏停止,也很难使之满意。

也是那个时候,溥仪没有预料到的一件事情突然发生了:一位故人和她的嫂子在"文化大革命"的风头上来到北京。作为"满洲国宫廷"中的"福贵人",她跟着溥仪背上了"皇娘"的"黑锅",这是事实。她的哥哥也因为是"皇亲"当上伪警长,从而使她的嫂子成为"反属"。她们家及其亲属在"文化大革命"中被称为"黑五类",并受到冲击当然是不可避免的。她们想让溥仪写份材料,证明那位伪官故人和她的哥哥本来都是清白的穷苦人以洗清自己,这也完全可以理解。然而溥仪那样的人物哪里经得起极"左"思潮的一次又一次的冲击啊!

记得那是1967年1月下旬,伪官故人和她的嫂子来到协和医院住院部,溥仪在那儿住院。那位故人推门进入病房时,我正坐在丈夫床头。他也刚刚坐起来,想活动一下浮肿得像面包似的身体,一眼看见故人,脸色顿时变得苍白,并自己掀开被子很勉强地走下地,伸出手来要和她相握。溥仪已经看出来了,眼前这张熟悉的面孔和记忆中的形象不一样了:和同德殿里那个任性的女孩子不一样;和在抚顺探监的那位温存的少妇不一样;和1961年曾在北京见过面的故人也不一样。溥仪的这种感觉是他后来溥仪答应李玉琴："我可以写这个证明。"

"文革"年代，李玉琴全家插队到敦化县大桥公社兴发大队。

告诉我的，他还说："也不知道为什么，我一见到她就有点心慌。"当时我注意到溥仪伸出的那只手是颤抖的。

伪官故人并没有去握那只伸出来的颤抖的手。她面对溥仪说出了早就酝酿好的几句话。作为"东北人民"之中的一员，特别是在历史上与溥仪有过夫妇关系的人，因事要找溥仪谈话当然是允许的，倘能以和风细雨的态度对待一个重病缠身的人，那是谁也不该挑剔的。

"我的前半生罪恶深重……"溥仪觉得自己过去确是做了一些对不起她的事，他真诚地表示惭愧，在病床上向她检讨、认罪。

"我是受骗进宫的。进宫后，你又给我规定了二十一条禁令，百般限制，可我直到现在还背着'皇娘'的黑锅……"我当时想：溥仪现在已经病成了这个样子，倘若红卫兵要来批斗溥仪，那也是没有办法，你却不该火上浇油啊！当时我对她的做法确实感到生气，她走后溥仪还哭了很长时间。几十年后我和她一起在深圳参加《火龙》首映式相关活动的时候，我还问过她，也算跟溥仪夫妻一场，何必在他病重的时候那么绝情呢！

到2月上旬快过春节的时候，吴德诚大夫给溥仪化验后，说废蛋白有下降的趋势，让把他接回家过春节。我想，家里太冷，担心他会感冒，加重病情，遂跟人民医院联系转院，那里没有高干病房，但大病房里也有暖气，条件也比家里好，我同意了。不料，那位伪官故人又追到人民医院，而且在晚上带了几个不明真相的红卫兵去找溥仪的麻烦，并大声质问："溥仪！你说清楚：我是怎样被骗进宫的？我哥哥又是怎样当上伪警长的？我们本是穷人家的孩子，却成了什么'皇亲国戚'……"这次来势更猛，也不容溥仪检讨，差点就要武斗了。那天晚上正好我不在，有个北大学生也因病在这里住院，主动出面打抱不平，问她为什么要斗溥仪？"还要打着'三司'旗号，实际上破坏了'三司'的名义"，这一问给溥仪解了围。第二天溥仪跟我说，昨晚伪官故人带红卫兵来斗我，要把我拉到东北去，说我欠东北人民多少血债，多亏小王说话救了我。

然而溥仪对伪官故人还是采取谅解的态度，曾一再劝我说："她要求写个材料解脱解脱也是正当的，我应该实事求是地给她作个证明。"当时，溥仪的病很重，难于执笔，就以口述的方式请二弟溥杰帮助写出了关于伪官故人及其兄的证实材料。她离京前向政协索要返程路费，沈德纯给我打电话，让我给她二百元，当时我手头没钱。后来由政协付给她二百元了事，其中一百元是从溥仪的工资中扣除的。

让溥仪高兴的是，正当有人批判《我的前半生》一书并准备批判关于溥仪的电影纪录片时，周恩来直接发表了谈话，对书和电影均予充分的肯定。当时报刊发表的一篇文章谈到出身问题时引用了总理的几句话：

溥仪从苏联回来十六年了，他写了一本书，心情是很沉痛的。我们把末代皇帝改造了，这是世界上的奇迹。

是五妹夫老万到协和医院探望正在住院的溥仪时，最先转达了这个喜讯，当时我也正在医院，我见丈夫已无法抑制泉涌般的泪水，他激动地说："我听到了总理的声音，是总理的声音……"正是周恩来在那样的非常时期里，保护了一大批革命老同志的同时，也没有忘记保护中国的末代皇帝——新中国的公民溥仪！

第七章 病逝

绝症缠身

在内乱的日子里，周恩来千方百计地保护了溥仪，使他幸免于浊流的吞噬，然而，总理却无法阻止病魔对他的袭击。

早在1965年6月，溥仪就因"左肾乳头状瘤（移行上皮细胞癌）"的诊断，而手术切除了左肾，术后病情一度稳定，同年12月，由著名泌尿科专家吴阶平主持，对溥仪进行膀胱镜和肾脏造影等全面检查，发现他唯一的右肾内又有了可疑的阴影。继而又因盲肠剧痛而在12月20日做了阑尾切除手术。术后，溥仪还处于昏迷状态，口里不断吐出黑紫色的沫子。由于尿毒症并发，已有几天无尿了，病情更为恶化。头晕、恶心、腹痛、一阵阵咳嗽，特别是大、小便不能通畅，使溥仪纠缠在深深的痛苦之中。后来吴德诚大夫决定导尿，情况好转。中医研究院蒲辅周老先生开的几服中药也逐渐发挥作用，溥仪终于能够通畅地排尿了。

当由于盲肠炎引起的病变平复以后，协和医院又确定服药和烤电兼用，治疗右肾阴影，从此我定期护送溥仪到日坛医院接受钴602放射治疗。考虑到放射过量可能引发白血球下降，则采取间歇方式，其间还尊重溥仪的愿望，也请著名中医蒲辅周、王赫焉诊治处方，实行中西医结合治疗，效果很不错，到1966年4月复查时，尿检已无癌细胞，说明病情被控制住了，然而这时的诊断也已十分明确：右肾癌！右肾，这是溥仪唯一的肾脏啊！

溥仪略通医术，每次化验都要求亲自看化验单，所以他完全了解自己的真实病情，他怕我经受不了这个打击，便要求知情的医护人员不要把这个坏消息告诉我。作为家属，我当然知道溥仪的"右肾癌"的结论，也同样忍住悲痛请医护人员不要把这个不幸告诉溥仪。一次，我无意中翻弄溥仪床头的日记本，才发现他早已知情，我顿觉精神防线崩溃了，忍不住伤心地哭了起来。溥仪着急地说："都怪我，都怪我！没有把日记本放好。"他还安慰我："你放心吧！我的病会好的，要相信祖国的医学嘛！"

这以后溥仪坚持中医治疗，长治慢养，病情稳定达半年之久，却不幸在"红色恐怖"中被破坏了。先在1966年9月中旬，即接到长春造反者来信以后，就出现了血压不稳的症状，继于10月26日验尿时再度发现癌细胞。不久，溥仪又发生严重的贫血症状，无情的凄风苦雨再来席卷丈夫那所剩无几的健康了。

然而，在那种举国一片混乱的历史时刻，溥仪又怎能得到平静的休养呢？12月23日那天，溥仪因尿毒症突发再度住进协和医院，我非常担心，完全没有了主意，遂于次日到董益三家，并忍耐不住而向他的妻子宋伯兰哭诉自己的不幸遭遇。

注射、输液，头几天过去了，自觉症状有增无减，病势日趋严重。溥仪要请蒲老诊治并试服中药，但医院里根本就无人理睬这位病入膏肓的知名人士。更令人气愤的是，"文革"中协和医院的两派斗争竟把溥仪这个重病患者也给牵进去了。"造反派"指控"保皇派"把"货真价实的封建帝王"安排在高干病房，是"坚持资产阶级反动路线"，扬言要驱除溥仪。

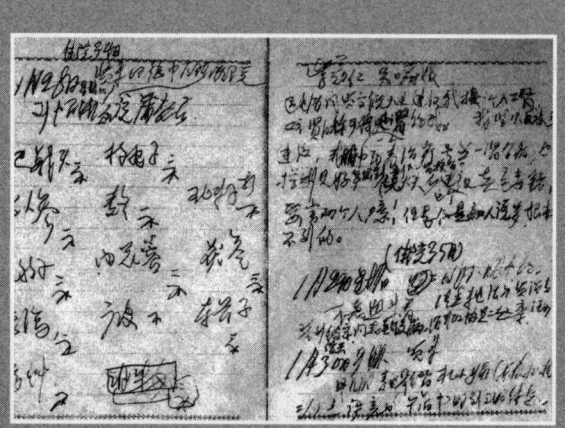
1967年1月28日,溥仪在日记中记载了他不同意"换肾"的情况。

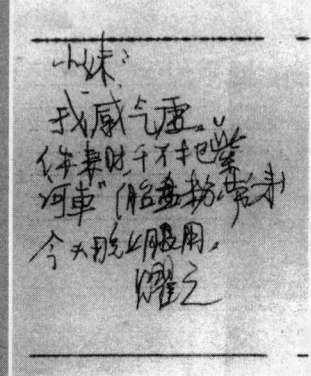
1967年10月6日,即溥仪逝世前十一天,写给妻子的一张便条。

在生命最后的春天里,溥仪站在庭院内花朵绽放的树下。

晚年的溥仪

终于,"逐客令"下达了。一天晚上,吴德诚大夫通知我,医院群众不同意溥仪继续住在高干病房,必须搬走。我一听,这心就像被油煎了似的,急得乱蹦。当时溥仪病势正重,怎么可以再从精神上刺激他,让他增加负担呢?于是,我对吴大夫说:"请您千万先别把这消息告诉溥仪,让我再去想想办法。"说完就一气儿跑到全国政协,已经是晚上七八点钟光景了,早过了下班时间,一个领导也没碰上。偶然碰见一位政协委员,可他当时的处境也很不好,我想托他给沈德纯打个电话,他说沈老家的电话已拆除,我哭着离开这里。又跑到护国寺,向溥杰讲了医院的情况,也讲了溥仪要请蒲老看病的想法。溥杰立刻找沈德纯汇报,而沈老又汇报到总理办公室。总理闻讯后亲自给协和医院打电话,明确指示:应允许溥仪继续住在高干病房,要给予悉心周到的治疗和护理。总理还亲自告诉蒲老,说溥仪请他诊治病,并委托他去时代致问候。这样,我们提出的两个问题全解决了。嗣后,经蒲老诊治,尿毒迅速下降,溥仪的病情又一次稳定了。

　　回想我和溥仪共同生活的五年半时间里,溥仪先后九次住院,最后半年连生活也完全不能自理了,在那浩劫中的日子里,我白天搀扶他步行就医,晚上给他擦身洗脚,大小便都要服侍。溥仪偏爱中医,要吃中药,我怕医院药房熬药不到火候,总是拿回家里自己动手,并每日两次往医院送药。有时为了配齐一剂中药,往往不顾劳累跑遍全城。溥仪去世前流着泪对我说:"没有你给予我爱情的温暖,我是活不到今天的。"这些都是我应该做的,做了才觉得心里坦然。但也有一件事让我想起来就一阵阵悔恨。

　　我还清楚地记得,1967年1月的一天,景山诊所倪大夫跟我说,溥仪唯一的右肾又有问题,但不能再切了,只有烤电治疗,但尿排不出去,则发生慢性尿毒症,为了保住生命,可换人工肾。倪大夫这句话就像在一片漆黑之中燃起一根蜡烛，我觉得眼前一亮。是呀，我身上不是还有两个健康的肾吗？应该献出我的右肾给他！我决心一下就跑去找溥仪商量。没想到他立刻和我翻了脸，问是谁出的主意？我见他急出一身汗，就告诉他说，倪大夫为你着想，建议换个人工肾。溥仪说："他怎么出这种主意？这是让我要你的命啊！你要不在了，我活着还有什么意思！"他那种着急的样子简直就像马上要进行换肾手术似的。我说："现在是和你商量，这只是一个建议呀！"溥仪说啥也不答应："以后我不准你再提这个事！"溥仪还在当天的日记中记道：

贤自称可将她的一个肾给我，我坚决反对这个建议。虽然只剩一肾又病，我服中药治疗，也可控制并见好，岂能割之换肾？

很遗憾，当时我没有说服溥仪。这虽然能够表明溥仪对我一片深情，却也造成了我的终生悔恨：如果当时能够实现倪大夫的积极建议，也许可以挽救溥仪的生命，那该是多么幸福哇！

出了这件事以后没有几天，已被红卫兵更名为"反帝"医院的协和医院接到一项"政治任务"：治疗因"反修"而在苏联和伊拉克被打伤的中国留学生，为此，连住在高干病房的老干部也要腾房，溥仪当然不能幸免，遂于2月初移往人民医院普通病房。到2月20日被迫出院，结果尿毒症又复发，3月1日再入人民医院，也只能得到一般性的观察和治疗。3月15日再转回协和医院以后，这所中国最高医院的医疗质量，特别是医护人员对患者的责任感都大打折扣了。这"反帝"医院和那"协和"医院着实是两代"医风"，泾渭分明啊！

到4月下旬，溥仪的病有了起色，废蛋白已从90降到60，使他终于又伴着明媚的春光出院了。

最后一个夏天

沉疴在身的溥仪住在医院的病房里，却不能摆脱"文革"的大环境，最近八九个月的经历已在他的心灵深处留下了不可磨灭的痕迹。

1967年3月间，溥仪的一位名叫肇莉的本家侄女，随着"红卫兵"到北京来"串连"，顺便看望她的伯父。当时溥仪正在人民医院住院，可是，肇莉赶到医院时恰逢溥仪离院外出，她只好留个条子走了。溥仪见了条子，对那位未曾谋面的侄女既担心又关心，担心是怕她在内乱中和搞打砸抢的人混在一起，关心是希望她能不受干扰，健康成长。为此溥仪在3月23日用他和我两人的名义，给远方侄女肇莉写了一封信，全信有一千多字，字里行间充满了思念，勉励她努力学习，将来要全心全意为人民服务，为共产主义理想不断地改造和锻炼自己，不要惦念伯父的病。溥仪还表示一定好好治疗和保养，以期早愈，等等。当时溥仪已病入膏肓，身体很虚弱，尽管与此同时所记的日记或笔记，字迹都相当潦草，颤抖的痕迹显然可见，然而这封信写得很工整。在这样的时候，溥仪还能以力求齐整的字体，写下充满关怀之情的长信。

1967年4月1日，当时最富有权威性的《红旗》杂志和《人民日报》同时发表了长篇文章《爱国主义还是卖国主义》。作者戚本禹是当时大红大紫的人物，他的文章又以晚清宫廷历史为背景，在当时的政治气候下，这一动向就不能不引起溥仪的注意和深思了。

嗣后，因《清宫秘史》而登门来访者不绝于途，仅4、5、6三个月中，就先后有十几批人来敲过协和医院溥仪所住病房的房门，来叩过东观音寺胡同溥仪家的大门。其中，有大、中学生，有归国的留学生和教师，也有工人、干部，他们由《清宫秘史》问到宫廷生活，似乎在寻找"响应"戚本禹的"炮弹"，又好像对那些宫闱趣闻感到颇有味道。总之，来访者都挺文明，对这位"卖国妖婆"西太后的孙辈后人并未施以"造反"举动。甚至还有专门为了观瞻前皇帝的"御容"而来的，还有为了保存御笔而来求字的。

记得1967年4月20日有两位国际关系学校的教师访问溥仪，他们自带了宣纸、毛笔和墨盒，借着《清宫秘史》的时髦题目请他题字，被溥仪断然拒绝。本来写几个毛笔字对溥仪来说是可以展纸研墨、一挥而就的，"文革"前无论是来访的国际友人，还是周围的亲友同事，连我的同事来访时碰上他，向他索字，他都不让人家失望，然而这时不同了，并非觉得自己的书法贵重，而是怕给索字的人带来政治上的麻烦。

溥仪的谨慎并非没有道理，确实有人正在算计他，把中国新闻社拍摄的大型纪录片《中国末代皇帝溥仪》作为《清宫秘史》的续集而大肆批判，传单、小字报和大字报从5月份起就在前门、王府井等闹市区的街头上流传开来，甚至贴到最醒目的天安门广场大字报栏内。溥仪获悉这类批判的内容，已是7月8日了，一位颇有正义感的工人任永达打听到我家的地址，冒着风险来报信。

我还记得那个夜色深沉的晚上，白天来过的工人任永达带着刚刚抄录的大字报又来了。溥仪一口气读完它，点燃一支香烟，把身子软软地靠在椅背上，深深地陷入苦思冥想之中。我也替丈夫着急，便把那张署名"红旗兵团"的大字报拿过来看，其中说新闻纪录片《中国末代皇帝溥仪》比电影《清宫秘史》更反动，更卖国。大字报表面是对着国家侨务委员会主任廖承志和副主任方方，实质却是射向周恩来的毒箭，这正是溥仪最担心的。至于大字报中对自己的漫骂词句，他早就不以为然了。经过长期改造，他已经懂得关心别人，关心党、国家和民族，他是一位正直的，有良心的合格公民。他在日记中这样倾诉了自己的感想：

参观是总理的号召，总理直接告诉我们政协各专员的。自己罪恶很大，百死不足以蔽其辜，只是在毛主席和中国共产党的伟大改造下才变鬼为人，这是史无前例的事。根据毛主席建议，特赦改恶从善的战犯，我因而在1959年12月4日获释，从此看到了光明前途，这一切都是党和毛主席给的。

我心中总是想：在各方面都不要辜负毛主席和党中央的重生再造之德，只许好不许坏，同时也有了思想包袱，一度认为自己改造不错了，这是错误的想法。

拍电影的问题上，过去自己不认为是毒草，认为拍摄自己成为新人以后的生活，是借以表现伟大的毛泽东思想，表现党和毛主席改造世界、改造人类、改造罪犯的光辉成就，拍电影是为了宣传党的政策。

这里看到的批判，我认为其中所说"多照特赦以后的参观、生活场面，而少照劳动、学习、改造等方面"是美化了自己，这个批判我同意。但这只是主持拍照人的观点方面的错误。

非常明显，溥仪虽然没有勇气正面否定大字报，但他站在维护党的政策的立场上发表了自己的意见。他希望把党的政策和自己的缺点错误区分开，他的思想出发点是可取的，他有难言的苦衷，读者自能理解。如果说前几个月里，溥仪还主要是为了自己而苦恼，那么现在，他考虑的是党和政策。

虽然，批判电影的大字报并不危及人身，溥仪的忧虑还是日重一日，因为这出"文革闹剧"还正愈演愈烈。成都武斗，重庆翻船，贵阳流血，武汉告急……不幸的消息充塞着溥仪的耳膜。政协机关内的"夺权斗争"也仍在继续："卫东"、"东方红"、"红卫兵造反队"三个群众组织，自恃拥有百分之六十的群众，就联合夺了权，并取得中央统战部内"东方红"派的支持。拥有百分之四十群众的"造反团"则认为"卫东"等三组织"包庇"曾一凡、沈德纯，于是集中火力"揭露"曾、沈。同时，两派都出大字报，揪"叛徒"，以争夺"革命"的桂冠。有争夺就有灾难，平杰三、张执一、史永等领导同志遭到诬陷和攻击。不久，又传出中共中央统战部部长徐冰自杀去世的消息，溥仪不胜悲痛。也有一伙伙的"抓叛徒战斗队"不时地打扰重病缠身的溥仪，向他追问"满洲国"的"大赦"名单，企图从他这里获得"伟大的发现"……

溥仪生命中的最后几个月就是在这样的日子里度过的。

最令溥仪欣慰的是，在他的周围，同事、邻里、一切认识他的人，谁都通情达理，时刻爱护着他。1967年夏季里的一天，曾发生这样一件有趣的事情：溥仪独自散步，转到西直门一带迷失了方向，突然又乌云四聚，大雨瓢泼。溥仪腹饥口渴，摸摸口袋又未带分文。在无可奈何的情况下信步走进一家民宅。开始他颇有顾虑：正在"文革"期间，人家知道了自己是谁，能不能招惹麻烦呢？事实与想象并不一样，当民宅主人——一对中年夫妇和一位年迈的长者，了解到眼前这位"不速之客"就是改造成为新人的溥仪以后，非常高兴地做饭招待他，饭后又一直送他回到家中。后来溥仪向董益三提起这件事时，还悔恨自己忘记了问明那位好心人的姓名。

溥仪在我身边去世

在溥仪最后的历程中，他活得很顽强。当时溥仪食欲不振，身体虚弱，一走路就喘，但他还是挣扎着天天看病，有时到协和医院复查，有时到人民医院输液，有时到中医研究院找蒲老开药方。因为政协机关处于停顿和无人管的状态，派不出车来，而出租车又叫不到，只能高价雇人力三轮车，有时我搀扶他，一步一步走着去。

那些日子，我每天给他熬一服中药，给他打针，照顾他吃药，当上了名副其实的家庭护士。当时溥仪严重贫血，我买了二十多只小鸡养在庭院中，常常给溥仪杀鸡炖着吃，当时流行"鸡血疗法"，我也给溥仪注射过鸡血。然而谁也不能妙手回春，他的病情继续发展，进入9月份连睡觉都困难了，他闷得慌，气儿不够用，有时要垫两三个枕头，常常折腾大半宿，渐渐出现了心力衰竭的症状。

我永远忘不了1966年9月30日那个晚上，窗外月光如水，被秋风卷落的树叶轻轻飘向庭院，竟不发出一些声响。躺在卧室床上的溥仪已经清醒地感觉到自己的最后时刻快要来到了，他拉过我的手，让我坐在床边，两只眼睛死死地盯住我，泪珠在眼眶内滚动。我用手绢轻轻为丈夫拭泪，好半天谁也不说一句话。清凉宁静的卧室、清凉宁静的院庭、清凉宁静的月夜！时断时续的几声爆竹不但打不破这宁静，反而更显出节日前夕的安谧。自1966年6月初以来，我听到的是吵闹，看到的是混乱，接触到的则无非是大喊大叫，而今天，为什么竟这样的不同啊！溥仪久藏心头的几句话终于无法不说了：

我快要离开这人世了，这么长时间我不愿意和你讲这件事，是因为不愿意伤你的心。我的病是不能治愈的绝症啊！我曾对你讲，现在科学发展了，能治好我的病，以前这样说说不过是为了安慰你。我早已明白：这身上的病是根本不会好了。

我这一世，当过皇帝也当过公民，特别是晚年得了你的"继"，不然我会很苦，归宿还好，现在总算是走到了尽头！

有所悬念的是：第一条对不起党。改造我这样一个人是不容易的，把一个地道的封建统治者变成了一个地道的公民，这是哪个国家也很难做到的，中国共产党办到了，但是，我没给党做什么工作；第二条对不起你。我们结婚五年多，又把你一个人扔下了，我年岁大，又没有钱，从各方面来说都很对不起你。你的身体很不好，也没给你留下什么东西，现在又是"文化革命"中，没有我了，你怎么办？谁能管你？我最不放心的就是你呀！

溥仪不说还好，可这几句话是早晚要说呀，我强忍住深藏内心的巨大痛苦，强忍住在眼眶内转动的泪珠，安慰他说："你不用发愁，慢慢养病吧！等你病好些，咱们一同去逛颐和园，逛北海……"我真想这能够成为现实啊！当时，我虽然明白却不敢相信这一番月夜卧室的谈话就是溥仪辞世的遗言！可怕的时刻愈来愈逼近了。

10月4日那天，上午我陪着溥仪到协和医院复查，他已经很虚弱了，双腿浮肿很厉害，又感到胸闷气短，但还能走几步路，似乎一时之间还不会有大问题。那天下午，家里来了不少客人，溥仪跟人家聊天还挺有精神的。他喜欢热闹，虽然病势沉重，仍希望能留客人吃饭，他也陪着客人一起吃。当时我家那位保姆烹饪手艺很不错，会烧菜，能让溥仪开胃。那天烧了几盘很有味道的菜，溥仪已有许多天没有食欲了，这天吃了两小碗饭，还吃了不少菜，喝了几口酒，我也挺高兴的。直到晚上九点多钟客人们告辞，溥仪还亲自送客到门外。不料客人走后还不到一个小时，溥仪的尿毒症又犯了，折腾了整整一夜，只有我一人在侧，帮他想办法，采取排尿措施，用热水、冷水给他一遍一遍地擦，都急死我了，却怎么也排不出尿来，直到天亮。

我从10月5日早晨五点就开始向政协打电话要车，却没有人管。我又一次次给出租汽车公司打电话，始终挂不通，只好自己上街东找西找，好不容易从护国寺叫来一辆出租汽车，把溥仪送到人民医院急诊室还不到上午七点钟。不料，急诊室里无急诊，从上午七点到晚上七点，整整十二个小时竟没有任何医生采取任何抢救措施！急诊室里风挺大，又挺冷,根据病情急需住院,但当时床位又很紧张,医院内部分人员在极"左"路线影响下反对收留一个"封建皇帝"住院。情况刻不容缓,我就像个热锅上的蚂蚁,跑来跑去,不知所措。到政协连一个领导也见不着,后来我请溥杰转告沈德纯副主委,他又给医院打电话,然而应该接收溥仪的泌尿科仍以没有空床为由,让他暂时住进内科病房。就在这里,溥仪度过了他生命的最后几天。

把溥仪送进病房以后,我觉得稍微松了一口气儿,然而溥仪并不轻松,他不但喘得厉害,尿路又不通了,急需导尿,却没有哪位医护人员愿意给他导尿。我跑了一个白天,直到晚上九点多钟才回家吃一点儿东西,就又返回病房来陪床。内科病房本来就不治溥仪的尿毒症,当时主管溥仪那张病床的大夫王某很不耐心,溥仪排不出尿,肚子憋得就像怀胎九月的孕妇一样,而且痛得厉害,我急忙找来大夫,他却没有好气地说:"病人多得是,不是就你一个人,知不知道!"我只好再去找泌尿科主治医生孟大夫,因为按溥仪的病情,应该由他负责治疗。我跟孟大夫不知说了多少好话,差一点儿没给他跪下,我说溥仪快要憋死了,您就做点好事儿看看他去吧!他终于发了慈悲,来到溥仪的病床前,看了看被尿憋得滚圆的大肚子,只站了几分钟笑了笑就走了,再也找不到他。

10月6日我按照溥仪的心愿,去广安门中医研究院请来蒲辅周老先生,给他诊了脉,开了处方。蒲老虽然说了不少安慰的话,但是他的心情很沉重,深知这位"天子"的阳寿不多了。直到这时溥仪仍然握管,用颤抖的手,在一个二寸半长,二寸宽的小笔记本上写下模糊难辨的字迹。这天下午我要回家取物,溥仪递过小本本来,在其中一页上写道:"小妹:我感气虚,你来时千万把'紫河车'(胎盘粉)带来,今天晚上服用。耀之"。这几个字成为留给我的永远的念物。每当我想念溥仪的时候,就看看他留在世上的这最后几个字。平时他也常常亲切地称呼我为"小妹",

这使我感到多么温暖啊!

溥仪是我的爱人,像天下有情人一样,我们之间充满着真挚而深沉的爱情;溥仪还是我的兄长,自从有了他,我才获得了自幼就不幸而丧失了的天伦之乐。天地有眼,不应夺去我的亲人!

我整天整夜守在病势垂危的丈夫身旁,听着他"给我导尿呀""给我导尿呀"的惨叫,急得我团团乱转,心好像被刀割似的。

这时,医院里又传开一段新的顺口溜:"那边住了一个老野鸡,这边住了一个老皇帝……""老野鸡"原来是指与溥仪同病房的一位活佛。当年正在人民医院实习的医生张崇信回忆说:

溥仪脸上有些浮肿。他还频频与同病房的唯一的另一位病人——成天坐着不哼不哈也不动弹的从西藏来的活佛搭话。但这位活佛在当时的政治气氛下,总是答得牛头不对马嘴。

溥仪在住院期间,没有亲朋好友来探望,只有李淑贤经常来照料他。溥仪的视力很差,戴着厚眼镜看东西还很吃力,经常可见李淑贤读一些可能是书信一类的东西给他听。他的记忆力更糟糕,多次发生上厕所忘了带手纸、不拿饭碗就去盛菜之类的事。

后来,溥仪的病情恶化,小便也发生困难。有一次,溥仪躺在床上痛苦地呻吟,李淑贤在一旁抽泣,活佛则照旧坐在床上无动于衷。在这种气氛中,我给溥仪导了尿。排空尿液后,溥仪轻松一些了,频频向我点头致意,李淑贤也连声道谢。我心中很不是滋味,知道溥仪在世的日子不会长了,而护士出身的李淑贤也不会不清楚这一点。

我不得不求这位大夫、那位护士给溥仪导尿,多数会碰上冷面孔或冷言冷语。有一回我请求值班护士给溥仪导尿,一个人忙不开,因为我也是医务工作者，就帮助他来做，费了许多劲儿，总算排出一盆尿来，溥仪舒服一些，这才安静地睡了一会儿。

10月8日，当宋希濂和杨伯涛到医院看望溥仪的时候，他只是依靠输氧和注射葡萄糖维持生命了。

在溥仪的最后时刻，尽管环境险恶，同事们还是一个个地前来看他，为他病势的沉重而悲伤，也为他在"文革"中遭受迫害而愤愤不平。沈醉先生曾在他的回忆录中谈到，当时医院中很多人认识他，甚至用鄙视的眼光看待这位"《红岩》小说中描写的杀人不眨眼的严醉"，可是，他不顾这些，还是"偷偷摸摸"地去溥仪的病房，"看一眼，讲几句话就赶快走"。他回忆说，溥仪当时致命的问题就是排不出尿来，已造成尿中毒，随时得用导管导尿，但一些护士怕因太照顾而被扣上"同情封建皇帝"的帽子，经常不给他导尿。

1967年10月12日，溥仪留下绝笔。这位一生好记的人所写的日记至是日而终，他本来要把蒲辅周老先生给开的最后的处方一笔笔抄在日记上，却只写出七八个模糊难辨的字便无力握管了。那天也是我去中医研究院请蒲辅周老先生开的方子，我记得抓药时缺一味白人参，先到东城药店没找到，又到西城药店终于买到了。回到家中就熬了一剂，再送到医院，一口一口地给溥仪喂了下去。溥仪信奉中医，直到生命的最后一刻还在服用蒲老给开的药。三服中药尚未吃完，他就去了。

溥仪病危期间被调换到一间小病房内，这屋子太窄，连个木椅也摆不开，我便找来两只小木凳放在病房门口，晚上就凑合着坐在这儿打瞌睡，十几天下来就熬得我精疲力尽，体重也降了十多斤，那时我也顾不得自己了。

在溥仪病危的日子里，亲眼看着他承受煎熬，我十分痛心地想起了往事。因为溥仪的公费医疗关系在人民医院，他1962年5月刚发现尿血时便是经该院泌尿科主任孟大夫检查并治疗的，孟大夫没进行彻底检查，仅按"前列腺炎"打止血针，误诊达三年之久。到1965年经周恩来批示特邀泌尿科专家吴阶平以及外科和肿瘤科名医会诊，孟大夫也参加了会诊，然而这时病势已经严重地发展了。后来，政协领导在一次宴请参加会诊人员的场合，当面指名批评了孟大夫。虽然我不知道他是否由此而不满，但溥仪病危入院，泌尿科不予接收却是事实，溥仪在生命最后的时日里没有得到较好的医疗服务，这也是事实。

10月16日夜间十时，溥仪还以微弱而清晰的声音挣扎着向在场的李以劻和范汉杰说："我还不应该死呀，我还要给国家做事呀！"

病危中的溥仪喘不过气来，十分痛苦，神志也还清醒，值班大夫这时一连给他打了三针，其中一针是安茶碱，我也抓住这个空隙到厕所去了一趟。刚回到病房，就听溥仪说："给我打了一针安茶碱，真把我憋死了！"说完这句话就不行了，翻白眼儿，我仔细观察丈夫的眼睛，不好！瞳孔已经放大，街坊王彩云马上给他做人工呼吸，我又招呼护士过来量血压，血压迅速下降。

凌晨时刻，周围是那样恐怖。丈夫睁着眼睛看我，他还有口气，嗓子里可能有痰，发出细微的"呼噜呼噜"响声。我想，他也许在等人，就马上给溥杰打了电话，溥杰很快来到病房，溥仪看看二弟，终于咽下了最后一口气，这时北京和整个中国的时钟都指在1967年10月17日2时30分的位置上，除了我和溥杰外，还有三妹之子宗光和王彩云在场。我俯在丈夫的身上恸哭不止，王彩云在旁一遍遍地劝我要注意身体，还得料理后事呢！

因为对这种事毫无经验，事先又没有人提醒我，实在也因为不愿去想溥仪会死的问题，竟没有准备后事，更没有带来可换的衣服。溥仪在病房里总穿一件灰色毛衣，下身穿内裤、长袜，外套住院患者穿的病员服。当时只把病员服给他脱掉了，护士走过来，把一块白尸布无情地盖在他身上，随后用推车把他推向太平间，我们几个人失声痛哭地护送溥仪离开病房。

追悼会在十三年后举行

我们几个人心情失落地走在回家的路上。我心乱如麻,想到天亮以后就要处理溥仪的后事,要去火葬场办手续,要花钱,可是当时我手头总共只有几十块钱,想来想去只有向溥杰开口。于是我说:"二弟,明天要办理火化手续,还想给溥仪买双鞋,买双袜子什么的,还得买骨灰盒。因为这个时期花钱太多,手头紧,能不能请你先垫一笔费用,暂用一时,等报销以后就还上。"溥杰答应了,回到家里吃饭的时候他还劝我:"大嫂也别太伤心,大哥死了,我们对你也不会错的。"不料,第二天就变卦了,只给送来一双新袜子,他说没有钱,让我自己想办法。我好难过,就像被人剜去一块心头肉!我硬撑着,向别的朋友借来一百元办后事。

当天上午,王彩云和另一位街坊张杰英陪我到医院"太平间"给溥仪穿衣服,亲人去了,我却总觉得他还活着,端详他的遗容,只见脸还肿胀着,但面貌依旧,好像在我身旁睡着了。那件灰毛衣已经脱不下来了,在街坊的帮助下,我给他穿上新拆洗的黑棉袄,这件棉袄他只穿了一冬天,有八九成新,又给他穿上了棉裤,脱掉旧袜,换上了溥杰送来的新袜和我新买的布鞋。这时同来的那位街坊提醒我说:"您给溥大爷准备枕头、褥子和盖头布了吗?"我又急忙去商店买回这几件东西,把褥子给他铺好,又把枕头给他垫好,还特意把他平时喜欢戴的一顶深蓝色呢帽戴在头上。

溥仪好像还放心不下,一只眼睛睁着,嘴也张开着。我向他说:"溥仪呀!你放心吧!别惦记我……"一边叨念,一边用手抚慰着,让他闭上了眼睛,闭上了嘴。溥仪平时爱梳头,一高兴就把头发弄得很亮,我遂又给他梳一梳,让他高高兴兴地去吧!

爱新觉罗家族的亲人陆续来到医院。劝我离开这"太平间"的人们,也不知说了多少遍话了,我只好依着大家,站起来最后看一眼,双手拉着那块可怕的白布蒙过他的头顶,我又不可抑制地失声痛哭了……

第二天周恩来派人来了,向我转达了总理的慰问之意,并根据总理指示详细询问了溥仪的病情以及逝世前后病态发展的具体情况。对溥仪后事的处理,总理也作出了明确而具体的指示。总理讲,溥仪遗体可以火化也可以埋葬,根据家属意见,可以随意选择在革命公墓、万安公墓及其他墓地安葬或寄存骨灰。然而,在当时的历史环境里家属和亲属都不可能考虑土葬,遂由溥杰办好手续,就用灵车把遗体拉到火葬场去了,仅有我和溥杰、李以劻等少数几人随行,也没有举行遗体告别仪式,当时我想买大点的骨灰盒也没有,只有五元钱一只的小盒子。

10月21日,爱新觉罗家族主要成员聚会讨论了溥仪骨灰的寄存问题。年迈的七叔首先提出,应把溥仪骨灰寄存在八宝山人民骨灰堂。溥杰表示赞成,他说:"我们应该体会总理的指示,他老人家在"文化大革命"中也有难处,我们不能再给总理添麻烦,可以放在群众公墓。"我对此也无异议,我说:"溥仪生前爱热闹,放在群众公墓,长期和人民、和老百姓在一起很好。"这样,经家族一致商定了。第二天,我、溥杰,还有一位街坊的女儿,一起到八宝山人民骨灰堂办理了寄存手续,存期十五年。

溥仪去世给我带来的悲痛是不可言喻的,半年多里,我连收音机也没打开过,感到孤苦伶仃,不知今后应该怎样生活?我吃饭不香,睡觉不实,身体更坏了,瘦得可怜。因为怀念溥仪,总想到八宝山公墓去看他的骨灰,摸一摸,擦一擦,坐一会儿。几乎天天要去,我索性买了一张汽车月票,来来去去,仿佛到那里就能见到他似的。我甚至带着午餐食品到骨灰堂去,上午八九点钟把骨灰抱出来,到下午三四点钟再放回去,中午就守着丈夫的骨灰盒吃点东西。回到冷清清的家中,总是哭,晚上睡觉以后还常常梦见溥仪,他真真切切地劝我:"你不要哭,要保养好身体好上班呀,要好好生活下去。"我也真真切切地对他说:"你是我唯一的亲人,

1980年5月29日,党和政府为溥仪、王耀武和廖耀湘举行追悼会。

全国政协副主席王首道向李淑贤致以亲切慰问

你走了，丢下我一个人活着还有什么意思，不如让我跟你去吧！"在梦里又哭了，好像眼睛都要哭瞎了，醒来便会看到枕头已经泅湿了一片。

对我来说，不仅有精神上的巨大创伤，还有更实际的问题，正像溥仪遗言中不幸而言中的那样，在"文化大革命"期间，谁能管我？生活的出路又在哪里？

我是一个弱者，五种慢性病集于一身，因此，不得不常常休病假，占编制不顶岗位。医院感到有压力，就动员我从1964年7月14日起暂不上班，"停薪留职"，以待恢复健康。

为了获得生活保障，我在1968年初申请上班，没有想到医院以"必须有健康检查证明"为由拒绝了我的申请。我要活下去，于是，鼓起勇气给总理写了一封信，没想到总理没收到，而被退还医院，为此还招来不满。

在十分艰难的情况下，我度过了好几年备受煎熬的日子：我没有分文收入，坐吃溥仪留下的几千元稿费。为了节省房租、水电等开支，我自动交出了东观音寺一套有客厅、有卧室，还有其他生活设备的宽敞住宅，而宁愿搬进杜聿明先生院内一间由原卫生间改造的又黑又潮的小房内居住。

更让我受不了的是自费看病，我是三五天中总要进医院的人，作为国家职工都有公费医疗，我却打针吃药一概自掏腰包。为此，我又一遍一遍地去找原单位——朝阳区关厢医院，医院说去找卫生局吧，他们同意才能复职。我又找到卫生局，局里领导说，"这点小事"要回到医院解决。他们就像踢皮球似的，把我"这点小事"踢来踢去，几年之间任我跑破了多少双鞋子，也没有能够恢复一个护士的工作。

我实在走投无路了，再一次鼓起勇气，于1971年6月下旬寄出了给周总理的第二封信，我汇报了自己的生活情况，并说明了实际存在的困难。

7月初，距我给总理发信还不到十天，总理就委派国务院机关事务管理局副局长侯春怀来访问我了。第一次来，赶上我外出，未遇；第二天又来，他根据总理指示向我仔细地询问了有关情况和要求。我当时提出两条要求：一是复职，安排力所能及的工作，以解决生活出路问题；二是现居房屋条件太坏，希望调一调。侯局长临离开时对我说："我把您的要求带回去向总理汇报，处理结果和政协直接联系。"

不久，政协来人通知我，考虑到我的身体情况，即使轻工作也是难以胜任的，因此，可以暂不上班，由政协按月发给生活费，每次六十元；同时，立即调换适当住宅，安排两间阳光充足的正房。说到这里，政协同志又加上一句话："周总理亲自部署对你的生活照顾，连每个细节都考虑得很周到哇！"我当即流下了热泪。

第二天一早，我就跑到八宝山人民骨灰堂，抚摸着爱人的骨灰盒。告慰溥仪在天之灵说："安息吧！你离世前耿耿于怀、悬念不已的事情，已由敬爱的周总理亲自过问解决了，你可以放心地长眠了……"我的眼泪噗噗地落在骨灰盒上。

我更忘不了那个悲痛的1976年1月，山哭海泣、举世同悲，从我听到广播讣告的那一刻起，整整三天，我一点儿不能吃，一点儿不想喝，只是一遍又一遍地捧起用镜框镶着总理肖像以及总理接见我和溥仪的像镜，看啊，擦啊，我是蘸着泪水在擦呀！我哭着到八宝山去，把这一不幸的消息告诉了溥仪，我仿佛看到他也在悲痛地抽泣着……

当然，我的生活问题也还没有完全解决，治病还是自己掏腰包，对我来说这是一件大事。连吃饭也无所谓，有钱可以吃得好些，没钱就把主副食的水平降一降，饿不着就算了，可是我有多种慢性病，有病不治可不行。记得1975年我的慢性肾炎严重了，采取中西医结合治疗的方针，每天打两针，还要熬一剂中药。为了治病，我向一位好友的奶奶借了不少钱，这位好心的奶奶后来要到香港去定居，又急得我团团转，总算有几位朋友伸出援手，使我得以在奶奶行前还清了欠账。

1979年，一直不同意我复职的原工作单位——关厢医院动员我退职，按当时的相关政策规定，虽然得不到退休职工的待遇，却也可以发给原薪的百分之四十。按我五十多元的工资，每月可拿二十几元，总比"停薪留职"的分文不入为好。更重要的是可以恢复公费医疗，则我的医药费解决了。当时我债台高筑，仅房租、水电积欠就有二百多元，斟酌再三，也只有接受退职一途了。好在还有总理安排的生活补助费按月发放，生活过得去了。

在最艰难的日子里，是敬爱的周总理给我指示了一条生活下去的道路，打倒"四人帮"以后，人民政府又使溥仪的遗属得到了政治上的新生。我不断地接到各种各样的请帖，参加国家最高一级的联欢会、茶话会、赏月会、各种形式的文娱晚会和宴会等。

1980年2月12日上午9时，为了表示对已故历届政协委员和知名人士的亲属的关怀，全国政协举行春节茶话会。记得那天我到达会场时茶话会尚未开始，工作人员把我引到政协第二会客室，在那里我受到党和国家领导人的单独接见。当工作人员介绍说"这是溥仪先生夫人"时，在场的乌兰夫、康克清、刘宁一、童小鹏立刻从座位上站起来——和我握手。茶话会开始后，我和同桌的马连良夫人、程砚秋夫人、老舍夫人以及外宾和翻译畅所欲言，十分愉快。围绕我们这桌简直形成了一个小小的中心，电视台和报社记者的镜头也一个劲地对准我们。政协全国委员会副主席康克清同志的即席讲话更引起我浮想联翩，康克清说："每逢佳节倍思亲，特别是在我国进入了新的历史时期，跨入了大有作为的80年代的第一个春节，我们更加怀念已故的亲人。"这怎么能不让我想起溥仪，想起我这一生中最有意义的一段生活……

我再一次来到八宝山人民骨灰堂看望亲人，擦拭那个熟悉的木匣子，又不能不触动我的一份沉重的心事。1967年我来办理骨灰寄存手续的时候就知道，规定的寄存期限为十五年，到现在就要期满了。我真发愁，寄存期限将到，以后怎么办呢？拿回家里去吧，我独身单居，心里害怕，早些年溥仪还在世的时候，谭玉龄的骨灰在家中存放一个阶段，就吓得我晚上直做梦，后来溥仪让毓岩拿走了。

骨灰堂的管理人员也认识我，他了解我的心思，很真诚地劝我说："人死如灯灭，寄托哀思也不一定要保存骨灰，到了期限就深葬吧！"我还不能接受他的意见，我觉得这样做对不起溥仪，他疼我一回，爱我一回，我怎么可以丢下他不管呢！

正着急的时候，全国政协领导通知我，不久就要给溥仪开追悼会，这位在后半生中有功于国家和人民的全国政协委员的骨灰，将被重新安放在革命公墓中，我简直不敢相信这事实，一块心病立刻化解了。

1980年5月29日下午3时30分，在政协礼堂举行了溥仪、王耀武和廖耀湘三位政协委员的追悼会。已经辞世十三年多的溥仪啊，倘若神灵有知，你总可以安眠于九泉之下了。

党和国家对溥仪特赦后的工作给予了公正的评价并十分隆重地祭奠了他。新华社报道了这次追悼会的情况：

> 中共中央政治局委员邓颖超、乌兰夫、彭冲，人大常委会副委员长朱蕴山，政协全国委员会副主席季方、王首道、杨静仁、胡子昂、刘澜涛、李维汉、胡愈之、王昆仑送了花圈。送花圈的还有政协全国委员会、中央统战部、政协文史资料研究委员会等单位。
>
> 政协全国委员会副主席季方、刘澜涛、胡愈之，以及黄维、侯镜如、贾亦斌、溥杰、赵子立、文强、沈醉、杜建时、郑庭笈，以及有关方面负责人，政协常委、委员，政协文史资料研究委员会委员、专员和生前好友等三百人参加了追悼会。
>
> 追悼会由王首道主持，中央统战部副部长、政协全国委员会副秘书长刘宁一致悼词。

当领导和同志们排着长长的行列，在哀乐声中缓步从我眼前走过，跟我握手，并向我表示最亲切的慰问之意时，我仿佛又看见我的丈夫，他就站在离我不远的地方，面带微笑，用十分满意的眼光看着我，看着参加追悼会的每位来宾……

追悼会结束以后，溥杰捧着长兄的遗像，我端着丈夫的骨灰盒，根据中央指示，在八宝山革命公墓第一室，重新安放了溥仪的骨灰。就在这几间普普通通的青砖瓦房之中，安放着已故的党和国家领导人的骨灰盒，安放着对中国革命作出了卓越贡献的著名人物的骨灰盒，中国的末代皇帝也以自己特赦后对祖国的特殊贡献赢得了人民的尊重。

搬出东观音寺

开完追悼会还不到两个星期，即1980年6月12日我家从草原胡同搬到团结湖政协宿舍，这是两室单元房，面积虽不大，但有厨房、暖气、煤气和室内厕所等设施，生活还方便，溥仪在世的时候我就曾提出把家搬到和平里楼房宿舍，那时没有办到，现在第一次从平房迁入楼房。溥仪去世以来，我家已经搬迁多次了。

溥仪去世后我在东观音寺又住了一年多，虽然没有人撵我，还是住不下去了，因为当时没有收入，住不起那么多的房子，也烧不起那么多的炉子，仅房租、水电一项就欠下数百元，于是我主动要求搬到小房子里去，政协机关房产部门遂在1969年把我调到东城箭厂胡同杜聿明、宋希濂、郑庭笈和唐生明住的院子里，我那间房子原来是唐生明家的卫生间，拆掉马桶等设施后改为住房，房间很小还没有厨房，到了夏天闷热得像蒸笼，还反味儿，臭烘烘的，又暗又潮湿，住得很难受。

当时唐生明和出身电影明星的妻子徐来不住在这里，家里只有长子、儿媳和一位小女儿。儿媳是回国读书的印尼华侨，毕业后嫁到唐家。小女儿叫唐仁萍，大学毕业后在一所中学教外语，对我非常好。唐家还有一位奶妈，和我相处得也很好，这位奶妈做饭烧菜的手艺比宾馆厨师还高超，唐家请客都由奶妈掌勺，我也跟她学过几招，奶妈很善良，心眼好。

1971年我给周总理写信，总理派机关事务管理局侯春怀局长来看我，他进院后还以为我住在向阳的大北房，就直奔那里，后来走进我那又小又破的小房吃惊地问：是谁让你搬到这里来住的？"是政协房产处给调的，这房子实在不好住，我还希望给调一调。"侯局长记下了我的困难。不久政协房产处干部通知我看房，拟在宣武门烤鸭店附近一座宿舍楼内，分给我一间十四五平方米的单元房，有厨房和室内厕所，但没有阳台，我没有同意。隔了一段时间又让我搬到东四八条20号政协宿舍，这里也是平房，有三重大院，街坊很多，共住了十一户，多数是国务院各部门的干部，我住在东院北房内，五间北房三家住，我住一间半。

搬到八条不久，唐仁萍和奶妈也搬到八条来了，我在东口她们在西口，又成了街坊，每天晚上都到她家看电视，常常待在她家，有时给患病的街坊打针注射。1975年我的慢性肾炎犯了，很严重，多亏萍萍和奶妈照顾，她们帮了我的大忙。当时我连公费医疗尚未恢复，又向奶妈借了不少钱。落实政策以后，唐仁萍赴香港定居，先在某公司当职员，后与一位香港大律师李先生结婚，婚后仁萍借助懂外语的有利条件投身商界，来往于许多国家之间，获得很大的成功。大律师平易近人，对妻子也很疼爱，也常回北京，因为国内还有一个女儿叫亭亭，由奶妈带着，他们每次到北京来或住建国饭店，或住北京饭店，总要把我接去会面。后来奶妈也要带着亭亭前往香港定居了，她知道我困难，要勾销我的欠款，但我不同意，东挪西借终于在她行前把欠款还清了。

这以后仁萍仍常来北京，每次都给我带各种食品，请我到最高级的饭店吃饭，那时我的经济条件差，送不起贵重礼品，直到现在还感到欠她的人情。仁萍称我为"干妈"，多次邀我到香港去住，但我不好意思打搅。她在那里买了很漂亮的花园洋房，一层为客厅，二层为亭亭、奶妈和佣人的房间，三层为她和丈夫的起居室。萍萍生活得很幸福，我见她总是带着一条带有观世音身像的项链，就问她为什么带这个，她说："是李律师让带的，因为爱发火，要用这个压压我的脾气。"他们又生下一个儿子，把李律师喜欢得不得了。

我在八条与街坊相处得都很好，每次患病卧床，街坊的孩子们便主动过来照顾，这个去买煤那个去买粮，都不用我操心。记得有回肾炎发作，街坊刘玉霞每天天不亮就过来帮助干活儿，搞卫生倒尿盆，生炉添煤倒灰都忙完了才去上班，有时还要陪我到友谊医院去看病，帮我排队挂号，实在让人感动。

我确实遇上了不少好人，但也有个别人欺负我，最让我不能忍受的便是东侧隔壁家的女主人，她跟全院的街坊打遍了，谁都不理她，终于又来找我的茬儿。有个在农村插队的街坊孩子回城期间暂住我家，我就在床边摆了几个凳子，有时不免碰出声响，这位东邻半夜坐起来骂街，我气极了问她骂谁？

"别理她，这人无知！"借宿的孩子也气极了。

从这以后她更找我的茬儿了，夏天把我在小院里种的丝瓜、葵花和老玉米的茎管故意用刀割开，不久全死掉了，还故意把西红柿里的子甩在我家门口，让我摔跤。冬天则往我家门口泼水，弄得像个小冰场。有一回我给邻居打针，天黑往回走险些跌了跤，把针管都摔碎了。我把负责治安的杨主任找来看，她又出来闹，跑到主任面前乱喊乱叫，杨主任劝我说，

"这条街上没有不知道她的，委屈你，别理她，躲开算了。"

我何尝不想躲开她的无理纠缠，然而这位高邻却不放过我，得寸进尺地造谣生事，说我家每天晚上都有男人来住，当时门道管得很严，晚上八点钟就关门落锁，街坊都明白是她在造谣。一计不成又施一计，说我晚上不睡觉，鬼鬼祟祟搞活动，从我的屋里总是发出类似地下电台的滴滴嗒嗒的声音，又说我拿钱买通了街道治保主任，所以领导才"偏"向我一边。她知道我患神经官能症，深更半夜故意让她的小女儿拿皮球往隔壁墙上扔，使我无法入睡。

我实在受不了这种精神折磨，遂要求政协房管部门给我调房，宁可住到条件差些的地方去，政协房管处就让我和住在北小街草原胡同23号的一位电工换了房子。这是一间厢房，又黑又暗，但可免除骚扰，我便同意了。这里的邻居都同情我、爱护我、帮助我，参加街道学习时认识了一位老舒太太，我称她为"舒大姐"，是我永远也忘不了的大好人。她也是杭州人，丈夫在新中国成立前在上海开钱庄，是知识分子经商，又有钱又有学问，舒大姐也是大学毕业生，能讲流利的外语，儿子在出版社当编辑主任，生活条件很优越。

当时我没有工作，除了每月六十元生活补助外没有任何收入，还要治病，有时连买菜的钱也没有，常常只买半斤面条，拌入盐和酱油就是一顿饭，床单破了就一块一块打补丁，这样的日子过了好几年。舒大姐最了解我，也最同情我，见我家饭菜简单，便把自己每月奶票的一半送给我，当时，牛奶等食品是按条件发票证供应的，照顾老人和婴幼儿，我的条件还不够。每逢舒大姐家改善生活，哪怕买只鸡也要送过一半来让我炖汤喝，到了夏天见我没有替换穿的衬衫，就买一块的确良做成衬衫送给我，当时我还舍不得穿，出门办事才穿一次。

搬到团结湖以后舒大姐也常来看我，记得她还劝我买一台电视机，以消磨寂寞时光，她说："缺钱我给你垫付，以后有了就还我，没有就算了，没有关系。"但我认为看不看电视无所谓，不愿再给舒大姐添麻烦，不久一个坏消息传来，舒大姐去世了！是脑溢血，急送协和医院抢救竟来不及，我难过极了，当时就晕了过去，遗体告别的时候我去了，嗓子都哭哑了。我常想，如果舒大姐能活到现在该有多好呀！我一定要好好地报答她。

开始写回忆录

1979年夏天，经同事的爱人——中国社会科学院民族研究所研究人员黄振华介绍，吉林省一家学术刊物《社会科学战线》编辑王庆祥来找我。他出示了《社会科学战线》编辑部的介绍信以后，看到我保存的丈夫溥仪的日记、文章、发言稿和照片等处于原始状态的遗稿遗物以后，就像发现了新大陆一样惊奇不已，当即表示愿与我长期合作，共同整理溥仪这部分极为宝贵的文字和图片资料。他还具体提出三条意见：一、让我把家中现存的全部溥仪遗稿集中起来以备整理；二、希望我细细地回忆与溥仪共同生活的经历，以备撰写我的回忆录；三、整理遗稿和撰写回忆录的工作由我和《社会科学战线》编辑部合作进行，并将在此基础上合作撰写《溥仪的后半生》。我对此完全赞成，并表示愿意先做准备工作，即一方面集中溥仪遗稿，一方面开始回忆与溥仪共同生活的片断。

王庆祥鼓励我一定要写好回忆录，他说，这将是我对历史和民族应该作出的力所能及的贡献。他还帮助我挖掘回忆线索，拟定回忆提纲。我们商定的原则是：想出一件事就写出一件事，忆及一句话就记上一句话。他

溥仪去世后李淑贤曾移居北小街草原胡同一住八年（1972～1980），邻居仇鳌儿媳家人在其门前。

1979年的李淑贤，陷入沉痛的回忆。

1982年4月20日李淑贤第一次来到长春，在伪皇宫同德殿前与王庆祥合影。

对我说："您的回忆是具有重要研究价值的当事人的第一手资料，因此，每一个字都必须以历史事实为准绳，对历史负责。"我认为这话很对。王庆祥离京以后我便开始清理溥仪的遗稿。我们的合作由此开始。

王庆祥返回东北以后不断地来信，催促我把既定之议付诸实践。为了帮助我系统地回忆，1979年10月23日他给我寄来了回忆提纲，希望我围绕如下范围回忆：一、特赦后到结婚，结婚场面及感想；二、植物园劳动；三、南方参观、过程和细节；四、写文史材料和回忆录；五、接见或会见外宾情况（每次一忆）；六、和旧军政人员的接触（如与溥杰、李宗仁等）；七、平日生活（家庭、闲谈、衣食住行等）；八、去世前后；九、与国家领导同志的会见情况，参加政协活动情况。为读者留下溥仪先生一生最后时期的影像。

事后，王先生还是常有信来，希望我能够在1980年5月份以前完成资料准备和回忆记录工作，届时他将来京商量回忆录的整理事宜。从这时起，到1980年三四月间我做完了资料准备工作，遂于1980年3月15日写信给王庆祥道："关于写作的情况，我的回忆记录基本上差不多了，由于我身体也不大好，想请您那里是否能来人帮助商量一下，看看如何进行下一步工作？"

王庆祥收到我的信后很快回信，他说已与领导同志商量，决定先看一看我的回忆记录，看过后共同商量成书的具体方案，4月中旬再来京跟我协商。我同意他的意见，于4月16日把整理好的一部分记录寄到长春，并附信道："现在我初步整理了一下回忆记录，回忆记录得很零乱，暂时先寄一小部分。关于溥仪参观的一些感想、记录，等你们来京再商量，您看如何？"

5月27日王庆祥来京，跟我谈定了合作整理书稿的有关事宜，他说，长期住在北京在写作、生活方面都有很多困难，要求把资料带到长春整理，考虑到他们确有困难，我同意了他的提议，并把溥仪日记、文稿、会议记录和照片等全部移交给他，带回长春去了。第二天王庆祥与《社会科学战线》编辑部主任及吉林省社会科学院的几位先生一起到我家，那位主任还当面告诉我，由王庆祥代表编辑部与我具体办理溥仪生平资料交接工作。当时正赶上全国政协为溥仪举行追悼会，王庆祥等人也参加了追悼会。

资料交接工作从5月30日开始到6月8日结束，我和王庆祥对交接有关溥仪生平的资料一一开列了清单，并由他出具了含公章的单位证明。其间我还进行了补充性的回忆，由王庆祥执笔记录。

6月中旬王庆祥带着溥仪资料回到长春，据他讲立即向吉林省社会科学院院长佟冬等领导汇报了全部有关情况，得到该院的高度重视，从这时起他根据编辑部领导的安排，开始整理溥仪遗稿和我的回忆记录，并撰写《溥仪的后半生》，我们的合作顺利进行。

当我从王庆祥的信中得知这些情况的时候，我是非常高兴的，我对合作的进展很满意，曾于1980年7月11日给王庆祥写信谈到了我的这种心情："看到信中谈到关于工作的进展程度和领导的关心，我很高兴，我希望早日能脱稿。"

遗稿风波

我把资料交给王庆祥以后，有个街坊孩子的意见很大，他当年二十六七岁，是1972年我在八条住的时候认识的。当时最响亮的政治口号就是"深挖洞，广积粮，不称霸"，防空洞挖到了我家门口。他母亲就在参加挖洞的街道五七工厂的人员中间，每天都来挖，我便义务为他们烧水泡茶，逐渐熟悉起来。那个孩子时而随母亲到我家来，常借阅我家的藏书，《我的前半生》便是这时看到的。搬到草原胡同以后他也常到我家来，1976年夏秋之际北京防震抗灾搞得火热，他曾帮我在室内床上搭架地震棚，后来又帮我在家门口架起一个油毡纸小棚当厨房用。他当时在热电厂工作，每星期到我家来一两次，当时我对他的印象还不错，拿他当个孩子对待。

我清楚地记得，1979年11月25日那天，王庆祥又托人捎来稿纸，来人说，由我回忆与溥仪共同生活的那一段时光，这是一件对国家有贡献的工作，希望我能尽快投入到这项有意义的工作之中。恰巧我那个街坊的孩子当时在场，听到这番谈话以后便提出在我回忆往事的时候帮我记录，我说你还要上班，没有这份时间，我也不愿意给你添这个麻烦，婉言拒绝了他。他却一定要求帮我记录，我勉强同意了，从此每星期来一两个晚上，每次约两三个小时，我回忆口述，他笔录下来。但因为他经常外出开会，我也常患病，有时十天八天不记一次。

在这期间我逐渐发现一些问题，他的记录也不完整，许多我说完了他未能记上，这样势必损失内容。当时我不好意思说，一度想不再让他记录了，就对他说回忆过去的事情也要动脑筋，我现在神经衰弱得很厉害，还是暂时不记了吧！但他绝不肯放手，说等阿姨身体好些再记，过了几天他又来了。

不久，王庆祥又来信说："您在整理材料中有何困难请及时告诉我们，我们当协助尽力解决。"我遂去信表示，因为年代久远，有些事的时间、地点和背景情况等记不清楚，需要找一些单位和个人核实，王先生遂于1980年1月30日给我寄来四十五张已注明用于调查溥仪生平资料的打字介绍信，上面有我的名字，是我的专用介绍信。那个邻居孩子见到这些介绍信又打起了主意，提出要代我查证有关资料，遂把溥仪留下的一本通讯录借去，通过上面记载的一些名字、地址和电话号码，便到处调查起来，然而由此他搜集的许多资料连一页也没有给过我。

当我完成了回忆录资料准备工作而打算给王庆祥写信时，那个街坊孩子就曾反对我写信，说不要再跟东北联系了，他可以帮助我整理。我说王庆祥已有言在先，现在我的回忆完成了，怎么可以把人家抛开呢！再说你的文化水平也不够，你给我作记录也常常丢三落四，写书是一件很难的工作，你肯定承担不了，我坚决不同意让他来写。其实他只是帮我做了一点记录，我们之间并没有合作关系，他也无权干涉我与《社会科学战线》合作。然而他却要求参加写作，想让《社会科学战线》编辑部给他所在单位写信，"抽调他脱产三个月"，他的这个想法在当时实在是太天真了。

1980年6月12日我搬到团结湖以后，那个街坊孩子每天晚上都来，有时闹到半夜十二点也不走，嘴里嘟囔那几句话"我要参加写作呀！你快给王庆祥写信呀！"我对他说，我刚搬家到这里，一个老太太总让一个男青年天天纠缠着这到底是怎么一回事呀！他不听，甚至威胁我说要告状，我说那你就告去吧！真是笑话！有一回他又来闹，还是那几句话磨来磨去，气得我用棉花把耳朵堵上了。这以后他还来，我便对他说："我有单位，你也有单位，干脆把两家领导都找来，把事情摆在桌面上，你看怎么样？"他却把门一摔说："我没那个工夫。"

1980年8月31日我给王庆祥写信，谈到那个街坊孩子不断搅闹的事情："从您拿走回忆记录和溥仪遗稿，他对我非常不满，隔几天总来找我闹一次，他要参加同你们一起写作，还要我把您拿走的这些资料要回来他写，他说我叫您拿走的，不让他写，说我不相信他，相信您，说些无理的话。我多次给他解释过，说你们在北京整理有困难，吃、住都是问题，整理这本书时间要很长的。他根本不听，特别不讲道理，很糊涂的一个人。"

8月5日又提出来要我给你们编辑部写信，他要参加写，我没有理他。他很生气地说，要去中央党校告，威胁我，我是不怕的。资料是我的，告什么？当初我不知道他是这样的人，如果知道有今天这样麻烦，说什么也不叫他帮我记录。"

那个街坊孩子已经让我再也不能容忍了，我们已经决裂，他也感到再向我提出种种要求是枉费心机，达不到目的，遂于1980年10月9日致信《社会科学战线》编辑部和王庆祥，直接向长春方面提出参加写作的要求，结果又碰壁。《社会科学战线》编辑部10月17日给他回了信，态度是非常明朗的，跟他没有任何关系，也不愿意跟他建立联系。那个街坊孩子仍没有停止无理取闹，并于1980年12月6日再次给《社会科学战线》编辑部写信，对10月17日编辑部的复信表示不满，仍要求"参加写作"。《社会科学战线》编辑部领导见信后指示王庆祥"今后不要再理他"，从此不再给他回信。

不久，王庆祥再度来京，并于1980年10月31日与我正式签订了《关于溥仪遗稿的整理与出版有关事宜的协议》和《关于〈溥仪与我〉一文的协议》，经《社会科学战线》编辑部盖章生效。此间，我和王庆祥还商定把我的回忆录交给辽宁人民出版社出版，1981年1月25日我们两人与辽宁人民出版社的编辑，在北京签订了《关于〈我的溥仪〉（暂名）一书的协议》。

这时，我还以为那个街坊孩子知趣而退了，其实可没有这么简单，后来我才知道他在1981年5月20日以貌似我的代理人的口吻给当时任吉林省委书记的王恩茂写信，胡说王庆祥"未经同意，将所有'材料'运往东北"，编了一套话，他的诬告活动由此逐步升级。为了能够"合法"地冒用我的名义，他又想出了新的点子，1981年他乔迁新居以后两次携爱人到我家来，说要请我吃饭，我一再谢绝，他还苦苦哀求。看在他新婚妻子的面上，最后我同意去了，一到他家我才发现原来他已特意邀来了摄影师，要我跟他合影，我知道他别有用意，马上用手遮住脸部坚决不准照。吃饭的时候我也盯住了摄影师，只要他端起相机我就遮脸。吃了几口饭，放下筷子我就出门走了，他终于没有拍成。这次分手以后他再也没有到我家来过。

然而，事情还远没有完结，王庆祥所在单位内几个有权势的人又从长春来北京见我，其中一位正是一年前到过我家并让我"今后与王庆祥直接联系"的那位主任，他们这回又以"协调合作关系"为由，让我断绝与王庆祥的"个人合作"，给天津人民出版社和辽宁人民出版社写信，要求《溥仪的后半生》和《溥仪与我》两本书"撤稿缓出"，然后再与他们所代表的"组织"合作，由他们对撤回的书稿"加工改写"，实际是要把王庆祥写的稿子撤回来，或添或改，以便加署他们的名字，这显然是不合适的。我遂说："书稿是王庆祥寄发的，我无权要求撤稿。"他们便直接向两出版社提出撤稿，这势必给出版社带来毁版的损失，所以遭到拒绝。

他们的目的没有达到，便于5月中旬以"组织"名义，发来一道公函，标题是：《关于王庆祥同志整理和出版溥仪遗稿问题的复函》，宣布"中止""原由编辑部同意的王庆祥与李淑贤签订的"协议，同时表示："今后各有关杂志社，出版部门是否继续出版这批材料，请他们直接同李淑贤同志商议，请示中央有关领导部门审定。但今后凡以我院王庆祥同志个人名义出版的有关溥仪文章书稿所发生的任何问题，我院均不承担责任。"

没过几天，长春方面又派了一个办公室主任来，带着一大包资料来向我归还，说以后不再与我合作，但他们却已把全部溥仪资料复制留存，并未给我带来，我对这种不负责任的做法深感气愤。在此之前，天津人民出版社和辽宁人民出版社都找我,希望继续出版两本书,而这两本书是王庆祥整理和编著的,所以要找他来共同商量。于是我拒绝接收资料,并表示继续与王庆祥合作,善始善终地完成溥仪遗稿的整理工作。我对来人说:"你们不跟我合作了,我要继续和王庆祥同志合作,请你回去代我捎个信儿,让王庆祥快到北京来,谈谈继续合作的问题,还可以告诉你们,我已经向全国政协领导汇报了自己的想法,他们让我自己拿主意。"

事实正是这样,我接到长春5月中旬寄来的公函以后,当时就找全国政协吴玉和、徐源如汇报了情况,还写了书面材料。吴玉和让我自己拿主意,我说依靠组织。他又问我是否还想跟王庆祥合作?我说有这个想法。吴当即表示:"那也可以。"得到政协的支持以后,我才在1981年6月3日写信给王庆祥,请他再来北京面商继续合作事宜,他接到信后很快就来到北京,承担《溥仪后半生》一书出版任务的天津人民出版社也派人来了,经过充分协商,我和王庆祥及天津人民出版社共同签订了关于《〈溥仪的后半生〉和〈溥仪手稿选编〉两书出版问题的协议》,这个新的协议标志着我和王庆祥又建立起个人的合作关系,我相信他能把溥仪的遗稿整理好。

长春那几个有权势的人,已感到单靠本单位的力量不能禁遏我和王庆祥合作撰写的几本书的出版,遂逐级把"整理溥仪书稿中存在的一些问题"汇报到上级部门,某部办公厅乃于1981年9月5日发文,要求各出版社、杂志社"慎重对待"有关溥仪的书稿和文稿,并宣布三条纪律:一、有关对溥仪的评价和统战政策,由统战部门审稿;二、有关主席、总理讲话,由中央文献委员会审查;三、不倾向于编溥仪的书稿,因为不容易编好。

从长春传来的信息又鼓励了那个街坊孩子,同时,他写给吉林省委书记王恩茂的信转到那几个有权势的人手中以后,也收到了回信,令他感到时机已趋成熟,遂更加肆无忌惮地到处反映虚假情况,他的这种活动到1981年夏秋之际达到了高峰。

胡耀邦的一则批示

1981年9月24日《人民日报》内参《情况汇编》（第442期）刊出一文，其内容正是那个街坊孩子编造并提供的，他编造事实说，自从溥仪去世后，他与李淑贤"多次相议，要接溥仪的前半生一书续写溥仪的后半生"。又说他从1979年开始，用了几乎全部业余时间，同李淑贤一起进行溥仪后半生材料整理、回忆收集及采访工作。"由于李淑贤年龄大，身体较弱，记忆较差，文化较低，因此，整理大量材料（包括对溥仪遗留的日记、手稿裱糊整理），线索发掘，四处查访，已经一年左右的时间，已整理近五万字的珍贵资料，为写《溥仪的后半生》打下了基础。"他诬蔑王庆祥"不讲记者道德，采取卑劣手段，巧取豪夺他人之功"。尤其让我不能容忍的是，他公然冒用我的名义，说我"强烈要求中共吉林省委和吉林省社会科学院，立即处理王庆祥的问题"，并索回他"整理的有关溥仪的全部材料"。

这篇内参的署名作者当时正在人民日报内参当实习记者。他从来没有见过我，就"代表"我说起话来了，他全凭那个街坊孩子信口雌黄，其实那个街坊孩子除了帮我记录两万余字，并不曾对溥仪遗稿有过任何整理，至于所谓"四处查访"更不曾交给我一个字。但由于冒用了我的名义，致使诬告一时得逞，当这篇诬文在1981年9月24日的《情况汇编》（第422期）上刊出后，竟然蒙骗了当时担任中共中央总书记的胡耀邦，他在9月28日写下一段批示：

请中宣部注意这件事，有关思想战线队伍的风气问题，务必适当注意，风气不好，贻害长远。

一篇毫无事实的短文就此引起轩然大波，中共中央统战部随即提出意见：溥仪文章涉及方方面面，不容易写好，不是短期内可以完成，须占有大量材料，需要时间，建议暂时停发。中宣部也对这个意见表示同意，并于同年10月7日通知吉林省委宣传部，"要对王庆祥同志的问题进行查实酌处"。上述指示传达到吉林省委以后，王大任和于林两位书记过问了此事，指示"查清事实，提出处理意见"。10月21日吉林省委宣传部向吉林省社会科学院传达了胡耀邦批示、中宣部批示、吉林省委书记批示和省委宣传部的四点意见：责成社科院组成专门调查组查清，根据性质和态度提出处理意见；索回从李淑贤处拿来的资料封存，不许使用、复制；通知王庆祥，问题弄清前不许再发表关于溥仪的文章；对王庆祥进行批评帮助，坚决纠正。

接着，吉林省社会科学院党组于10月26日下发文件《关于调查处理王庆祥同志问题的几点意见》，成立了调查组，封存了我交给王庆祥的全部文字资料、图片资料、复印资料和我们的来往信函，开始对王庆祥进行大规模的内查外调，甚至在调查尚未开始的时候便把他调离研究岗位，停止溥仪项目的研究，职称缓评，使他受到了不公正的对待。

同年11月，调查组来到北京通过全国政协找我谈话，我这时还什么事情都不知道，当然也不知道他们此行的目的。政协的人先把我找去说："某某人把王庆祥告了，现在长春来人调查，关键就在你了！"我回答说："我和王庆祥无亲无故，我们合作也通过了政协，是组织上同意的，这也是工作，我要按照事实说话，不会偏袒任何人。"接着，与调查组的人见了面，原来领头的我认识，就是曾到过我家的那个编辑部主任，我问他找我有什么事情？

"我们是来调查情况的，某某人告了王庆祥的状，你不是让他向《人民日报》内参反映情况了吗？"那个主任的话令我莫明其妙。

"向《人民日报》内参反映情况，这我根本不知道！至于某某人告王庆祥，告他什么呢？我不明白。"

"王庆祥剽窃了某某人的资料。"

"这可就新鲜了,他哪里来的资料?他见过溥仪吗?他和溥仪共同生活过吗?他和溥仪共事过吗?"

"还是明天到你家里去谈吧!"全国政协一位干部说,"你可以先考虑考虑……"

"我一定实事求是。"

第二天他们果然来到我家,又提出了前一天已经提过的问题:"王庆祥是否骗取、剽窃了你和某某人的资料?"

"你所谓'某某人的资料'是不是指我回忆与溥仪共同生活的那部分资料?"我反问那个来调查的领头人。

"是!"

"既然是我的回忆,怎么又成了某某人的资料?他是帮我记录,怎么就成了他的?如果说是他的资料,怎么没在他手里,而在我手里?对此你们不想调查调查吗?"

来调查的人支支吾吾说不出话来。

"再说王庆祥从我这里取走资料,是不是拿着你们给开的《社会科学战线》编辑部的介绍信?是不是代表你们吉林省社会科学院来的?"

"是这样。"正是这位主任十八个月前亲自领着王庆祥到我家,让我移交资料的,说来他本是知情人,这时在我的逼问下也装不得糊涂了。

"既然是这样还存在什么'骗取'、'剽窃'的问题呢?"

"你们的书出不来了!"来调查的人说。

"那没关系,书出不出来我都吃饭,我要实事求是!"

来调查的人没问出他们所需要的材料,又提出要看王庆祥写给我的信,我们之间通信都围绕着合作写书这一主题,是光明正大的,当然也不怕别人看,我便拿出来摆在桌面上请他们随便看,他们看完信便告辞走了。

这次调查使我知道了某某人冒用了我的名义，面对这一不可忽视的原则问题，我当即执笔接连给中共中央宣传部、吉林省委和吉林省社会科学院写信澄清事实，揭露某某人冒用我的名义的行为。后来我才知道吉林省委原拟在全省批判"精神污染"大会上对王庆祥点名批判，中宣部原拟将此事通报全国，《人民日报》记者李长群两赴长春，准备撰文公开在报纸上批判他，在我写信之后把这些都撤消了，总算避免了这次偏差的进一步升级。1982年1月我给《人民日报》总编辑胡绩伟写信，对1981年9月24日《人民日报》编印的《情况汇编》第442期刊载的文章提出意见。我说，这篇文章使我甚为惊骇，我事前毫不知情。我过去曾与王庆祥计议合作写有关溥仪后半生的书。我根本没有指控王庆祥的根据、想法和要求，更谈不上什么"强烈要求"。我希望胡总编过问此事，在《情况汇编》上刊出更正，以正视听。

这期间，我又多次给编辑《情况汇编》的《人民日报》调研组写信，请他们纠正偏差。与此同时，王庆祥也分别于1981年11月10日和12日致信胡耀邦总书记和《人民日报》总编辑要求澄清事实。遗憾的是有些部门把事情搞错了以后，却不肯大大方方地纠正错误，本来已经很清楚的事情却又被放在旷日持久的"调查"中，故意不理出头绪，由此已经排印的几部书稿也全部搁置，给出版社带来很大的损失。

令我奇怪的是，《社会科学战线》编辑部那个主任本来知情，却在调查中有意引导我证实某某人的诬告"确有其事"，我看出他是别有用心的，我当然不会做昧良心的事。我又想到，我的那些资料尚由他们封存着，实在不放心，不久又收到来自长春的公函，声称已将我的资料"退还全国政协"，令我心生疑虑，遂决定前往长春向他们讨还资料。1982年4月20日，我由一位年轻的友人陪同来到长春，面见那几个调查组的人，他们竟拒绝归还资料，说让我写出书面保证，今后出书要跟全国政协商量，否则不能归还资料，还说"这是全国政协的意见"。我气愤已极，我来取自己的资料,你们既已不再跟我合作,为什么还要提这样条件那样条件?在无可奈何的情况下,我从4月21日起,开始绝食,表示抗议,我当时下了决心,不归还资料就死在这里。

在我绝食的一整天时间里,他们坐不住板凳了,其间连续与全国政协通话,要求赶快派人前来解决,但对方表示不能来;又让我听电话,我也拒绝了。继而他们又请示吉林省委,我听说省委有两点指示:一是热情接待,二是充分尊重本人意见。省委宣传部董速部长也有具体指示:立即把资料全部归还给李淑贤本人。当天晚上,吉林省社会科学院院长亲自找我谈话,透露了省委领导的意见,让我放心,并劝我进食,保重身体,还用车把我送回省宾馆休息。

22日和23日进行了资料交接,王庆祥作为资料经手人参加了这项工作,由他按原借据逐项向我归还。归还完毕,我又向在座的领导澄清了某某人向《人民日报》内参反映虚假情况的问题。继而亲赴省委宣传部,向关心我的董速部长当面致谢。在长春期间我还和王庆祥一起参观了伪皇宫陈列馆,在这丈夫当傀儡皇帝的"宫廷",受到陈列馆领导隆重的礼遇、热情的接待和详明的解说,开放了对外尚未开放的展厅。4月24日中午,我在宾馆门前与王庆祥及其妻子话别并合影后,踏上返京之途。

1982年12月27日我再次致信胡耀邦总书记,这封信终于得以摆在了中南海内总书记办公室的案头,胡耀邦当即批转《人民日报》,这才引起重视,仅几天时间《人民日报》社长秦川、调研部主任及一位女同志来我家核实情况。

"你最近给胡耀邦总书记写信了吗?"秦川社长问。

"是的,因为你们总不解决,我只有向领导汇报。"我坦率地回答说。

"这回就要解决了!"秦川社长说完,又跟我聊了一些别的话题,向我表示安慰。

1983年1月31日我写给胡耀邦的信被全文刊登在《情况汇编》第52期

（1983年）上。我在信中揭了那个街坊孩子冒用我的名义的底儿，实事求是地说明了他除了帮我记录两万多字外我们之间并无任何合作关系，溥仪遗稿等资料是我根据合作协议交给王庆祥的，所谓"骗往长春"等是不存在的。《情况汇编》编者刊发我这封信的同时，还加了按语，使这件事情得到基本的澄清。

与此同时，在吉林省委和宣传部"限期解决"一再催办下，吉林省社会科学院领导也找王庆祥谈话，承认他是代表组织与我合作的，又宣布把他调回研究岗位，并再度把溥仪研究项目列入该院科研规划，继续由他担任课题负责人，还于当年为他晋升了助理研究员职称。

由于这件事情卷进了中央和地方的一些领导部门，下个结论就显得很难了，长春方面的调查组直到1983年1月初才把一份调查报告交给省委宣传部，嗣后该部一位副部长找王庆祥谈话，说这件事情是"小题大做"了，一定尽快解决。原来这份调查报告虽然已在大节问题上给王庆祥澄清了，但仍想找点他的毛病，借以为某些失察的领导者掩饰。偏偏王庆祥仍不断地向中宣部、人民日报和吉林省委宣传部等领导部门反映情况，强烈要求彻底澄清问题，事情遂又因僵持不下而被长期搁置。然而，我们合作的有关溥仪生平的几种著作却从1984年起相继问世，遗憾的是那个冒名诬告的始作俑者趁机鞋底抹油——溜了，他躲开了本该受到的惩罚。

随着时间的推移和政治环境的变化，吉林省社科院党组终于在1988年5月24日对这一事件作出明确的结论：1981年9月24日人民日报《情况汇编》第442期反映王庆祥同志在整理出版溥仪遗稿过程中"不讲记者道德，采取卑劣手段巧取豪夺他人（注：指贾某）之功"等问题，是不存在的；调查期间收缴的王庆祥个人搜集和整理的有关溥仪研究的资料一律退还本人；调查期间形成的各种文字材料一律作废并予以销毁。至此似乎烟消云散了，故事却没有结束。

第八章 版权

骗 局

　　1983年12月，当我和王庆祥合作以来已经写出的三部书稿《溥仪与我》、《溥仪的后半生》和《溥仪手稿选编》，碍于有些文件尚未撤消，内参的影响尚未清除，还压在出版社不能问世的时候，王庆祥来信说，长春市政协领导已经看到了《溥仪与我》书稿，决定在他们的内部刊物《长春文史资料》上刊登，特征求我的意见。我很高兴，立即表示赞同，希望这本书能在溥仪生活了十四年的地方，首先发挥作用，再从"内部"走向"公开"。

　　不出所料，载有《溥仪与我》的《长春文史资料》于1984年2月发行后，立即引起了轰动性的连锁反映，长春市政协又不失时机地将其汇编入《末代皇后和皇妃》一书，交吉林人民出版社在1984年10月公开出版，印数达六十万册。与此同时，延边教育出版社也出版了单行本，发行三十五万册。全国政协所属的文史资料出版社还把它编入《溥仪离开紫禁城以后》一书，在1985年1月出版，而各地报刊争先恐后纷纷连载、选载。半年之后，由我提供资料、王庆祥编著的《溥仪的后半生》一书，也在吉林省政协编辑的《吉林文史资料》上发表了，一股强劲的"溥仪热"在中国大地上升腾起来，产生了良好的社会影响。然而，当这股热流从印刷品转向银幕和荧屏的时候，我的生活便再也不能安定下来了。因为《我的前半生》版权纠纷出现了，给我增添了无尽的烦恼。

《我的前半生》自1964年3月出版，到1984年国内第八次再版，已经跨越整整两个年代。二十年来，从没有任何人就溥仪是这本书的唯一作者提出过质疑和歧义。对这本书享有出版权的群众出版社，在1984年第八次再版前言中写道"……作者已于1967年逝世，不可能再作任何修改……"说明该社承认溥仪是《我的前半生》的唯一作者。特别说明问题的是曾帮助溥仪整理和修改书稿的李文达本人撰写的文章，他在1984年3月前后都写过不少涉及溥仪和《我的前半生》一书的文章，此前的文章中他都是把自己摆在编辑的岗位上。此后的文章却把自己升格为"半个作者"了，真有点滑天下之大稽。

1979年李文达在《旅游》创刊号上发表了题为《溥仪游故宫追记》的文章，开篇写道："1961年春夏之交的一天，故宫博物院里出现了一次有趣的'导游'活动，导游者是当年清朝的末代皇帝爱新觉罗·溥仪，接受导游的有出版社的编辑和博物院的专家等。"他又说，溥仪这次到故宫来，"是专为写回忆录《我的前半生》，来寻找回忆线索和写作灵感"。很明显李文达在这里是把自己摆在"出版社的编辑"这一位置上的。直到1984年3月李文达还在《书林》杂志上发表了题为《〈我的前半生〉编辑追忆》的文章，承认自己只是《我的前半生》一书的编辑，文中写道："到1983年3月，是《我的前半生》一书出版的二十周年。作者溥仪作古也有十七年了。我在此写下编辑此书的回忆，却从这些印象写起，丝毫没有讲笑话的心情。"李文达在这里说得非常明白，《我的前半生》一书的作者是溥仪，而他自己只是编辑。他又说，"我接受的任务，是帮助作者溥仪整理和补充原稿（油印稿）"，他这时对自己的作用谈得何等客观啊！

然而就在这本《书林》杂志发行才几天，风云突变，在李文达此后发表于内地和香港的同类文章中,再也不讲自己是编辑了,他把自己升格为"溥仪的合作者",他成了《我的前半生》一书的"作者之一"。这究竟是为什么?联系当时的背景,随着国际国内"溥仪热"的产生,《我的前半生》被从各种角度多次改编成电影、电视,身价也随之大涨,一个明确而简单的本属于溥仪的版权,无端地起了纠纷。谁能不怀疑这是金钱的杠杆作用在作怪呢!

1984年4月1日那天,群众出版社编务室主任赵中与李文达结伴来到我家。赵中问我现在香港、美国都要拍溥仪的电影,是否有人来找过?我告诉他没有什么人来找我,赵中就嘱咐我:"有人找你,你不要对他们说什么,就说什么都不知道,李文达都知道,有事去找李文达。今后有谁来找你,你就打电话告诉我们。"

过了不多几天,果真来了几个人,一位是香港著名导演李翰祥,一位是北京电影制片厂导演周七月,还有一位律师万仲祥。他们说来采访我,问我同溥仪一起生活的情况,当时我想起赵中嘱咐过我的话,就对他们说,你们还是去找李文达吧!他什么都知道。我只是应付几句,冷冷地接待了他们。因我家当时没有电话,离公用电话亭又远,所以直到第二天才给赵中打电话,把情况告诉了他。

"你说什么没有?"赵中问。

"没说什么。"我说。

"那很好,如果他们再来,你就再打电话告诉我。"从赵中的语气中透露出喜悦之情。

5月间我听到一些小道消息,讲得有鼻子有眼,说外国人给了溥仪家属九万元,买去了《我的前半生》一书的电影改编权,有的朋友还上门问:"听说你发财了,版权卖了九万元,真有这事吗?"我实事求是地回答说:"甭说九万元,连一分钱我也没见着。"当时我仍认为是谣传,并未理会，可传闻越来越多。俗话说无风不起浪，我决定打听一下，弄清到底是怎么一回事。

后来为了《我的前半生》一书的印数稿酬问题，我曾到国家版权局去询问有关情况，乘便也问到该书电影改编权向外国人转让的事，他们说具体不详，可以向中国电影合作制片公司（简称"合拍公司"）询问。于是我在5月29日前往合拍公司见到了经理李志明，我问他是否有这么一回事，他含含糊糊地说："有些钱，有些钱。"却不告诉我具体数目，更闭口不谈已同意大利签了协议，接着突然又对我说："明天晚上我们在民族饭店吃饭，请你也去参加。"虽然当时我还不知道什么情况，但也感到这里边有文章，就拒绝说，没有时间，我不去。

那天我又在街上转了一些地方，回到家时看到了群众出版社文艺部主任王兰升和赵中托邻居转给我的一张便条，我一看，原来是李文达写给群众出版社的委托书。委托书大意是：关于《我的前半生》（1964年版）国外改编电影、电视之权对意大利想象影业公司的谈判，我们委托你社全权办理，我们也不再就此书的改编权一事再与任何其他方面签约。赵中在留给我的便条上，要求我把名字签在李文达的签名下面。

我反复看了这份"委托书"，发现上面没有落款日期，联想此前听到的种种议论以及刚才发生在合拍公司内的情况，我明显地感到这里面有骗局。遂拒绝在那张委托书上签字，当我还蒙在鼓里的时候怎么能糊里糊涂地签字呢！何况我也不明白既然是溥仪的《我的前半生》一书之事，为什么要李文达写委托书，还要把我的名字签在他下面，这不等于说他也成了书的作者了吗？

第二天下午合拍公司李经理带车来接我，一定让我赴宴，我还是告以"没有时间不能去"。他说："无论如何你也要去，哪怕只坐一坐也行，费不了多少时间。"我不好意思再推辞，勉强跟他去了。一走进民族饭店就看见李文达坐在那里,还有群众出版社的王兰升、外文出版社的代表、合拍公司的人和两位外国人,这时突然有人端着摄影机走出来了,对准我们噼噼啪啪地照起相来,弄得我莫明其妙,李经理马上解释说,这是我的朋友孙乔森,给大家留个影作纪念。我就这样被稀里糊涂地带到神秘的宴会上来了,饭后李经理和他的"朋友"孙乔森用小车送我回家,并随我进屋坐了一会儿。李经理还提出他的朋友要跟我合影,我当面不便拒绝,他抓住机会给我和孙乔森拍了几张照。

李经理和孙乔森走后,我愈想愈觉得这里边似乎有不可告人的秘密,第二天即5月31日我打电话给李经理,明确地告诉他,请不要把昨天拍摄的含有我的形象的照片交给外界发表。然而我想得太简单,他们当然不会尊重我这个意见,不出所料,那些照片被迅速送上了国内外一些报刊的版面,而图片文字说明则是他们按照自己的意图编造的,说他们"正在同李淑贤和李文达商谈拍摄《末代皇帝》影片事宜"云云。甚至把孙乔森和我在家里拍的照片也发表出去,同样编造了一套谎言作为文字说明:"特一级摄影师孙乔森访问李淑贤,动员她要维护国家利益和她个人的合法权益,勿受外人欺骗。"原来他们向我隐瞒了跟意大利签约的事,心中有鬼,所以就制造这些照片来当证据,把意大利拍摄影片《末代皇帝》的合作者的帽子强加在我的头上,以虚假的舆论欺骗不明真相的群众,达到弄假成真的目的。事实上在民族饭店吃饭那天,自始至终都没有人跟我谈过一句拍电影的事,他们这样卑劣的做法实在令人气愤和难以容忍,也让我终于认清了他们的面目。

我终于得知了实情,早在1984年3月27日,出版《我的前半生》一书的群众出版社和出版该书各种外文版本的外文出版社,已同意大利罗马想象影业公司正式签订了把该书改编为电影的版权转让协议书。他们事先瞒了我,事后很长时间还不告诉我,李文达和赵中到我家去仍不讲实话,直到我去合拍公司追问还吞吞吐吐，在民族饭店吃饭也光照相不说拍电影的事，连两个月后让我补签委托书也不说明此事前因后果。在他们的心目中，哪里还有《我的前半生》作者溥仪的影子。

我的生活从此失去了安宁，本来就患有神经衰弱症，现在更经常失眠。回想溥仪生前我们相依为命的情景，良心告诉我，恢复溥仪作为《我的前半生》一书的作者权，是我应尽的责任。我决定从向群众出版社索要《我的前半生》一书的印数稿酬这件事做起。

《火龙》开拍前后

《我的前半生》自1964年出版后，群众出版社只付给作者一次稿费，虽然该书多次再版，印数超过百万，但该社从未付过印数稿酬。1980年中宣部关于印数稿酬的文件公布后我开始与出版社交涉，但未获结果。我也曾走访国家版权局，有关负责人答复说："出版社应按规定付给作者印数稿酬，溥仪是作者也是公民，当然应该享受印数稿酬。"他让我写一份书面材料并转给群众出版社，要求出版社按规定办，但未见下文，为此我跑来跑去，总是无效。产生版权纠纷以后，我跑得更勤了，仍是毫无头绪。

再说1984年4月香港导演李翰祥等来过以后，又让周七月在5月份到我家来过几次，了解我和溥仪共同生活几年间的情况，后来我问周七月有什么打算，他才透露说李翰祥想要拍摄一部反映溥仪后半生生活的电影，希望我给予支持。当时我未答复，这时王庆祥正在北京查阅档案，因为撰写反映溥仪后半生的书是我们合作，我便把他找来商量，他表示赞成。一两天后李翰祥派人把我接到香港新昆仑影业有限公司驻京办事处，他当着

香港著名导演李翰祥（右二）、《火龙》副导演周七月（右一）与李淑贤、王庆祥在《火龙》拍摄现场

《北京法制报》登出《我的前半生》官司报道：《溥仪遗孀李淑贤又添新烦恼》。

周七月的面对我说："现在香港、台湾到处都出溥仪的书，谁想出就出，也不给中国一分钱，也不给作者家属付稿费，我可以帮助你把溥仪的有关著作在香港进行国际登记，登记以后任何国家任何人都不能随便出溥仪的书了，谁再出，谁就得付版权费。"听完这番话，我并不全懂，遂问周七月："如果拿到香港登记，对国家有没有不利的地方？"他回答说，对国家不但没有损害还会有好处哩！登记以后谁要再出溥仪的书，谁就得给我们国家钱，能给国家增加外汇收入。于是我同意委托李翰祥办理在香港登记事宜。

1984年6月5日李翰祥派车把我和王庆祥等人接到西苑饭店内李翰祥的工作专用车中，商谈签订拍摄电影《火龙》的协议，经与李翰祥及其律师李文杰、万仲祥共同讨论，草签了拍摄《火龙》的合同书，几天以后李翰祥又在建国饭店设宴招待签约双方有关人员。香港新昆仑影业公司方面李翰祥、周七月、李文杰、万仲祥等参加，我们方面除我和王庆祥外还有我的朋友沙曾熙、张雪明等人参加，宴会前举行了电影《火龙》合同书正式签字仪式。事后有人大肆宣扬说我把版权卖给了李翰祥，其实我只是委托他在香港进行版权登记，防止国外难以禁遏的盗版。不过，由于种种原因，在香港登记版权并未实现，而我们与李翰祥所签的合同书也只限于拍摄电影《火龙》一事，电影拍完那份合同书也随之失效。对这些事我就再没有打电话告诉赵中了，因为他们欺骗我，如果他们与意大利签约前能告诉我实情，我也就不会委托李翰祥在香港登记版权了。

《我的前半生》版权问题以及印数稿酬问题都落实不了，于是，我在1984年11月写信给邓小平和邓颖超两位国家领导人，请他们过问此事。我的信很快就被批转到中共中央办公厅信访局，该局派人向国家出版局和群众出版社了解情况以后，将来信摘要及国家版权局的意见呈送中央领导。

对于印数稿酬问题，中宣部出版局最早拿出了明确的意见：按稿酬条例规定，应付给李淑贤印数稿酬，群众出版社不给是不对的。继而，中宣部和国家公安部的领导均有批示："照出版局意见执行，没有什么可异议的。"

差不多与此同时，中宣部出版局又为了《我的前半生》一书版权问题，约见群众出版社有关人员，作了具体指示。嗣后群众出版社派人走访了中宣部出版局版权处，与该处处长李奇、干部翟一我和徐超，并约请中国社会科学院法学研究所专门研究知识产权的学者郑成思参加，对《我的前半生》版权归属问题进行了研究和探讨，并形成了一致意见：一、《我的前半生》一书作者是溥仪，因而溥仪享有版权，其妻李淑贤享有继承权；二、群众出版社享有该书的专有出版权而没有版权；三、李文达不应视为作者，因而也不享有版权……群众出版社根据讨论结果，于1985年2月9日写成《关于〈我的前半生〉一书版权争议问题的意见》，向中央有关领导作了汇报，而对该社过去的错误做法作了自我批评。

1985年3月18日，群众出版社派人给我送来积压多年的印数稿酬。同年4月16日群众出版社社长兼总编辑于浩成约我在北京饭店聚餐，该社副社长杨易、党委书记李庆馀、文艺部主任王兰升、《啄木鸟》编辑王永虹和一位摄影师等与席。席间于浩成代表出版社讲话，他宣布说，根据上级指示，《我的前半生》一书唯一作者是溥仪，版权归溥仪所有。李淑贤作为溥仪的妻子是该书版权的合法继承人，以前我们错误地认为该书版权属于出版社，所以未向李淑贤支付印数稿酬，这是不对的，今天特把李淑贤请来表示道歉。

1985年3月20日下午三时半许，国家文化部两位干部来到我家，了解李翰祥拍电影的情况，问我向李翰祥提供了哪些资料？我说，李翰祥的《火龙》要拍溥仪的后半生生活，我向他提供了从我们相识直到溥仪去世这一时期的真实生活情况。他们好像才弄明白似地说："哦，原来是这样。"好像他们得出了结论：李翰祥的《火龙》和贝托卢奇的《末代皇帝》并不是一码事。

这时，反映溥仪后半生生活的影片《火龙》正在紧张地摄制中，1984年12月在京开机之前，香港新昆仑影业公司与中国电视剧制作中心在西单鸿宾楼举行招待会，宴请各方人士和海内外记者，中央电视台台长阮若林、中国电视剧制作中心经理黄宗汉等出席了招待会。会后即在西城区东观音寺22号我和溥仪共同居住的地方开机拍摄，溥仪由堪称"影帝"的香港明星梁家辉扮演，而我则由堪称"影后"的著名影星潘虹扮演。我几乎每天都去看他们拍戏，表演确实非常成功。他们为了把溥仪演像，把我们的生活演得逼真，常向我询问许多细节。例如梁家辉原来是准备了"头套"的，我告诉李翰祥说，溥仪没有白头发，根本不必戴头套。

记得有一次，在协和医院实景拍摄1965年我在这里住院时溥仪来看望我，在病房里照顾我的镜头，我觉得溥仪好像还活着，就坐在我身边，当时激动得难以自持，眼泪顺着脸颊流淌下来。

我每次见到李翰祥都要询问《火龙》的拍摄情况，还常与摄制组的演员交谈。记得李导演在拍摄现场接待记者采访时说过："我想用'生于忧患，死于忧患'概括溥仪的一生，他是一位充满着人情味、趣味性的传奇人物，作为一位皇帝他没有像历代帝王一样修建陵寝，而是在'文革'的特殊年代里被火化，成为中国历史上唯一的一条火化的'龙'，这是在旧的中国历史上不可思议的事，也是用封建意识所不能解释的事，然而这却是历史的真实，从神的溥仪到人的溥仪，他的意识形态、思想认识和生活习惯上的种种变化，都能给人很多历史的回顾和思考，这也是我们为本片取名《火龙》的含意。"当年二十六岁的香港演员梁家辉，也曾谈到他对扮演对象——溥仪的理解，他说溥仪前半生一直是个傀儡，特赦后才成为自食其力的公民，成为真正的人，与李淑贤结婚后把自己的纯真感情完全放射出来，同时也接受了李淑贤那份真情，并逐渐学会了一个普通公民应该做的许多事情。潘虹则向记者表示："作为扮演李淑贤的演员，我要做到让她本人满意,让广大观众满意。"我相信他们能把一个真实的生活中的溥仪表现出来,呈现给期待在银幕前的万千观众。

版权纠纷一波三折

《火龙》把我拉回了20年前温馨的家庭之中,有一个时期我很快活,心情舒展,不由得回忆起当年溥仪为出版《我的前半生》一书而忘我工作的情景。为了纪念那段时光,我撰写了《〈我的前半生〉撰写纪实》一文,发表在1985年第3期《博览群书》上,同年3月31日《光明日报》也转载了这篇文章,客观叙述了溥仪在撰写工作中认真细致、一丝不苟,核实各种各样历史资料的事实,而且也如实地说明了许多人给他的帮助:

例如,老舍曾在《我的前半生》书稿上修改润色;溥杰则在特赦前和特赦后不倦地帮助溥仪回忆并认识一些过去的事件;李文达同志也从编辑的角度帮助溥仪修改过书稿,还有许多专家提出过意见,许多亲属提供过资料,所有这一切溥仪都没有忘记,当他领到稿费的时候,首先想到要拿出一部分酬谢曾在写书中付出了劳动的人。

我还真以为版权纠纷已成过去,一位来访的朋友就在这时又把我拽回到现实之中了,那是1985年6月的一天,他很关切地问我版权问题解决了没有?我告诉他已经解决,并且把处理意见的内容也对他讲了。

"有书面证明吗?"他问。

"证明,什么证明?"我疑惑不解。

"哎呀——"他长叹一声,"你这人总是这么天真,我看还是去要一张版权归属意见证明书吧!这样对谁都有好处。"

经朋友提醒后我就到群众出版社去找于浩成社长,很不巧那天社长不在,王兰升接待了我,我说明来意,要求出版社给我写一份版权继承人的证明。

"谁说版权归你了?"王兰升反问道。

"在北京饭店吃饭那天,于浩成当众宣布的呀!你不是也在场吗?"我说。

"我没听见!"

"那就请于浩成来吧!"

"于社长开会去了,不在家。"

"那就请你转告他,跟他约个时间,我还要来找他。"

几天之后,我接到王兰升的来信,说于浩成7月9日将来我家面谈。到了那天却只有王兰升一人来了,他说于浩成出差到武汉去了,我问他什么时候能回来,他说也许得要几个月,说不定。

后来我才知道,王兰升这时正在撰写《也谈〈我的前半生〉的创作和出版》一文,他在文章中为李文达评功摆好,说他对《我的前半生》一书有大功劳,这样讲本来也是可以的,我从来不否认李文达的功劳,但他把"合作写书"偷偷地塞入文中,就别有用心了,为了替李文达争得"作者之一"的地位,他仅凭主观想象就下断语说:

> 尽管文达没有署名,但谁都清楚此书乃溥仪和李文达合作的成果。没有溥仪这个特殊人物和他复杂的传奇性的经历,当然不会有这本书!不过没有文达的精心构思和辛勤劳动,也绝不会有今天这样一本有分量有特色有影响的《我的前半生》。群众出版社付稿酬时,两人各半,盖据此而定。

似乎李文达成了文坛第一高手，离开他溥仪就写不出自己的回忆录来，这样武断地评说显然是极不严肃极不负责的。不久，署名"来泉"的这篇文章就在1985年第7期《博览群书》上发表了，他要跟我论战，我不怕，真理不是可以随便说的。

王兰升走后不久，在人民出版社工作的沙曾熙受人之托来通知我，说国家版权局版权处让我去一趟，当天下午我就去了，见到了该处负责人沈仁干，他先问我对版权有何意见？我说群众出版社已把印数稿酬给我送去了，又在北京饭店的晚餐会上，由于浩成当场宣布溥仪是《我的前半生》一书的唯一作者，我是版权合法继承人，版权问题已经明确了。

"《我的前半生》一书版权有李文达一半。"沈仁干说。

"李文达当时是出版社的编辑，是受组织委派帮助溥仪整理书稿的，他并非作者，不应享有版权。"我说。

"李文达有很多证据！你说于浩成在北京饭店吃饭时宣布如何如何，根本就没那回事！"沈仁干说。

"你们这样说就不是实事求是了，可以把于浩成请来对证吗！"

双方各持己见，争执不下，从下午两点钟一直争论到五点多钟，已经超过了下班时间，还没有取得一致的意见，就不欢而散了。

1985年11月4日，国家版权局（后改为国家新闻出版署）将该局《关于〈我的前半生〉一书版权归属的处理意见》一文的抄件寄给了我，声称："由李文达执笔、溥仪审改同意的《我的前半生》一书……是溥仪和李文达合作创作的，他们之间不是作者与编辑的关系，而是合作作者的关系。版权应归溥仪和李文达共有。"我不知道国家版权局依据什么理由提出这样的意见？又是依据法规的哪条哪款而如此轻率地推翻业经中央领导批准的处理意见，使版权归属重起争端，同时，国内外舆论大哗，造成混乱。我认为这个处理意见违背了历史事实，不是实事求是的，不是公正的，所以我在接到文件后立即给版权局写信提出了我不能接受的理由，但始终没有得到答复。

　　国家版权局的这个"处理意见"所以把李文达视作《我的前半生》一书的作者，无非是认为他帮助溥仪整理书稿有功劳。其实并没有人否认这一点，该书初版时溥仪拿出一半稿费酬谢李文达，正是对他的这份功劳给予肯定，溥仪给他写的条幅："四载精勤如一日，挥毫助我书完成，为党事业为人民，赎罪立功爱新生。"也肯定了李文达的帮助之劳，所谓"助我书完成"，却绝没有把李文达当作作者的意思。

　　问题很明白，《我的前半生》是写溥仪从皇帝到公民的特殊经历，这只能是溥仪的经历，而不是李文达的经历，这一特定的内涵本身就决定了李文达在写书过程中的地位，他只能在结构调整和文字润色方面起到一定的作用，而不可能在内容方面进行"创作"。中外不少名人、党政领导人的文章都是由人代笔，比如那些帮助老一辈写革命回忆录的同志，不仅要查阅大量资料，而且可能还要身背干粮重走长征路，风餐露宿体验当年战争的艰辛，那份劳累比起走访抚顺，重游紫禁城不会轻松些吧？如果这些代笔者竟因此而争起版权来岂不热闹？

　　其实关于李文达是否拥有《我的前半生》一书作者地位，在群众出版社1985年7月18日给中共中央宣传部的报告中早就有认定了，该报告写道："……我们认为他（指李文达）作为出版社的一员，当时和其他许多同志一样受组织之托，担负帮助溥仪整理该书任务……我们从不认为《我的前半生》是溥仪与李文达合作的，李是第二作者，更谈不上他享有一半版权问题。"我国《图书、期刊版权保护试行条例》第4条规定："本条例所称的作者是指直接创作作品的人。如无相反证明，在作品上署名的应视为作者。"二十多年以来，《我的前半生》始终以爱新觉罗·溥仪的署名在国际国内大量发行，现在一个责任编辑却要拥有该书版权，也可以称为中外奇闻吧？

原来这时，以摄制《巴黎最后的探戈》、《一九〇〇》等影片而闻名国际的意大利导演贝托卢奇，也声称已从中国方面取得拍摄末代皇帝溥仪的授权，并取得了美国方面的投资将于年内开拍。群众出版社的变化，国家版权局的态度大概都与这件事情有关，对此许多人也都看得一清二楚。在1985年9月15日出版的香港《中外影画》第67期上，就刊出了李翰祥关于溥仪自传版权之争的谈话。他说：

因为过去中国法制不健全，很多人缺乏法制观念。大家改编拍电影都没有想到有版权问题。拍《红楼梦》、拍《聊斋》谁也不能跟蒲松龄的家人买版权，也没有人跟曹雪芹的家人买版权，所以变成好像是《我的前半生》也跟《红楼梦》、《聊斋》被一样看待。那是错的，因为作者爱新觉罗·溥仪虽然死了，他的唯一的合法继承人——他的妻子李淑贤是存在的。《我的前半生》的版权，正如老舍的《四世同堂》、鲁迅的《阿Q正传》、张恨水的《啼笑姻缘》等著作一样，是有人继承版权的。我今天不相信，有人要拍老舍的著作，能够忽略胡絜青的存在。但是由于李淑贤是一个孤苦无依的弱者，她现在住在一个很简单的居室，当然，不缺衣，也不少食，但可以说是很清贫，很孤独。所以很多人都忽略了有这么一个溥仪的继承人的存在。意大利《马可·波罗》的制片，要拍《我的前半生》和溥仪，有关单位（编按：指群众出版社）没有征得李淑贤的同意，就把版权卖给了意大利人，他们分了版权费，也觉得不合适，他们不知道自己拥有不拥有溥仪的版权，于是就拿了一部分钱给李文达，叫李文达签字，又拿了一部分钱给李淑贤，也叫李淑贤签字，淑贤虽是个老太太，但她人很清醒，就问版权和李文达有什么关系？没想到，这个弱者，并不是弱者，她很坚强，她不肯签这个字，也不肯收这个钱。

当时《中外影画》的记者也采访了我，我如实地告诉他们说，意大利人要拍《我的前半生》和溥仪生平，群众出版社、外文出版社便把版权卖了，早就跟他们签了协议。起初我对此一无所知，他们拿溥仪的书去编戏，起码要跟我打个招呼吧，拍片子也应该通知我吧，但那个时候没有人来找我，他们不承认版权是我的，根本就不理我，不把我放在眼里。后来发生了矛盾，他们又让我和李文达一起给意大利人签字，李文达并不是作者，他有什么资格签字呢！于是，出现了版权之争。其实这本来是个非常简单的问题，李翰祥是这样对《中外影画》的记者说的：

爱新觉罗·溥仪写的《我的前半生》，是一部中国末代皇帝的自传。作者署名"爱新觉罗·溥仪"，这部书的版权应该属于溥仪。溥仪死后，应该由他的唯一的妻子李淑贤继承，李淑贤是这部书的版权所有者。这个在全世界都能很明显的问题，在我们中国就复杂了。溥仪在写这本书的时候，出版社派了一位李文达先生帮助溥仪整理、修改这本书。李文达先生在国内、香港的报刊上写了很多文章，说书是他写的，所以版权是他的。我们说，错了！我们只承认书是你参加写的，你只是拿了稿费，你不拥有版权。世界上很多作家写作时，有他的私人秘书在打字，在润饰，但是秘书不是著作者，秘书不拥有版权。我们今天也可以假设说，即使溥仪没有写过一个字，全是溥仪口述，李文达整理的，如果把你的写法变成打字机上的字，你就是打字员，这部书的作者仍然是溥仪。李文达也不拥有版权，这是不必争执的。

就是这么个"不必争执"的问题，却成了报纸上的一大新闻和社会上的一大公案，竟困扰了我十多年，至今未获最后的解决。

深圳行

《火龙》摄制完成以后，李翰祥导演在北京主持了大型而隆重的招待会。那是在1985年10月15日下午，我应邀出席了招待会，出席招待会的还有中外新闻界人士等数百人，会上放映了影片《火龙》。

看电影的时候，溥仪和我共同生活的岁月又回到了身边，他仿佛又活了过来，我无论如何也控制不住内心的情感而呜呜咽咽地哭了起来，眼睛哭得红肿红肿的，泪水挡住了视线，模模糊糊地看这场电影。陪伴在我身边的大姐劝我不要哭了，好好地看电影，把情节看全了，可是我却止不住眼泪，一直哭到电影演完。丈夫去世整整十八年了，他的音容笑貌又栩栩如生呈现在银幕上，勾起我无尽的回忆，我怎么能不哭呢！

座谈的时候，记者们一窝蜂地围上来采访我，问我《火龙》拍摄得是否真实？我说，很真实，片子也拍得很好，很像，我和溥仪就是那样在一起生活的。我感谢李翰祥导演，感谢《火龙》摄制组全体演职人员，他们拍摄了一部好影片，表现了中国政府改造战犯的政策，再现了溥仪的后半生生活，连许多细节都很真实。溥仪正是这样一个人，由于他当皇帝的时候前呼后拥，离开宫廷以后就不会生活了，他很笨很笨，虽然经过改造有了一些锻炼，但还是笨，我们当然不能用一般人的标准去要求他。

开完招待会又过了一天，即1985年10月17日正是溥仪逝世十八周年的祭日，我买了鲜花要到八宝山革命公墓去看望丈夫，香港新昆仑影业公司北京办事处特派孙家祺和李丽两人带车送我。当我站在亲人像前掏出手帕轻轻擦拭骨灰盒上的灰尘时，又不由得一阵心酸，泪水夺眶而出，我默念说："溥仪呀！今天是你的祭日，我来看看你，你离开我已经整整十八年了，我终于熬过了这一段漫长而坎坷的岁月，现在我有了退休金和公费医疗，生活条件大大改善了，再不用为生活和治病发愁了，你可以放心了，

香港《文汇报》1986年3月25日报道李淑贤、李玉琴在深圳新园宾馆会晤香港记者

而且我们在一起的那段生活已经拍成了电影，我们当年的生活又回来了，你能看到《火龙》这部电影吗？你也一定会很高兴的！"等我回到车里，才知道这一切早被李丽女士跟踪录了像，中午在李翰祥的办事处吃饭时还放了一遍，又让我感慨万千。

五个月以后，应李翰祥先生与中国电视剧国际合作公司的邀请，我于1986年3月22日飞赴深圳出席《火龙》首映式，同机前往的还有李玉琴及《火龙》剧组的五六个人，当天下午六点多钟抵达广州白云机场，下榻于东山宾馆。第二天吃过早点，便乘坐面包车上路了，透过车窗饱览祖国南方的早春景色，感到十分惬意，途中在一家乡镇餐馆吃饭和休息。这里门面不大，端上餐桌的几道菜肴却有滋有味。午饭后继续赶路，直到下午三点多钟才进入深圳市区，下榻于花园宾馆。

我身体不好，怕经不起旅途劳累本不想来，实在因为《火龙》这部影片与我的关系至深，不愿拂却万千观众的一片期待之情才决定来了。这是我第一次坐飞机，接着又乘了八个多小时的汽车，很不适应，到深圳时已感到头昏眼花疲惫不堪了，我服用了许多药物才强打精神，坚持着参加了第二天在深圳新园宾馆举行的《火龙》首映式。

3月24日早上八点多钟，导演李翰祥携夫人张翠英和饰演李玉琴的女儿李殿馨、饰演溥仪的梁家辉一起来到宾馆。饰演我的潘虹，因工作忙而未能到深圳来。一小时后，又从香港过来一大批新闻记者和影视各界来宾约百余人，首映式气氛隆重而热烈，直到中午十二点圆满结束。接着聚餐，许多相识和不相识的朋友频频来到我的座位前举杯敬酒，他们的诚意、尊重和情谊令我十分感动，聚餐前后香港多家电视台又来录像和对我单独进行采访，我和李玉琴都即席回答了记者们提出的许多问题。香港《文汇报》第二天便以《溥仪的遗孀和末代皇妃李淑贤李玉琴深圳会客》为题刊出了消息：

《火龙》中的两个真实人物——李淑贤（溥仪成平民后娶的妻子）及李玉琴（溥仪当皇帝最后一个皇妃）昨天在深圳新园宾馆晤香港记者。《火》片导演李翰祥、监制曹惠、饰演溥仪的梁家辉、演福贵人李玉琴的李殿馨也出席。一行廿余人香港记者团抵新园宾馆未几，李淑贤、李玉琴在李翰祥、梁家辉等陪同下抵招待会。她们一个瘦弱恭谨，神态羞怯；另一个身形实态，模样淡定。两位女士，虽然还没有介绍名字，但记者看过《火龙》，很容易知道前者是李淑贤，后者是李玉琴。可见李翰祥选瘦削的潘虹饰李淑贤及珠圆玉润的李殿馨饰李玉琴是有根据的。

许多报纸对我回答记者提问的内容都作了详实的报道。

有人问我与溥仪相识是否如外间传说"是组织上安排的"？我否认了，说是由朋友介绍而认识的，最初介绍人不讲明对方的身份，经我一再追问才透露出对方原是"皇帝"，我还担心"皇帝"的"霸气"不减，见面后才发觉对方很随和，一点都不凶，完全是个普通的人，此后经过五个月的恋爱，便双方情愿喜结连理。

有人插问"才相识五个月就结婚，是否觉得快些"？我说当时彼此都觉得五个月的时间很长，因为我和溥仪都渴望快些一起生活，我俩都不是十几岁、二十几岁的孩子，那年他五十六，我也三十七岁了。

又有人问我们的婚后生活，"是否就像《火龙》描写的那样"？我说李翰祥拍得很真实，潘虹的表演也很像，令我犹如回到当年情景，一看到影片的情节便会感动得落泪。影片中不少细节都是我们现实生活中的写照，比方戏里梁家辉下厨蒸鱼，手被烫而致瓷碟和鱼全都摔在地上，潘虹生气地表示要与他离婚，把梁家辉吓得又钻进厨房拿刀自杀。我说当时就像影片中的情节，提离婚只是吓唬他，哪知溥仪却认真了，从此我再也不敢跟他开这种玩笑。

还有人问我们婚后"为什么没生小孩子"？我据实回答说，婚后才知道溥仪生理有问题，他先后娶进的四个老婆都养不了孩子，但我并不后悔和他结婚，因为我从小就失去了双亲，又没有兄弟姊妹，溥仪虽有兄弟姊妹，但特赦后他们的来往也不多，两人都觉得寂寞，婚后我们相亲相爱，相依为命，都感到很幸福。

"溥仪早早就走了，这些年你是怎么过来的？"记者的这个问题又勾起了我的满腹伤感。我回答说，我和溥仪共同走过了甜蜜而短暂的六个春秋，如今溥仪去世有十九年了，"文革"年代实在很困难，现在我是北京市朝阳区的政协委员，每月有固定的退休工资收入，政治和生活方面都有人照顾了。独自生活当然会寂寞，但我早已习惯了，加上患有慢性肾炎、神经衰弱等症，也不宜照顾孩子，每天除参加一些社会活动外，还喜欢读报纸、听收音机、看电视，有时间还要给全国各地的读者来信写回信，借以回报他们的关心和爱护，我觉得这样生活也很充实。

与记者见面后，我跟从北京来的几位同伴一起在附近的街市上游逛了一回，看看深圳的市容，这座新兴的城市建设得相当美好，到处是现代化的高楼大厦，简直就是一个小香港。

第二天一早，我和剧组的同志们一起由公安部门派人陪同乘车前往沙头角观光游览，在这条与香港只有一道之隔的街市上店铺林立，商品繁多，特别是来自香港的大批商品，服装式样新颖，衣料花色齐全，日用百货应有尽有，遗憾的是摆在大商店里的商品都要用港币购买，我们手持人民币只能在推车上买些便宜的小商品，中午在一处酒家用膳后返回深圳。

3月26日继续在深圳参观，先游览了深圳第一流的大饭店——花园酒店，这里规模庞大，设施先进，集吃、住、用、玩于一处，堪称旅游者的乐园。继往友谊商店，这里比北京的友谊商店还要大，还有气派，商品琳琅满目令人眼花缭乱，但对于手中没有港币和外币的我来说也只能参观而已。下午又走了几家商店,我选购了几块衣料和几件日用品,作为这次深圳之行的纪念。在深圳特区观光只有短短的两三天时间,却让我看到了改革开放的新气象,可以证明党的十一届三中全会以来的路线、方针、政策是深得人心的。

　　结束了在深圳特区的观光旅游之后我们就踏上了归程,飞抵北京家中已是3月29日下午五点多钟了,打开房门竟让我大吃一惊,两个房间中的家具物品都泡在三寸高的水中了,原来是五楼邻居家的孩子弄坏了厨房里的水龙头,水从五楼一直淌到二楼。我又着急又发愁,多亏邻居家的小阿姨主动过来帮忙,等我们两人连掏水带扫地,好不容易把室内打扫干净以后,已是晚上九点多钟了。这时我才感到又累又饿,煮了一点稀饭凑合了一顿。这一夜辗转反侧,久久不能入睡,联想溥仪死后二十来年,我拖着多病的身体举目无亲,孤苦伶仃地一个人苦熬时光,生活上的困难就算勉强可以克服,而《我的前半生》一书版权纠纷却给我带来无尽无休的烦恼。

寻找公正

　　1986年6月,我动了通过法律途径解除烦恼的念头,最先是把起诉事宜委托给了北京市第九法律事务所关乃范、周汝成和赵聪三位律师。起初他们对这个案子还很负责任,积极做了一些调查,但后来就难得见他们一面了,也许他们都是兼职律师,工作忙,虽经多次催问,过了好几个月也未向法院提出诉状,我心急如焚,却想不出好办法来。

　　1987年3月,有位朋友的好友刘律师愿意帮忙,代我写了起诉书,呈交北京市中级人民法院,一个多月过去竟如石沉大海,我实在坐不住就去上访，问法院是否受理我的版权纠纷案件？一位审判长回答说，可以受理，但需要时间进行调查。我又等了好几个月还是没信儿，而这期间未经我授权的意大利人正大张旗鼓地拍戏，急得我就像热锅上的蚂蚁，法院一再推托，这里面显然有问题，而且可能是法院无权解决的问题。

我决定上访中共中央信访局，该局一位科长马万同志接待了我，他向我了解《我的前半生》一书成书过程，几天之后信访局又派三位同志到我家来，进一步了解版权纠纷的前因后果，然后又让我写一份书面材料送交信访局。等待处理结果期间又经几次催问，马万同志最后告诉我："信访局已将你的材料向中央领导同志作了汇报，且已有了批示，要求国家新闻出版署处理，你可以去找该署版权处处长沈仁干问问。"于是，问题又回到前此曾打过交道的沈仁干那里去了。

见到沈仁干我说明了来意并询问："是否有中央领导同志关于《我的前半生》版权的批示送给你们？"不料他矢口否认："我们根本就没有见过批示！"两人就此把话说僵了。我说，你们是国家机关，办事要公正，他一听这话就火了，打开办公室的门轰我出去，喊着："你走，你走！我们不公正，你去找公正的地方吧！你到法院去告吧！"我说，你不用轰我，这是国家的地方，有事我可以来，想走也可以走，你身为国家干部就这样对待来访的公民吗？当时把我气得快要摔倒了，头也晕了。我去找新闻出版署署长，向他反映版权处处长的粗暴态度，当时署长外出未归，他的助理接待了我。过了一些日子，署长又通知我去谈了一次，只是安慰一番，不能解决实际问题。

为了确认溥仪的版权，我拖着多病的身体四处奔波，回想那些冷面孔，我真泄气了。但如果就此撒手，不仅对不起溥仪，还容易引起误解，以为这场争论只是金钱之争。我既无子也无孙，争那么些钱带到棺材里去吗？就是不让人随心所欲地欺负我。我相信在我们社会主义国家里，有正义感的人占多数，我的努力不会白费。你轰我，让我去找公正的地方，我也一定能够找到公正的地方。

我想，法院是公正的，还是要依靠司法部门解决问题，于是我再度迈进北京市中级人民法院的门槛。李大元审判长对我说："你的起诉书写得不太清楚，要重写一份送来。"还问谁是代理律师？原来管我这个案子的关乃范等三位律师实在太忙，见不着面，我想另聘律师。遂求教于朝阳区法院王亚利院长，经她介绍，北京市第一法律事务所特邀律师马玉贞同意做我的代理人，于是我在1987年6月把案子委托给马玉贞律师了。

马律师接手后，重新起草了起诉书，仍递交到北京市中级人民法院，结果还是不顺利，长时间无下文。尽管我多次上访法院，总是见不到管事的人，好不容易碰上李大元审判长，答复还是那句话："法院对案情正在调查，你要耐心等待，别着急，有消息就通知你。"我左等没头，右等还是没有头，而贝托卢奇拍的电影却每天都在进展。马律师最后才向我亮了底牌，她说法院虽然受理了，但拖着不办，她也没有办法。我只好硬着头皮再去找李大元审判长，结果不是遇上他开会，便是碰上他出差，根本见不着人。

迫不得已，我在1988年5月解除了对马玉贞律师的委托，又聘请西城区法律顾问处兼职律师刘红路和第九法律事务所兼职律师沈志耕为代理人。嗣后法院还是拖着不办，两位兼职律师跟我的联系也很少，连打电话也难得找到他们。当时我想不明白，对这件案情并不复杂而社会影响不可谓小的案子，法院为什么一拖再拖？而且是在意大利人继续侵权拍电影的情况下一拖再拖？

我决定向社会讨公道，遂在《民主与法制》1988年第5期上发表了《令我烦恼的〈我的前半生〉版权纠纷》一文，把某些单位和个人无视我这个版权继承人的存在，瞒着我把版权卖给意大利人，瞒着我私定改编费的分配方案，欺骗我给他们补签卖版权的委托书等等事实，暴露在大庭广众面前。文章发表后，立刻在社会上引起强烈的反响，我差不多每天都要收到十几封甚至几十封群众来信，表示对我的声援和对侵权者的义愤。李文达也在《民主与法制》1988年第8期上写了《尊重历史事实，不必自寻烦恼》一文，作为对我的回答，借以抵消我那篇文章的影响。然而事与愿违，他的解释让万千读者更加看清了这一重大侵权事件的内幕。

李文达在文章中说："现在李淑贤对于出版社的谈判、签协议、要委托书以及委托书上空着签字日期等等这些正常现象，一律说是对她的隐瞒和欺骗活动，真是令人惊异。"那么，李文达又是怎样把这些事情解释成为"正常现象"的呢？

当李文达谈到向意大利人卖版权一事时是这样说的："意方先提出要根据外文出版社出版的英文版《从皇帝到公民》改编电影电视。中国电影合作制片公司通知外文出版社及出版《我的前半生》的群众出版社，征求意见。'群众'社委托主谈单位'外文'代表。'外文'根据有关规定，即该社出书凡经国外提出改编者，概由该社负责出面谈判，即与意方进行谈判。在达成协议后即通知各有关方面。'群众'对已达成协议又提出补充要求，然后补签了协议书。"无论外文出版社还是群众出版社，都不是版权所有者，也没有得到版权所有者的授权，他们有什么资格，有什么权利跟贝托卢奇谈版权，向意大利人卖版权呢？私卖别人的版权也成了"正常活动"吗？

尤为可笑的是李文达接下去还说了这样一段话："我是没有岗位的离休干部，但因我是《前半生》作者之一，被意方与合拍公司于1984年10月聘为该片历史顾问。我与意大利接触只谈历史与剧本，从不参与任何谈判，也从未提出过任何个人要求。"且不说"作者之一"论是否站得住脚，他用这个身份现身说法，无非是要说，当一种著作将被改编或被使用版权的时候，版权所有者不必"参与任何谈判"，也不应该提出"任何个人要求"。所以，外文出版社和群众出版社跟意大利人谈判的时候，我也应该向"作者之一"李文达那样"不闻不问"就对了，他们瞒不瞒我也就都没有毛病了。然而，李文达毕竟没有"作者之一"的地位，说这种话岂非慷他人之慨！

谈到某些单位私定改编费的分配方案时，李文达说："从李淑贤的《纠纷》一文中可以看出，她怀疑受骗是从打听改编费给她多少时开始的。她找合拍公司经理，没问出具体数来，认为是有问题的，其实分配方案做出前，任何人也说不出，而方案一定，立即通知了她和我。我不觉得有什么奇怪的。"由非版权所有者决定版权使用费的分配方案，而且要到定案后才通知版权所有者来领取给她规定好的份额，难道这也是所谓"正常活动"吗？李文达本来不是版权所有者，所以他对此"不觉得有什么奇怪的"也就不奇怪了。

谈到补签委托书时李文达就说得更轻松了："关于'群众'请我和李淑贤签委托书，是因为当初《前半生》没有约稿合同（1958年后因批资产阶级法权都批掉不签了），而惯例是对外签协议不由个人而应由单位出面，所以要给出版社补个委托书，以完善手续。我先写好，签了字，留下日期空着给李淑贤去签。"他们先签好了向意大利人出卖改编版权的协议，又来让我补签同意他们出卖改编版权的授权书，这难道仅仅是一个"完善手续"的简单问题吗？而且这与20年前有没有约稿合同毫不相干，即使当年有那个约稿合同，而今出版社向外国人转让版权也必须由版权所有者授权才行，没有版权所有者的授权，非版权所有者行使版权所有者的权利，就是非法的、侵权的，怎么能说是手续问题呢！

情系正义

给我写信的人中间，有十七八岁的中学生，有普通的工人、农民、医护人员、教师和个体劳动者，也有律师、法官、记者、作家、工程师、厂长、经理、研究员、大学教授和党政机关干部，还有白发苍苍的离退休老干部和曾有过南征北战光荣经历的老革命。这些信来自全国各地，从天山脚下的牧屋到上海里弄的民居，从黑龙江煤矿工人新村到云南老山前线哨所，从内蒙古草原到福建沿海，从大西北偏僻的山区到江南水乡和中原的大小城镇，给我送来了正义和真理，送来了温暖和支持，使我感到自己不是孤立的，使我充满了信心和力量。

许多来信就溥仪是《我的前半生》一书唯一作者的问题发表了看法。

湖南省东安县圹夫乡荷叶圹村农民、青年业余律师张小羊认为"溥仪是唯一真正作者，不存在合作的第二作者"，因为《我的前半生》初版前后"并不存在溥仪承认李文达是作者的事实表现，也不存在李文达承认自己是作者的事实表现"。张小羊还认为："李文达作为编辑，虽然作出了非同一般编辑工作的劳务贡献，但编辑这样一本书是要有不同于编辑一般小说的历史责任感和政治责任感的，他所付出的那份劳务应是一种历史和政治的要求。"

山东省牟平县解甲庄镇西眕格庄退休人员孔昭镜来信说："从这本书的命名《我的前半生》来看，'我的'两字的含意就注定了，也阐明了著作的归属问题，虽然文章的创作有拟似、比拟、设身等手法，但这本书是写史实的，是清朝末代皇帝爱新觉罗·溥仪前半生的自传，而不是李文达前半生的自传。"

山东省寿光县孙集镇第二初级中学一些教师集体来信（孙云烈执笔）说："李文达当年帮助整理《我的前半生》是领导给他安排的工作和任务，他应该去完成。第一次出版时溥仪给他一半稿费是对他酬谢并给予经济上的帮助，他应该感谢溥仪。"

四川省绵阳精神卫生中心胡玉凌来信说："《我的前半生》特别真实、具体，从皇帝到囚犯到公民，从'衣来伸手，饭来张口'到自食其力的劳动者，这其中的思想改造和发展演变令人感到真实可信，若没有切身经历和体验，单凭局外人编造是不会成功的，该书一版再版，蜚声海内外，就重在写实写体会。某编辑既不是皇宫里的秀才，更非皇亲国戚，怎么编得出宫中的故事？二十多年来这本书向海内外发行了上百万册，现在突然冒出个第二作者，岂不是拿国威开玩笑？岂不是愚弄了千千万万的中外读者吗？"

四川省西南政法学院法律系86级学生宋宗宇来信就《我的前半生》著作权问题分析如下：第一，从时间上看溥仪在抚顺战犯管理所就写出了初稿，根据我国著作权的"无手续主义"，这时著作权已经产生；第二，李文达参与《我的前半生》工作是经组织安排的，是他的本职工作，也仅仅是为完成《我的前半生》提供劳务，这正如许多老人撰写回忆录需要助手一样；第三，根据民法原理，著作权可分为人身权和财产权。人身权是与作者人身不可分割的权利，如署名权、发表权、对作品完整性的保护权等等，这只能属于溥仪。财产权是可以转让的权利，是由于作品带来的收益，你作为溥仪的合法继承人，理所当然享有这些权利；第四，李文达作为编辑帮助整理、修改书稿，付出了一定的劳务，可以通过协商取得一定报酬，但这并不影响《我的前半生》的作者是溥仪这一结论。因为这属于人身权利，不能转让。

浙江省温州市《温州日报》总编辑林白把《我的前半生》署名与政治问题、国家全局与革命事业和历史真实性联系在一起："《我的前半生》一书，是溥仪的自传，题目标明是'我的'，而不是别人的。正因为溥仪是从皇帝到公民，后半生能为祖国做一些有益的事，这才有力地说明了中国共产党的伟大，人民的伟大。这是千古未有、中外所无，独此一例的奇人奇事，只有由溥仪本人写出来，才是可信、可亲、可读。如由别人署名,此书价值一落千丈。我读此书,是把它作历史读,作政治书读,而并非作文艺作品读。此书如由别人署名,那就是文艺书,纵使大文豪罗贯中再世,也不过如读《三国演义》,三分事实,七分虚构而已。"

河北省宁河县芦台农场二分场王孟春来信说:"溥仪《我的前半生》形式上是一本书,其实是无价之宝,两千年间朝朝代代,哪有皇上本人以回忆写成书的,溥仪这个'唯一'实可惊天动地,撼动世界。你为了维护丈夫版权的纯洁而伸张,其关键就在于此,其价值非同小可,绝不许任何人去冲淡。"

江苏省邗江县头桥供销合作社陈谦实认为"李文达与《我的前半生》版权无任何关系",他的理由是:第一,溥仪在狱中已写出初稿,主要内容已定,后来李文达根据组织交付的任务帮助整理,因此不能说是他执笔的;第二,李文达在主观上没有创作《我的前半生》的愿望,也没有创作该书的条件。因该书全是溥仪自身经历和感受,这就决定了李文达只能起到整理、润色等完善作品的作用;第三,李文达为了完成编辑工作任务而帮助溥仪完善作品期间的劳务报酬,已由出版社按工资形式支付了,他的劳动价值已经得到实现;第四,《我的前半生》初版时,溥仪一次性付给李文达半数稿酬,实是对他的奖赏,在感情上也不再欠他一丝一毫。

江西省赣县纪律检查委员会吴光亮先后看到刊登在《民主与法制》上的我和李文达的文章以后,对国家版权局认为"《前半生》一书是溥仪和李文达合作创作的"那个文件加以评述:第一,缺乏法律依据。合作创作的前提是"按照约定共同创作"(最高人民法院贯彻《民法通则》的意见的134条),溥仪撰写该书期间与李文达并没有这样的"约定",这就决定了李文达在成书的过程中只能处于协助地位,溥仪"挥毫助我书完成"正说明了这一点。第二,缺乏事实依据。所谓"另起炉灶",就得一切重新做起,《我的前半生》是叙述溥仪这个特殊人物的亲身经历为内容的传记性著作,它要求有完全的真实性,其基本内容是任何人也改变不了的，而对作品的布局进行调整，赋予文采，本是协助者的职责，根本谈不到"另起炉灶"。第三，作品版权的归属不是以具体劳动量而定的，中外政治领袖和各界名人的自传性著作多由别人代笔，无论代笔人花费多少气力，都没有理由分享版权。李文达付出了辛勤劳动，应该获取合理的报酬，但版权归版权，劳动归劳动，报酬归报酬，三者必须严加区分。

还有许多来信对我表示声援而对侵权者表示强烈的义愤，他们的热情，他们的正直，令我感动，还有许多青年男女称呼我为妈妈，一些中老年的朋友称呼我为老大姐，他们说自己是噙着眼泪读完我那篇文章的，又噙着眼泪在灯下给我写信，遍布山南海北的这些好心人都站在我身后，使我浑身充满了力量，看到了无限光明的前程。

上海市奉贤南桥解放二村退休教师邵咏雪来信说："《我的前半生》1964年初版时属于内部发行，我丈夫也捞到了买此书的权利，故我能抽空一读，'文革'中间丈夫被隔离审查，我不敢保留而撕毁了这本书，后来为此而无限惋惜。我还记得您与溥仪刚结婚时的摄影照片，您多么漂亮，惹人喜爱，后来又看到您在溥仪追悼会上的照片，已经完全两样了，苍老而消瘦。今天又有人跟您来争版权，真令人可笑！请记住，中国之大有无数的人无声地支援您，希望您保重身体，绝不让那些做黄粱美梦的人得到他们不应该得到的东西。"

江苏省江阴市何塘乡范庄小学教师孙德大来信说："我反反复复读了您的文章，思潮汹涌，夜不能寐，我为您无儿无孙孤单只身而感到万分同情，为您从丈夫手中继承的版权被盗卖，受骗受欺，而感到非常愤怒，为您不得不拖着疲乏的身体四处奔波，申诉告状，结果反而受气、挨轰，更感到极为气愤。我把您的文章给妻子和儿女看，他们阅后也都义愤填膺，我们全家决心为您打抱不平。请您不要感到孤独，更不要泄气。我的女儿、儿子不仅愿同您一起抗争，还愿意照料您，为了您欢度安宁的晚年，我心甘情愿把儿女献给您。得道多助，失道寡助，这本来就是历史规律。我们是一个非常幸福的家庭，十一年前便在本村第一个建造了楼房，去年又重新翻造了三楼三底更好的楼房。我们全力支持你，就是要争一个中国人的人格。"

江苏省南京化工厂调解办公室孙秉忠来信说："您谈到患有神经衰弱症，我为您的健康十分担忧，我祖父是个道士，他在世时曾告诉我说，他的师傅是清朝太医院的太医，不知何故得罪了皇上，被贬出家，隐居泰山，关山门前仅我祖父一人送终，老道乃将一部秘方医书遗留给他，'文革'前祖父又将此书传给了我，我凭此业余行医二十余年，实践证明这些秘方都行之有效。现将'不寐'之方抄给您：陈皮3克、半夏3克（姜汁炒）、白茯苓4.5克、酸枣仁4.5克（炒）、枳实4.5克（麸炒）、竹茹4.5克、麦门冬4.5克（去心）、龙眼肉4.5克、石膏4.5克、人参1.5克（体瘦者不用）、甘草4.5克，水煎服。但愿这一药方能对治疗您的失眠症有所帮助，如还需要其他药方望来信说明，我将在有生之年为您效劳。"

陕西省富平县司法局干部王树信来信向我提出四点建议："一要继续通过事实揭露李文达的侵权行为，让广大群众明了真相；二要诉诸法律，用法律武器维护自己的合法权益；三要劳逸结合，保重身体；四要在胜诉之后静下心来完成《溥仪后半生》的写作，为了让广大群众对溥仪能有完整的认识，您责无旁贷。"

陕西省安康县五里区法律服务站李万钰来信说："我是李万铭的胞弟，据万铭兄说他和溥仪在一个狱中改造过，完全了解溥仪的情况，溥仪写《我的前半生》初稿的情况他也很清楚。我们不能辜负溥仪生前的辛勤创作，也不能眼看他的著作被别人非法窃取，不能让溥仪在九泉含冤。我非常同情您的不幸遭遇和晚年的精神痛苦，作为一个法律工作者我愿尽最大的努力为您呼吁，伸张正义。我准备立即动手，依下列题材撰文向有关报刊投稿：一、谴责侵犯溥仪的著作权的行为；二、反对《我的前半生》

版权问题上反映出来的官僚主义作风和长官意志；三、呼吁对您的合法权益给予有效的保护。"

中国社会科学院民族研究所民族历史研究室东北组组长刘凤翥来信说："在溥仪先生故去二十多年以后，有人竟想侵占版权，真是见利忘义，无耻之尤。而国家出版局的错误处理更是官僚主义的典型，那位高喊'你走，你走！'的处长是典型的尸位素餐者。在这些人面前你绝不能退却，要勇敢地斗争下去，要找政协，找统战部，找中央领导同志，可以复印《民主与法制》那篇文章，寄给有关的首长。他们也欺人太甚了，绝不能让步！愿您保重身体，健康地迎接彻底胜利的到来。"

贵州省林业勘察设计院"一个涉世未深的少女"黄敏来信说："您现在一定好苦，好累，好疲倦，一定需要人们特别是亲人们的安慰，我请求您就把这封信看成一个孩子写给母亲的信，是一个孩子给予她亲爱的妈妈的安慰吧！我还有许多同学、朋友，他们也都关心着您，愿意给您精神上的安慰和道义上的支持。您不孤独，也不会寂寞，更不应该伤心，因为在您身后有千千万万善良的人们，为了死去的溥仪，更为了活着的您，您应该和所有的不公平抗争，总有一天会有公正的部门对《我的前半生》版权纠纷作出公正的裁决。"

上海市共和新路一位主修法律的人士张迪来信说："最近从一份档案柜里浏览了一遍关于《我的前半生》版权纠纷案较为完整的材料，说了也许您不信，我是满噙泪水读完这些材料的。我一直有个感觉：您老被人'设计'了，而且会愈陷愈深。宋代林缜有一首'冷泉亭'诗相当出名，那首诗比喻人生之初其性本善，及其富贵熏心，物欲陷溺，则不如初性之清明也。按辈分，论岁数，您是我的长辈，况且您非亲非故，以我愚见，您老当以珍重身体为重。'细推物理须行乐，何用浮名绊此身'大意是：物理迁移，变幻如此，仔细推之，人生自当行乐，又何用浮名牵绊哉？最后请接受我的祝福：愿平安、喜乐与您同在。"

河北省遵化县西下营满族乡康庄子村农民刘利军在来信中引用清末著名理财家阎敬铭的《不气歌》，劝我不要为了版权纠纷而生气："他人气我我不气，我本无心他来气。倘若生病中他计，气下病来无人替。请来医生将病治，反说气病治非易。气之为害大可惧，诚恐因病将命废，我今尝过气中味，不气不气真不气。"

新疆木垒县英格堡乡菜籽沟"一个十七岁的少女"周婷来信说："从您的文章中，我感受到一个女人来到这个世界上的艰辛劳累，也感受到女人要自强自立，向不公正的社会现实抗争。您的精神不知会启迪多少被生活压抑过的少女的心，又不知能使多少在初恋中沉沦的少女振作起来，我就受到了您的启迪。因为中考落第，我不得不离开校园生活，希望破灭了，是您的抗争精神鼓舞了我，我要奋斗，我要开拓，要向张海迪大姐一样，用生命的火花去照亮通往美好未来的征程。"

广东省阳山县人民法院一等革命残废军人、离休老干部谢东明来信说："看了您的文章，感到我们共产党内确实还有弊端，还有官僚主义存在。这些官儿只高兴听乞求的话，听阿谀奉承的话，倘若你能跪倒在他面前，他是心安理得的。这种人你不要找他，找他的上司。请你相信共产党中多数官员是关心群众的，是能公正办理的。"

安徽省全椒县83230部队战士刘文清给我寄来了他写的几句诗："李奶奶啊别悲怨，金钱堆中蛀虫添，一些部门死人管，历史终究有明断。"

中共中央党校党建教研室教授张中来信说："看了您的文章深表同情和支持，要顶住这股歪风，有人轰你这'孤家寡人'是欺人太甚，我很赞赏您说的'只要还有一口气，我就继续抗争'，在我们这个社会主义国家里，有人见利忘义，欺世盗名，无耻到丧失人格，丧尽天良，这是绝对不能允许的。"

内蒙古大兴安岭林管局满归林业局朝鲜族退休工人全长善来信说：

"中国共产党能把溥仪从皇帝改造成为公民，还能让他自觉自愿写出《我的前半生》，难道不能公正地处理他这本书的版权问题吗？请你千万不要泄气，坚持到底就是成功。"

云南省科学技术情报研究所科技工作者张时能来信说："看了您的文章，深感您维护真理的精神可贵。您争的不是金钱，而是正义和真理，因而广大群众同情您，支持您；李文达等争的不是正义、真理，而是金钱，甚至想捞取名誉，他们虽理亏，但脸却不红，他们不知道人们是用鄙视的目光注视着他们。"

黑龙江省绥化市红卫街退休老人岳重光来信说："我十分同情您的处境，唯望您一定不要生气。我已年逾古稀，溥仪'登基'为'康德皇帝'那年我十八岁，至今清楚地记得，在身着官服的溥仪像下，有五个字：冲气以为和。这是老子道德经上的，既能养身，又可静性，人到了老年要心平气和，随遇而安。"

浙江省绍兴市马山纸箱厂厂长应志斌来信说："您将版权纠纷公之于众，正了视听，同时揭露了现实生活中某些官僚主义者的言行，对他们来说也是一个教育。您是全国人民中颇有影响的知名人士，在公民的个人合法权益受到侵害时遭遇尚且如此，普通百姓有时当然更是有苦难言了。我认为国家的法律是公正无私的，国家的执法人员特别是某些领导更应该公正无私。"

安徽省南陵县第四建筑公司赵明楷送给李文达一首打油诗："天下少有事一桩，厚脸却为捞钱忙，万里长城今犹在，只是不见秦始皇。"

内蒙古包头市固阳县中学一个高中毕业班的同学传阅了我那篇文章以后，在一个晚自习的时间里，就"李文达争版权的目的"进行了热烈的争辩，该班钱昕乐同学给我写了一封很长的信，介绍了辩论的细节，尽管大家各有见解，但都对争版权的人表示了强烈的义愤。还有一位从部队退伍后在西安市公安局碑林分局保安总公司工作的青年看我受到了欺负，真诚地表示要认我为母亲，要以孝子之心来保护我。类似的信件还有很多，我虽然不愿拂却他们的好意，但也无法一一写出，谨此向全国理解我、关心我、爱护我的朋友们，表示我最诚挚的感谢。

终于立案又休庭

许多读者建议我上法庭，舆论作用虽然很重要，但解决问题还是要靠法庭。其实我从1986年起就一次次地委托律师向法院起诉，但立不了案，这期间意大利的电影却从筹拍到完成了。其中的原因当时我毫不知情，后来才从记者邹凤学写的关于《我的前半生》版权纠纷始末的文章中看到了蛛丝马迹。为了写这篇文章，邹凤学既采访我，也采访了李文达以及与此案相关的许多单位，他在文章中谈到我委托李翰祥在香港登记版权之事，说1984年7月12日香港《明报》报道了李翰祥的声明，"表示拥有海外版权委托书，并拍溥仪生平的故事片，其他公司在中国以外放映，即侵犯版权"。此后的一段话是这样说的：

于是，意方向中方质问，合拍公司向出版社质问，意大利大使向中国外交部提出照会。甚至中意两国总理在罗马会晤时，意方也对此表示了关注，中国文化部长访意时对方部长也提出来。为此，有关各方面曾多次向李淑贤做工作，要求澄清事实，她根本听不进去。李文达说我就是这样卷入到这场纠纷中来的。

显然，这场官司并不是个人之争，好像沾上了两个国家的关系，又好像李文达是为了"国家的利益"才来跟我争版权的。法院长期不立案,是不是也为了"国家的利益",我就不得而知了。

1989年4月25日北京市中级人民法院终于正式受理了我的起诉,5月29日我接到法院的通知,说有个答辩会要听听我的意见,我按时前往法院,又听说审判长有别的公务,答辩会延期,一拖就是四个月。现在看来似乎不难理解,众所周知,这期间国内的政治形势有了一些变化,人事方面也有变动,解决《我的前半生》版权纠纷的时机来到了。

1989年9月底在北京市中级人民法院召开第一次《我的前半生》版权纠纷答辩会,然而我的两位诉讼代理人谁都没在会前或会后和我碰过头,也都没跟我就证实材料或发言内容等商量过。他们在会上一言未发,或发言很简单,我觉得这次答辩会并没有深入,没有触及实质问题,而会后本来应该就答辩会的情况好好总结经验教训,可两位律师还是顾不及此,匆匆忙忙地各干自己的事情去了。我很失望,不得不重新委托了北京市朝阳律师事务所律师王亚东和北京市经纬律师事务所律师张赤军。

1990年2月27日,北京市中级人民法院公开审理了《我的前半生》一书版权纠纷案,大量报纸迅速报道了法庭新闻。

李淑贤陈述起诉理由时说《我的前半生》一书从1964年出版至今一直署的是溥仪的名字,该书1985年在北京第十次重印发行,书中编辑部"说明"里明确写到,这次重排仍是根据1964年的版本,而被告李文达在1984年以后,多次在社会上宣称享有此书的版权,李淑贤请求法院制止对版权的侵犯,公开在报纸上赔礼道歉,给予一定的经济赔偿。

被告李文达答辩说,溥仪提供的初稿只不过是一份认罪性的检查材料。1959年,为出此书他另起炉灶,整整用三年时间搜集和查证材料,在征得溥仪同意后,按新的计划重新进行创作,《我的前半生》全部是由他执笔完成的，书写完后，他之所以没有署自己的名字，完全是从政治上考虑的。因为溥仪当过皇帝，又是经过改造特赦的，署他一个人的名字社会效果好，这并不等于放弃了自己的著作权。他请求法庭确认他是此书的合作者，理应享有此书的版权。

李淑贤的代理人王亚东律师和张赤军律师说，对李文达为《我的前半生》所做的大量工作没有异议。但是，《我的前半生》的出版，从最初修改书稿到所谓另起炉灶，完全是群众出版社奉公安部领导指示派李文达做这项工作的，李文达是从事职务性劳动，他在溥仪逝世后多年才提出要与溥仪共享版权，在没有证据证明溥仪事前同意或事后认可被告与之共同享有《我的前半生》之版权的情况下，就认为《我的前半生》是合作作品的观点，是不能成立的。

李文达的代理人、天津市对外经济律师事务所律师李淳说，写这本书时由溥仪提供素材，李文达记录，然后再由李文达调查研究，拟出提纲，经公安部领导同意后，再由李文达执笔。写作过程中两人有问有答，有说有记，有画有注，有写有改。李文达在这本书中作出了创造性的劳动，版权应为溥仪与李文达共同享有。

法庭在听取了原告、被告的陈述及双方代理律师的辩护后，合议庭进行合议，建议调解此案。审判长问原告及被告是否同意调解，李淑贤说不予考虑。李文达说：溥仪在世的时候，我们关系一直挺好，如今，溥仪已去世，我不愿为这件事伤了与溥仪妻子的和气，况且我们都这么大岁数了，如果李淑贤同意调解，我也愿意，条件可经协商；如果她不同意，还要继续打下去，我也只好奉陪了。

调解不成，审判长让双方回去等候法院裁决，然后宣布休庭。当时我没有想到，这一"休庭"竟休了五度春秋。

第九章 名人

当选区政协委员

在1984年8月召开的北京市朝阳区第五届政治协商会议大会上，我被选为区政协委员，这次会前我曾接到出席会议的通知，遗憾的是那时正因高烧住院，未能出席会议。

说起来，这次患病也跟《我的前半生》版权官司有关，当时这场官司正在兴起，我只好一个人奔波，有时体温升高到38度也得坚持东跑西跑办那些事情。结果，我的慢性肾炎急性发作，体温骤升到40度，烧了一天一夜。正赶上星期天我的老同事——垂杨柳医院内科主任夫妇特意从很远的地方来看我，我发着高烧，刚吃完药躺在床上，也只好挺着下床开门接待他们，结果病情进一步加重。

我对独身生活多年来有很深的体会，平日只是寂寞一些也习惯了，生病的时候可就难了，躺在床上想喝口水也得自己挣扎着起来烧水、端水，自己想想真是够凄惨的。

两位客人发现我病得严重，当即叫了急救车护送我到医院急诊室，化验才知道酸中毒已经四个"+"号了。那天我的同事是上午来看我的，他们若是下午来看我，酸中毒肯定会达到昏迷的程度，那就连房门也叫不开了，算我命不该绝。

李淑贤连任北京市朝阳区第五、六、七、八四届政协委员

晚年的李淑贤

医院经仔细检查后采取抢救措施，终于把体温降了下来，病情也得到控制。由于病房内的蚊子太多，条件很差，值班院长为了让我休息好，同意把我送回家中，同时安排一位护士陪同照顾。不料，由于离开了点滴输液，数小时后病情再度严重，因为身边有陪护的人，才得以及时送往朝阳医院急诊室抢救治疗，这次高烧又持续了一个星期之久。医院请来著名专家会诊，并给我使用贵重的进口药品，终于退了热。回想这次犯病，如果不是正巧遇上朋友，可能就此离开人间了。

这次住院长达一个月之久，一点儿也没有食欲，更不能吃医院里那种油腻的食品，人也瘦成皮包骨头了，多亏有位在朝阳医院当医生的朋友关心我，让她家的保姆在家里尽量给我做可口的饭菜送来，早餐送稀粥和咸菜，中午煮一碗面条，晚上也特别给我做清淡的食物。我想吃新疆西瓜或其他什么，他们也设法买到送来，这样精心地照顾我直到出院。出院后很长时间我还是不能上街，他们常来看我，帮我买水果、蔬菜，令我永远也忘不了这样的好心人。如果没有他们帮忙，在这场大病中可要把我苦死了。

这期间，中共朝阳区委统战部马部长还亲自到医院看望我几次。区政协主席和副主席也都亲自到我家里看望，他们的关心令我非常感动。从这次当选为区政协委员的时候起，我感到自己不再孤独了，我把政协看成是我的娘家，有事找他们办，有话对他们说。经常参加政协会议，出席视察活动，每年开一次大会我也尽量参加。

从1984年当上政协委员迄今已连任四届了。在每一度的政协会上都能听到关于区政府的工作报告，关于朝阳区国民经济和社会发展计划，上一年度的执行情况，以及下一年度的工作安排报告，关于朝阳区上一年度的财政预算执行情况和下一年度的财政预算草案的报告，关于区政协常委会的工作报告，关于区政协提案工作情况的报告等等。我觉得肩上的担子重了，多了一份社会责任。

作为一名基层的政协委员，我也有了说话的角度，也可以为社会尽责了。我经常参加医药卫生组的座谈和讨论，有时作一般的发言，有时也提交书面的提案，以此充分表达自己对种种社会问题的意见。我也很高兴通过政协向社会表达我的爱心。1990年我向遭受水灾的地区捐款捐粮。这是我应该做的，因为在最困难的时候总有政协向我伸过热情而温暖的手。政协曾是我丈夫溥仪的家，现在我也深深地感到这个家的温暖。

作为一名妇女，我每年都有机会参加全国妇联、北京市妇联、区妇联和街道妇联的活动。每年"三八"妇女节我都会应邀出席在人民大会堂举行的茶话会，与来自不同肤色世界各国的女士及国内妇女界知名人士，一起听取国家领导人的讲话，观看精彩的文艺表演，品尝高级厨师制作的各式糕点，愉快地度过属于我们自己的节日。

我没有一个自己的孩子，也许因此就更喜欢孩子。每逢"六一"儿童节之际，我总会想起去看看幼儿园和托儿所的小朋友们，给他们买些玩具和用品，看到他们在老师和阿姨的照顾下那么天真活泼，在集体生活中幸福地成长，这时我总是想起自己的悲惨童年，眼泪就会不由自主地往下掉。孩子们看见我都特别高兴地围拢过来，张开小嘴甜甜地叫我一声李奶奶，这时我感到自己是最幸福的人，从眼角落下的泪水一下子都没有了。

我还经常收到有关政府部门和党派的请柬，如中共中央办公厅和国务院办公厅邀请出席1982年1月24日在人民大会堂宴会厅举行的春节团拜会，民革中央邀请出席1982年9月15日在全国政协礼堂举行的冯玉祥将军诞辰一百周年纪念大会，全国政协办公厅邀请出席1983年2月9日在全国政协礼堂三楼大厅举行的春节茶话会，中华全国妇女联合会邀请出席1983年3月5日在人民大会堂宴会厅举行的纪念"三八"国际劳动妇女节茶话会等，参加这些活动使我的生活变得充实了。

我成了"新闻人物"

就在我为《我的前半生》版权问题而奔波于国家版权局和北京市中级人民法院之间的时候，以该书为基础改编的电视连续剧剧本和电影剧本都出来了。中国电视剧制作中心1985年8月已在摄影棚内搭建好"可以乱真的故宫养心殿"，并开机录制长达二十八集的电视连续剧《末代皇帝》。与此同时，由中、意、英三国合拍，贝托卢奇执导的电影《末代皇帝》也正在改编剧本，挑选演员，进行各种前期准备工作。据制片人佛朗哥·焦瓦莱说："中国当局已经批准了由贝托卢奇和马克·佩普勒合写的电影剧本。"他还说："这将是一部非常壮丽的电影。我们将在中国皇帝的住所——北京的紫禁城里拍片五个星期，拍片的地方包括这座宫殿以前从未开放过的许多部分。"这部投资二千二百万美元的彩色宽银幕立体声故事片终于在1986年的夏秋之际开机，两部《末代皇帝》在一年后各自走上荧屏和银幕。

早在1984年以来就有来自世界各地的报刊及电视记者采访我，随着以末代皇帝为题材的电影和电视剧的拍摄与播映，溥仪热急剧升温，有更多的各国新闻界人士希望了解我，他们不断地叩响我的房门，走进我平静的生活。

1988年3月16日上午10时，在中国国际广播电台葡萄牙语组工作的巴西专家马尔丁斯先生以及阿根廷记者兼《北京周报》语文专家墨乔先生，由中国记者协会港、澳、台处李彤先生陪同前来采访。

墨乔先生让我介绍溥仪特赦后的工作和生活情况。我说，特赦回来后先安排在北京植物园劳动，他虚心向周围的人学习管理植物，记满了好几本笔记。他喜欢在那里劳动，心情很愉快。我们结婚后虽然他已调到全国政协来工作了，每个星期还自愿回植物园劳动一天，也带我一起去过。

生活上他也是个乐观派，特赦时正赶上国家经济困难，吃饭要按定量，他说那时一顿能吃两个苞米面大窝头，能吃能睡。因为几十年都生活在各种各样的政治圈圈里，现在总算自由自在了，伙食好坏无所谓，他感到很满足。那时政府对他有些照顾，每月都能领到十几张就餐券，凭券可以在全国政协机关内部食堂吃小笼包、大米饭及各种炒菜。那时我正跟溥仪交朋友，他总是带着我一起去就餐。临时发给他的一些滋补品，如白糖、肉罐头等等，他也常常送给我吃。他虽然不会生活，却很会表达感情。

"你嫁给了皇帝，皇帝却已经没有任何财产留给你，你为此从来也没有后悔过吗？"墨乔先生似乎是带着不能理解的神情又问道。我说，溥仪确实一无所有，我跟他结婚时也并没有图他有什么，当时我有自己的一份工资，并不想依赖他生活。他给予我的爱永远留在我身边，遇到他，是我这一生中最大的幸运，从来没有想到过"后悔"两字。

"你没想到过应该有自己的孩子吗？"我这样回答了墨乔先生的问题：溥仪特别喜欢小孩，我当年也还年轻，也想生出自己的孩子。遗憾的是，溥仪不能生育，我们也曾计划到孤儿院领养一个孩子，这是溥仪提议的，他说等我老了也能有个伴。但我考虑自己的身体很不好，又要上班，又要照顾溥仪，还要陪他出席各种各样的社会活动，而且不久溥仪就患了重病，我们的精力实在不够用，只好打消领养孩子的念头。

经过这次采访，墨乔先生成了我的朋友，他曾带着在中央电视台工作的能说一口流利汉语的太太来看我，还曾与他的朋友——法国新闻社常驻北京记者董尼德先生一起来采访我。后来，董尼德的太太在坐落于北京友谊宾馆内的家中准备好了中国菜和法国菜，希望我出席聚会，我因为必须出席一个重要社会活动而无法接受邀请。后来董尼德又与摄影师庄尼尼一起，先后两次约我前往故宫拍照，不巧两次都因故没有去成，很对不住他。

1988年8月30日，一个由挪威前首相的夫人带队的高级妇女代表团，通过全国友协交际处和朝阳区外事办公室想见见我，外办的同志却到处找不到我，后来市政府、区政府和街道办事处一起行动，也没有找到我，代表团预定搭乘第二天上午十一点的飞机回国，而要求见见我的心情又特别迫切，于是第二天清早六点多钟外办的同志又来到我家，约好代表团将在八点钟到我家来见，后来市政府派人来通知我，代表团临时又有重要安排，加上考虑到去机场的路上常有塞车的情况，只好取消了这次会见。代表团留下的访问提纲至今我还保存着，主要是下面这些问题："一、皇帝和夫人是在什么时候认识的？二、皇帝和夫人当时的年龄？三、皇帝向夫人讲述过哪些当年的宫廷生活？四、皇帝是不是一个很苦恼、很失望的人？五、皇帝与夫人结婚后是否还有老朋友和新朋友们来看望？六、夫人原来做什么工作，现在的生活怎样？七、夫人怎样评价贝托卢奇拍摄的电影？"挪威妇女代表团的太太和小姐们没有机会听到我对这些问题的回答了，她们都为此而感到深深的遗憾。

　　不久，《美国新闻暨世界时事报道》驻北京记者杜德先生和英国《星期日时报》驻北京记者卜兰荪及其太太到我家来采访。他们关注中国政府是怎样改造溥仪的，我说，政府对溥仪的改造是重在改造他的思想，而不仅仅是把监狱和关押作为一种惩罚手段，至于抚顺战犯管理所的生活，对关押对象是很照顾的。也许因为溥仪当过皇帝，对他的生活和照顾就更多些，不但吃小灶，得到最好的待遇，而且最初连端饭、洗衣这些活儿也允许别人代劳，后来才让他自己动手，并逐渐参加一些轻微劳动，目的只是希望他对劳动有些认识，根本不在于完成多少工作量，不规定任务和指标。

　　杜德先生又问我，现在中国人民的生活怎样？我说，虽然还不能与世界发达国家相比，但中国过去是个破烂摊子，实行改革开放以来，社会经济的发展很快，过去广大农村连电灯和自来水都没有，现在有的农村已经建立起一栋栋的小楼，大部分农民的生活变得富裕了，很多家庭都有了电视。城市的变化更大，我有的时候一连半个月不出门，出门的时候就看到有变化了，旧的房子正在拆除，高楼大厦好像每天都在往外冒，街上行人的衣着也是六七十年代的人们不能相比的，男士们西装革履，女士们打扮入时，说明中国人民的生活水平显著地提高了。

1988年春夏之间，先后有台湾《中国时报》记者、常驻香港办事处主任兼驻港特派员江素惠小姐等几批台湾记者前来访问，他们对溥仪和我的家庭生活特别感兴趣，也很关注溥仪去世后我的生活历程，他们看到我家的房子很小，就问我跟溥仪结婚后是住在这里吗？我说当时住在西城东观音寺。他们又问那里的房子是否很大，房租是否很贵？我说那是一所有很大院落的平房，有书房、客厅、卧室、库房、卫生间和厨房等许多房间，都是由全国政协分配的公房，房租很低廉，每月十几元人民币。记者又问溥仪的工资收入。我说溥仪在1964年以前每月工资一百元人民币，以后长到二百元人民币，按当时的物价水平这已是很高的工资了，但溥仪不会计划开支，总是随手就花掉了，可见还有点皇帝的"气派"。他们还很关心溥仪的骨灰放在什么地方，我说明了溥仪去世后骨灰存放变迁的情况。

1988年9月中央广播电影电视部的同志和国务院外办的几位干部，带了许多外国朋友到我家进行电视采访，记得总经理是位英国人，叫苏·弗朗西斯，其中还有荷兰人、日本人等等，他们让我详细介绍跟溥仪共同度过的六年生活，从上午九点到下午两点一直进行紧张的录像录音。那天来了两辆汽车，加上拍电视的技术人员和翻译一共能有二十来人，当时我住在团结湖，房子太小，不得不临时把沙发、电视、小柜等家具搬到外面去，结果还是连走廊和过道也站满了人。外国人办事讲究效率，中午也不休息，我见大家都饿了，便把饼干、汽水拿出来请他们充饥。只是没有更多的椅子请大家都坐下，我感到过意不去。数月后有位意大利记者告诉我，他在本国看到了这次电视采访的实况纪录片，他说当地有很多人关心中国末代皇帝的家庭生活，电视播放后影响很大。

几天以后，美国财阀代表团三百余人分两批先后到达北京，我应邀在紫禁城内会见他们。参加会见的中国和平国际旅游公司总经理马连珏让我讲话，我简单地介绍了故宫的名胜古迹，介绍了溥仪在这里生活的情况，以及溥仪和我同游故宫的往事。代表团的男男女女年龄都在四十岁以下，我就对他们说，你们都很年轻，精力旺盛，希望你们能在中国多玩些天，到各地观光游览，看看中国的名胜古迹、山水风光，也看看中国沿海和内地的建设，中国到处都在改革开放，欢迎你们前来投资。我的话经翻译口译后，代表团的人都很高兴，他们说能在中国的故宫中见到末代皇帝的夫人特别荣幸，不虚此行。还要求和我一起照相，于是集体照以及和我单独合影没完没了不知照了多少张，这次会见愉快地结束了。嗣后据翻译告诉我，参加这次财阀代表团的人都是在美国很有身份，也是工作很忙的，他们到中国来只想看看故宫，看看我，第二天就飞回美国去了。

1988年10月意大利记者马大罗通过中国和平国际旅游公司和北京市外事办公室来采访我，他把我接到国际饭店的会客厅，从上午十时谈到下午一时，主要问我与溥仪共同生活期间的情况，他想写一本关于中国末代皇帝的书，采访完毕还在餐厅要了大虾段、红烧桂鱼、红烧鸡块等一桌丰盛的中餐，请我吃饭。半年后他再次来京，还要采访我，我便约他在1989年的旧历正月初二到我家吃饭，同席的还有中国和平国际旅游公司马总经理及其夫人和翻译等人，那天我按中国习俗给他们包了香菇、虾仁和木耳的三鲜饺子，还以事先准备好的新鲜蔬菜、活鱼活虾，做了二十几道菜，马大罗先生非常喜欢，尤对一盘简单的松花蛋很感兴趣，不知是怎么做出来的。包饺子对他来说也是新鲜事，他也笨手笨脚地学着包，真是乐不可支。马总经理是喝酒的能手，特别自带了几瓶好白酒，不断地干杯。多少年来，我家没有这样的春节气氛，从晚上七点钟到深夜十一点边吃边聊边玩，非常高兴。马大罗先生讲起意大利的风土人情津津有味，他是学历史的，知识面很宽，也了解许多中国的知识。

1991年6月，英国族谱学家、BBC广播公司高级职员苏东尼先生来京采访我，他最感兴趣的是让我带领前往八宝山革命公墓，在溥仪的骨灰盒前敬献一束献花表示祭奠。我满足了他的愿望，他非常高兴，一定要请我吃饭。他说，他也很喜欢中餐。我便对他说，请您两天后再到我家，让我给您做几道中国菜吧！苏东尼先生非常高兴，能够得到在中国末代皇帝家中做客的机会，这位从事中国末代皇族研究的学者感到无比荣幸。两天后他如约而来，非常满意地品尝了我用活鱼、鲜虾和精肉烹制的几盘菜。他这次来北京，还见到了溥仪的族侄爱新觉罗·毓嵒。当他听说溥仪囚居苏联期间曾决定传位给毓嵒时，觉得此行已经达到目的。他就是为了寻找中国皇族后裔而来的，终于见到了中国末代皇帝的妻子和末代皇帝的"继承人"，拟议中的关于中国末代皇族的书，回国以后就可以动笔了。1992年3月，他从伦敦给我寄来一只手镯，并告诉我带在腕上可以去病。又过了一年他来中国旅行的成果——《空着的皇位——在中华人民共和国寻找皇位继承人》由北欧海盗出版社出版，在世界英文国家里产生很大的影响。在他寄给我的书中，看到了我们在八宝山革命公墓溥仪的骨灰盒前拍下的照片。

1992年元旦晚上六点，中国康辉旅行社接待的一位德国外宾——德国一家旅行社的老板要访问我。于是，我们在昆仑饭店见了面，吃饭中间，外宾问我家中现有几名佣人？我说，几位佣人那是谈不到了，虽有一个保姆也是每周定时只来几次，帮我洗衣服，抹窗擦地。至于平日买菜做饭还是我自己动手，现在生活还完全可以自理，有些事还愿意自己来做，我的两只手就是我的两个佣人。外宾又问我有几部私家汽车？我回答说，一般出席会议或各方面邀请的社交活动都会派汽车来接我，至于我自己去看望朋友或上街购物，如果是去远些的地方就乘坐公交车或乘出租车，如果在近处就走走路，我的两条腿就是我的"私家汽车"。年纪大了，出门就坐车是不相宜的，说心里话，我倒愿意走走路，这使人更加健康。

"皇帝健在的时候，你们并肩走在大街上是否引来围观呢？一定会有许多人认出皇帝来吧？"我实事求是地回答说，这种情况确实会经常发生，因为溥仪的照片经常发表在报纸上，人们都知道有这么一位历史上的皇帝生活在北京。有时我们走在街上或是在小饭馆里就餐，常常被好奇的路人认出来，遇到这种情况我们总是想办法尽快走开。有一次我陪溥仪在广安门中医研究院看病，被候诊的患者认出来了，一传十，十传百，我们被围观的人团团围住，愈来愈多的人来看"小皇上"，正赶上高干诊室的董护士长值班，她是我们熟悉的人，便开了后门把我们放走了。然而，消息还在传播着，想看"小皇上"的人继续向这里围拢，连正常的门诊都无法进行了。我还可以举一个例子，1962年春天，那时我和溥仪正在处朋友，值班的时候溥仪常常去找我，后来在患者中间传开了，外科护士某某是"小皇上"的女朋友，于是便来围观，弄得我非常不好意思，后来设法不让溥仪到单位来找我。

1992年2月27日下午，经中国康辉旅行社介绍，我在亚洲大酒家会见了德国妇女代表团。这个代表团有三十来人，有老太太，也有中年妇女，年龄都在三十岁以上，有职业妇女，也有家庭妇女，有医务人员，有药剂师，也有工程师和教师。她们说在德国看到《末代皇帝》这部电影后，才想到中国来旅游的，而且特别想见见我，今天终于实现了这个愿望，感到非常高兴。

继而大家纷纷提出问题，我即席做了回答。有位医生说，作为同行他想问问我，中国社会上对从事护士职业的人会不会另眼相看？我说，在我们的国家里，医务人员是受到尊敬的。护士的工作很辛苦，经常值夜班，遇到重患者，有时连吃饭都顾不得，但护士在新社会有自己的地位，同样受到尊重。

"您也热爱护理工作吗？"

"毋庸讳言，今天有些年轻人嫌弃这项工作，但我是很感兴趣的。记得十一二岁的时候，父亲曾问我，长大后做生意还是当演员？我说，要当护士，当医生，从小我就有这个志愿。"

"是否当护士或医生会拿到较高的工资呢？您现在的收入怎样？"

"许多年来中国实行的是低工资制，我在职时月工资只有五六十元，这在当时足以供养三四口之家。医生的工资在百元左右，与其他行业相比属于一般水平。随着物价的增长医务人员的工资也提高了，月工资在三四百元到五六百元之间，我的退休金也有三百多元。"

会见结束时，代表团的女士们真把我当"皇后"似的轮流跟我合影，把这看成是最珍贵的纪念。

1992年5月17日下午，通过中国康辉旅行社介绍，我又在港澳中心会见了第二批妇女代表团。诗人肖三的夫人叶华也来了，她1961年在北京植物园访问过溥仪，当时拍了不少照片，还在一本画报上撰文向读者讲述她童年时做过的一个梦，梦见自己嫁给了中国的皇帝，这次她是特意来看看我的。代表团由德国的一位州长带队，该团将近六十人，见我走进客厅，都站起来一起鼓掌。她们问我对贝托卢奇执导的电影《末代皇帝》有何看法，问我与李文达那场版权官司是否已有了结局。我说，他们用我丈夫的著作在北京拍电影，我也住在北京，但没有人来找过，并没有征求我的同意。李文达没有权利答应他们，因为那是溥仪的自传，而不是李文达的自传，不是他创作的，他仅是帮助修改并没有版权，所以我才要打这场版权官司，我要为丈夫争口气。我说这些话就是坐在旁边的叶华给翻译的，她是德国人，在中国住了几十年，能讲一口流利的汉语。

"我们到中国来旅游都得到了丈夫的支持，你们中国的女士们如果想要旅游的话，也能够得到丈夫的同意吗？"我回答说，在新中国男女都有平等的地位，只要经济条件允许，女士们要外出旅游，他们的先生是不会干涉的。还有人问我，在安度晚年的时候，最重要的生活目标是什么？我说，我想把溥仪一生中最后几年的思想面貌和生活情况真实地留给世人和后人，为此我已经和吉林省社会科学院王庆祥先生合作整理出版了《溥仪的后半生》、《溥仪日记》、《爱新觉罗·溥仪画传》、《溥仪与我》、《溥仪成了公民以后》等几本书。我还要写一本更完整更系统的回忆录，让子孙后世的人都能知道溥仪这个中国末代皇帝经过改造究竟变成了一个什么样的公民。

会见结束后，叶华和代表团的女士们纷纷邀我合影。叶华说，我的话使她想起了当年对溥仪的采访，也想起了童年时代的梦。

1992年11月5日下午，经中国康辉旅行社介绍，我又在港澳中心接见了一个德国代表团。这个团最大，有一百多人，既有老头老太太，也有年轻的男士和女士，他们对我的生活很感兴趣，问我是否有私人房产，是否有国外亲属，是否有私家汽车，是否有富裕和自由的生活，是否能够得到亲友的关照和社会的尊重等等。会见结束时还送给我一束束鲜花并合影留念。这以后我还陆续会见过许多德国和其他国家的旅游代表团。

《溥仪的后半生》出版了

《溥仪的后半生》这本书，风风雨雨历经十年波折，终于在1988年11月由天津人民出版社正式出版了。当可敬的编辑同志把崭新的样书送到手上时，我很激动，因为终于可以告慰我亲爱的丈夫，使之安心于九泉了。

重读这本书，记忆又把我带回难忘的岁月。

那是二十三年前"文革"初期，"破四旧"的狂潮也席卷了溥仪和我当时居住的地方——东观音寺小巷内那处长满树木的宁静的院落。一天，有队"红卫兵小将"来敲门，把一张吓人的《通令》硬塞给我们，顶端还有钢笔标记的"致爱新觉罗·溥仪"字样。溥仪看完《通令》真有点儿晕头转向，不知进入了何年何月。我还记得《通令》的大致内容：一是"勒令"溥仪立即交出收藏的他与党和国家领导人合拍的照片，因为他是"历史罪人"，不配站在领袖们身边；二是"勒令"交出正在使用的小汽车等"奢侈品"。落款为北京某中学红卫兵。

溥仪看见《通令》，立即从镜框中取下他在1962年初受到毛泽东接见时两人并肩站立的合影。溥仪还把自己与其他国家领导人的合影也取下，一起上缴全国政协。他本想依靠组织保住珍贵的纪念品，不料后来发还时，毛泽东与溥仪那张最有意义的合影却下落不明了。至于"奢侈品"，溥仪也曾冥思苦想，作为全国政协委员和文史资料专员，他当时还没有资格享受专用小汽车，想来想去总算找到一样"奢侈品"，那就是摆在客厅里的公费电话。溥仪马上通知机关，让派人来拆除这部特别为他安装的电话。然而，当时的机关负责人没有接受溥仪的要求，对他说："这事儿您就甭管了！请相信我们能处理好。"这部电话不仅出于照顾，确有特殊需要。

这件事并没有就此过去，溥仪又决定烧书，我家曾向政协机关借几只书架，有的摆在客厅，有的放在卧室，全都摆满了书，大部分是溥仪特赦后陆续购置的，也有一些是机关发的、别人送的。溥仪说，"文化革命"嘛，这些书都不用了，说着，动手一本本撕开来，又跟我两人一筐筐抬到后小院内，找个僻静的角落点火焚烧。书籍烧得差不多了，溥仪又让我跟他把一大筐书法作品也拎出来烧掉。那几年常有国内外的朋友向他索字，他是个很好说话的人，差不多有求必应，而且总是认真给人家写，如有哪个字稍不满意就废弃不用，随手丢在一个竹藤制的箩筐里。平时没事儿的时候他自己也喜欢练字，常常一连写出好多大大小小的条幅来，等墨迹一干便通通丢进箩筐去了，天长日久，挺大的一只箩筐竟装满了一卷卷溥仪亲笔书法作品，结果都在那个令人痛惜的日子里化为灰烬了。

　　事情尚未结束，更让人揪心的是，溥仪又要烧他的笔记本、日记本、诗文册一类东西了。也许当时在他看来，用火一烧这就算"革命"了吧？或者是因为他太担心了，他无法预料会有什么事情即将发生，一烧似可安然，太可惜了！他仍是一页一页地自己撕下来，让我一页一页地添进火堆！先烧掉了诗文稿本，其中有一个小册我很熟悉，那是1964年春夏之际我们在江南参观游览的时候，溥仪触景生情随手写下的诗文，写得兴奋还念一两首给我听。回想那时我的亲人真快活，真幸福，与火堆前的丈夫比，心境又何等不同啊！

　　当溥仪继续烧着那些日记和笔记的时候，我再也看不下去了！日记里记的不正是我们共同度过的美好时光么？我怎么能忘记那些愉快的周末，怎么能忘记那些花好月圆的良宵，又怎么能忘记发生在客厅、卧室和这座长满树木的院落内那些温馨的往事呢？我忽然想出一个对付丈夫的办法，我说："老溥啊，我听着好像有人叩门，我在这儿烧，你去看看吧！"溥仪特认真，加上当时有几分紧张，便马上悄悄走向大门，后来他告诉我，

《溥仪的后半生》早期版本书影

先在里边听听没动静，又开门不见人，遂出去到街口观望一阵，我所需要的正是这一段时间，它使我从火堆前抢救出十几本日记和笔记，当时我这样做并非已经认识到这些溥仪亲笔资料的价值，只想留作念物，留下美好的记忆。那天溥仪望门回来还埋怨我"活见鬼"，可我心里真高兴呀！现在看来，我是做了一件大好事。

越过"十年浩劫"中令人难忍的日日夜夜，我终于把那批溥仪亲笔日记、笔记、会议记录、学习体会、思想总结、发言草稿、书信、照片以及接待外宾的谈话记录等亲笔资料保存到"四人帮"覆灭、人民胜利的那一天。1979年秋，吉林省社会科学青年科研人员王庆祥来京找我，要求与我合作共同整理溥仪手稿资料，我同意了，谁知这以后也经历了一场又一场的风雨世事。丈夫留下的这批资料是中国末代皇帝的最后遗产，也是中国两千年封建制度的专制代表最后被历史埋葬的实证，它们的历史价值和无与伦比的珍贵性是不言而喻的，在有关书籍大量出版、电影电视大演特演的今天，这已是举世共知的事情了。

《溥仪的后半生》是王庆祥根据我提供的上述资料编著的，他能够注重历史角度，靠资料和研究说话，字字有据。正像评论家所说"重塑了一个真实的溥仪"，使溥仪又原来模样地活过来了。该书出版不久，即被上海市读书指导委员会作为好书列入《1989年度上海市振兴中华读书活动推荐书目》，有的报纸选载，有的报纸发表书评，我把这看做是鼓励和鞭策。如果这本书能够在精神文明建设中发挥一点好的作用，那我就满意了，丈夫溥仪也当含笑九泉。

我还要特别向天津人民出版社的同志们道一声"谢谢"，他们出这本书不同寻常，1980年以来该社几任社长、几任责任编辑前赴后继地为编发这本书而付出了艰辛的劳动和可贵的代价，他们对党负责，对人民负责，对我的已故丈夫溥仪也负了责。

爱德华·贝尔道歉

1990年8月27日《新民晚报》以《溥仪的妻子将与美国记者交涉》为题，刊登了一则消息：

末代皇帝溥仪的妻子李淑贤最近看到一本美国人写的有关溥仪的传记，她深深为书中有关她和溥仪生活的不实描写而感到不安。她对笔者表示，她将通过适当途径与这位对历史不负责的美国记者交涉。

这位美国记者名叫爱德华·贝尔，是美国《新闻周刊》文化版的主笔。1986年，电影《末代皇帝》的英国制片人托马斯和意大利导演贝托卢奇邀请他写一本与影片有关的书，作为编剧与拍摄的参考，他同意了，并立意要"写一本关于溥仪和他的生活以及他所处的那个时代的重要传记"。难怪有人说爱德华·贝尔写的这本《中国末代皇帝》与贝托卢奇导演的影片《末代皇帝》有"明显的一致性"。

爱德华·贝尔的《中国末代皇帝》，最早是在1987年由英国麦克唐纳出版印刷公司在伦敦和悉尼出版的，此后不久，一位在上海复旦大学教授英语的澳大利亚学者爱老师1988年9月来京采访我的时候说，他已经见到爱德华·贝尔那本书，书中攻击溥仪和我的词句曾引起他的疑惑，他就是为此而特意来看看我的，并说："我看你不像一个厉害人，请告诉我你和皇帝的感情到底怎么样？"我实事求是地对他讲，溥仪很疼爱我，他从小没有得到过家庭的温暖，现在才有了一个小家庭，他特别珍惜，我也真心地喜欢他，惦记他，在感情上依赖他，我们俩人谁都离不开谁。

由于我不懂英文，还不知道书里到底写了些什么。1989年这本书的中文版由中国建设出版社出版了，我看到书中确实存在许多污辱性的内容，例如说溥仪是"阴阳人","跟女人做爱时有点像残暴的色情狂",说他是"同性恋"者,"偶尔虐待狂地强奸那些绝望的战战兢兢的少男少女们"。溥仪在宫中确实有过种种残暴行为,但爱德华·贝尔说的这些却是不存在的。

　　作为知名的新闻记者,爱德华·贝尔在记述溥仪和我的共同生活时更显得捉襟见肘,至少可以说缺少应有的严肃态度。据《译后记》介绍,贝尔在影片《末代皇帝》拍摄期间"在中国访问了六个月,找遍了中国历史上那个多灾多难时期后的幸存者;涉猎了有关溥仪时代的古今中外的材料,访问了英、美和联邦德国的中国问题专家"。贝尔为写作此书所做的调查不可谓不深入,不过一心要为溥仪作传,要写溥仪和我的共同生活的贝尔先生调查时却忽视了与溥仪朝夕相处整整六年,对这一段历史最了解的溥仪之妻,这恐怕不仅仅是技术上的疏忽。

　　这些年我生活的一项重要内容,就是接待来访的中外记者。虽然年纪大了,精力不济,但是每有记者来访,我总是尽力搜索记忆,陈述真实情况,提供力所能及的帮助,同时也希望记者如实记录历史。假如当年贝尔先生来访,我也会像接待其他记者一样给予热情接待。

　　当然,记者有权设定采访对象。问题是当他用读来颇感庄重的笔调来描述他并不确切了解的对象,而且这种不真实的描述将给被描述者带来某些损害时,恐怕很少有人会缄口不言。

　　贝尔在他的书中谈到我的身份、年龄以及我与溥仪恋爱、结婚的经过,都与实际情况相去甚远。他是这样记述溥仪和我的婚后生活的,"李淑贤继续做护士,但她发现照顾溥仪简直让人发疯,她说话尖刻,爱唠叨"。他把我描述成为泼妇一类的人物,接着又引述李文达的话说,"溥仪对她(指李淑贤)比她对溥仪更和善",最后还以"权威"的架势,貌似客观地为溥仪和我的婚姻生活作了这样的结论,"各方面的材料都说明,她(指李淑贤）似乎十分泼辣，但溥仪平静地忍受了他新的不幸"。读着贝尔先生所作的结论，我的心情实在难以平静。这位从未谋面的西方记者，其想象力，其对并不了解的事实"秉笔直书"的胆量，实在让人吃惊。他所发现的"新的不幸"是仅仅想唤起一种轰动效应呢，还是另有所图？

直到此时，我才觉得有必要再向世人披露一些有关溥仪和我婚后生活的情况，让人们从一个亲身经历者平实的叙述中，去评定我们令人瞩目的婚姻无论是对溥仪还是对我，到底是贝尔先生所描述的令人胆寒的瑟瑟严冬，还是令人追恋的融融暖春。

溥仪有一次与外宾谈话时情不自禁地说："1962年'五一'节，我和李淑贤建立了我们温暖的家，这是我生平第一次有了真正的家。"这确实是他的肺腑之言。

溥仪出生在中国第一封建家庭，三岁登基，至此失去家庭的温暖，包括亲生父母在内的任何人面见他时都必须磕头请安，自称"奴才"。然而他也是人，有血肉之躯，有七情六欲，追求家庭幸福和天伦之乐。他的这一和普通人一样的愿望正是在他的生活中出现了我以后才实现的。大富大贵剥夺了溥仪的家庭温暖，我则是一个苦命的孤儿，八岁丧母，十四岁丧父，悲苦、凄凉和难以忍受的孤独，充斥着我的青少年时代。尽管我和溥仪在出身和经历等方面有着巨大差别，可我们都是可怜人，如饥似渴地追求人人都有的那种极其普通的家庭生活。我们结合后相依为命地度过了五年半令人难忘的美好时光，那时我们几乎寸步不离。北京西城南草场的街坊邻居看到我们清晨相携出入，互敬互爱，无不投来羡慕的目光。

从1964年秋天起，溥仪先后九次住进医院。本来作为妻子又是职业护士的我，照顾生病的丈夫是情理中的事，无须赘述。然而，在贝尔先生的描述中竟出现了这样的情节：溥仪住院以后，"刚开始，在另一家医院当护士的妻子还来探望，慢慢次数愈来愈少，最后干脆不来了"。贝尔还煞有介事地说，我曾为拒绝探望溥仪找了一个"绝好借口"：因为正处在"文革"内乱的高潮之中，"在大街上走路太让人提心吊胆"，以致溥仪感到绝望，在病痛日增的日子里，"唯一盼望的是妻子再来看他一次"。

　　读着贝尔背离事实的描述，我的思绪又被拖回往昔的时光。丈夫生前最后的两年里，常常病得全身浮肿，就像发面包似的，走几步路也要由我搀扶着。他在家中养病，每天都是我给他打针，提醒他吃药，给他采购并制作他最喜欢的食品，又何尝离开过他的身边！了解当时内情的人，到我家来做客的朋友，总是用夸奖的口气对溥仪说："老溥啊！你的太太成了你的标准家庭护士了。"溥仪听了很得意，他实实在在也有这样的感受。1966年他几次在协和医院住院，正赶上红卫兵大串联，公交车非常拥挤，我常常上不去，就步行十几站地往医院送食品、衣物和熬好的中药。溥仪信奉中医，我几乎每天都要在家里给他熬一服药，本来医院也可以代为煎熬，但我担心熬得时间太短，火候不到，药效会受影响，便宁可自己细细地熬，翻开溥仪日记可以看到"贤送药来"一类的大量记载。经常给溥仪诊病开方的蒲辅周老先生也是一位知情人，他总是翘起大拇指来夸我把溥仪照顾得非常好。溥仪也无数次地对我说过："我现在真多亏了你了，如果没你，这种时候谁还肯来照顾我，那可就把我苦死了！"他说话时眼眶里滚动着泪珠，每次我都拿出手绢为他轻轻擦拭。

　　贝尔竟然说，溥仪病危时，"连弄在床上的屎尿也没人管"，还说"1962年跟他结婚的最后一个妻子，已经来不及赶到医院了"，"他的尸体像一个无家可归的穷光蛋，在医院内火化"，"死者的一个亲属不顾狂怒的红卫兵阻拦，把骨灰带到周恩来家里安全地保存起来"。溥仪病危期间我根本就没离开过他的病床，晚上也只能坐在病房门口的小木凳上打个盹儿，他咽气后也是我给穿的衣服，这在前面已经述及。至于"在医院内火化"，"把骨灰带到周恩来家里"，那就是无稽之谈了。

我要请教贝尔先生难道这一切就是溥仪的"新的不幸"吗？说句老实话，我跟溥仪共同生活的五年半时间里，以及溥仪去世后至今快三十年的时间里，我为溥仪付出了巨大的牺牲，当然这是我心甘情愿的，是为了回报他给予我的爱。

溥仪去世后，家庭生活就像一个沉重的包袱压在我这独身女人的身上，真是要人没人，要钱没钱，叫天不应，叫地不灵，使我遍尝酸甜苦辣这人生百味。那时候我整天哭，哭他不该离我而去，我想一个人也活不下去了。朋友们劝我说，你还年轻，要想开些，哭坏了身体可就更苦了，没有人能管你。有一次我哭着哭着就睡着了，到第二天睁开眼睛却觉得眼前模模糊糊，原来有一只眼睛什么都看不见了，我赶快到医院去，医生说你这样哭是很危险的，眼球总在泪水中泡着，时间长了会导致失明，尤其睡觉之前不能哭，这位医生提醒了我，确实应该克制些，真把眼睛哭瞎，那就更惨了。于是我不哭了，又只能到回忆中去寻找一丝安慰。回忆跟溥仪在一起度过的时光，他把我当成掌上明珠，不但给予我作为丈夫的深情，还给我补偿了从小就失去的父母之爱、兄妹之情，那时我是多么幸福啊！如果说还有什么遗憾，就是他没有给我留下孩子，当年我才三十多岁，真想能有一个自己的孩子。

当时没有人敢接近我，更没有人从经济上资助我，每日三餐差不多都是面条拌酱油，我从小在继母身边总是吃不饱饭，受各种各样的冤枉气，这倒锻炼了我，生活方面再苦也不怕，只是睡不着觉的滋味让我难熬。

一个独身女人的生活实在不容易，一举一动都在别人的注视之中：你穿件漂亮的衣服会有人说三道四；你穿得朴素，也会有人说你装相；晚上电灯关得早了，就会有人怀疑你搞"明堂"；如果电灯关晚了，也有人会怀疑你三更半夜为什么还不睡。常有一些老同事，老朋友来看看我，结果闲话又出来了，我虽然也想尽量少接触外人，但我独身生活毕竟也有许多事情需要别人帮忙，然而正常往来也要伴随一大堆闲话，真是人言可畏。莫非我只能把一个人关在房间里，最后把自己变成一个傻子吗？

为了丈夫溥仪，我确实遭了不少罪，受了不少苦，但我从来没把这些看做是我的不幸，恰恰相反，能为自己爱恋的人做出牺牲，正是我的福气。我也深信不疑，如果溥仪也感到他曾给妻子做过牺牲，也同样会认为是自己的福气，而不会当作不幸。对于爱德华·贝尔先生来说，这或许是难以理解的吧！

就在《新民晚报》报道我"将与美国记者交涉"，要求贝尔作出解释，"在弄清事实后通过适当的传播媒介予以更正"的一个月后，我收到了爱德华·贝尔先生的来信，全文如下：

亲爱的李淑贤夫人：

我的作品的中文译本深深地伤害了您，对此我深表歉意。

1987年，当我为这本书在中国作调查时，曾经想找过您，但未成功。那些拍电影的也告诉我，他们也想找您，也没成功。他们说您不愿谈论过去。

我承认我的确是根据许多人提供的传闻写作的，他们了解溥仪被释后的情况。他们所谈的大同小异。如果这些被证实是不确实的，我深感抱歉，在此书再版时，我将对这部分内容坚决予以更正。在我下次来中国时，如果我能和您谈话，听您介绍那些年代的情况，我将不胜荣幸。

衷心的问候！

诚挚的爱德华·贝尔
1990年10月20日

第一次出国

我的女朋友章温柔小姐早年在法国留学，毕业后定居巴黎，出任法国巴黎法宝公司总经理，在影艺方面发展自己的事业。她购得中国电视剧制作中心拍摄的二十八集电视连续剧《末代皇帝》在法国的播映权以后，遂于1991年春天邀请我赴法参加戛纳国际电影电视节。刚接到邀请时我有顾虑，怕长时间坐飞机身体吃不消，但我从来没有出过国，对巴黎还是很向往的，从心里说很想出去开开眼界。

我决定试办出国手续，先向原工作单位提出申请，医院领导立即同意并给我开出了介绍信，带着介绍信来到区卫生局，局领导也同意我出国，并帮助填写了正式的申请表格，随后便到市公安局办理护照。那已是1991年的3月末了，记得那天正下大雪，市公安局大院里等待办理出国手续的人还是排起了长长的队伍。好不容易轮到我，却又因手续不全而没有办成，公安局的干部说，要有邀请方面的经济担保。我又立即给章小姐发了传真，章小姐遂在法国为我办理了数额为四千美元的经济担保手续。

4月3日上午十时，我持通知单前往中国人民银行保险公司取回章小姐汇来的四千美元的担保金的证明。有了这个证明，当天下午就办好了护照，随后又到法国大使馆办完了签证手续。我非常高兴，总算有机会去看看外面的世界了。当即发传真给章温柔小姐，她也替我高兴，原来都没有料到，作为末代皇帝的遗孀因私出国却能这样顺利。没过几天章小姐便给我寄来了期限为一年的往返巴黎机票，我的行程就这样定了下来。

我想准备几套衣服，但北京的服装店好像都是给年轻人准备的，老年人很难买到合适的服装，我又带着护照到专门为出国人员服务的红都服装公司，那里有很好的衣料可以定做，但时间来不及了，只好凑合着买一套价值数百元的真丝服装，可我并不太喜欢，一次也没穿，后来送给朋友了。我又到工艺美术商店买些有特色的工艺品，还买些食品类北京特产，准备送给法国的朋友们，章小姐的律师雷蒙·杜埃就很爱吃北京小食品。

　　行期愈来愈近了，当时我的心情既高兴又紧张，高兴当然是因为能跟着描写溥仪的电视剧出国，紧张则是因为单身远行，没有人陪我。临行统战部张部长还写了一封信交给我，他说可以让飞机上的空中小姐看看，她们见信一定能给予关照。1991年4月29日那天上午就有一拨拨的客人和朋友们先后到我家来送行。有统战部的、政协的、卫生局的、街道办事处的，有领导、同事、朋友，那天好热闹。飞机在下午一点钟起飞，他们又一直把我送到首都机场。统战部张部长那封信非常好使，空中小姐知道了我是谁，对我照顾得无微不至，一会儿送来热水，一会儿端来食品。乘坐的那架国际航班飞机机体是最大型号的，飞行平稳，空中小姐还特意送来了枕头，让我睡觉。从飞机的窗户往下看，下面是美丽的彩云、山川，我的心情很舒畅，就这样愉快地度过了十个小时的长途飞行。

　　飞机在巴黎上空开始下降时我好紧张，空中小姐关心地告诉我，今天的地面温度下降了六度，要多穿衣服，以防感冒。飞机降落后，空中小姐一直又把我送交给中国国际航空公司副总经理、驻法国代表侯树杰先生，还向侯先生介绍说，这位是溥仪夫人，没有来过法国，也不能讲法语，请你把她送到候机室外，交给来接她的人。侯先生便一直陪着我一处一处地办好出关手续，还不时安慰我，你放心好了，如果碰不到来接站的人，我就把您一直送到章温柔小姐家里，不见到她，我是绝不会离开您的。最后来到通道出口处，远远看见章小姐和一位法国男士正在向我招手，一块石头才在我的心里落了地。

　　章小姐手持一束鲜花冲我摇晃着，身边那位男士便是她的律师雷蒙·杜埃先生。这时夜幕已经降临，章小姐亲自开车先把我带到杜埃先生家中，当天晚上就住在那里。杜埃先生是章温柔小姐的好朋友，曾任法国某市的副市长，现已退休，在自家开办了一家事务所，成了法国一位大律师，也曾到中国旅游，那时就和章小姐一起到过我家，所以我们早就是熟识的朋友了。他在1990年3月与章小姐第一次到我家碰了锁头而留下的便条至今我还保存着，上面写道："李淑贤女士：您好！我们是从法国巴黎看到您跟贝托卢奇和李文达的官司，特来拜访的。现住前门饭店6055房，明天上午拟再访，请候。杜埃、章温柔 3月31日十二时二十分。"第二天，他们如约来了，我们从此成为朋友。

来巴黎之前章温柔小姐曾在传真中告诉我巴黎和北京气温差不多，不用带很多衣服，可是到了巴黎天气突然发生变化，连续下了十几天雨，气温要比北京冷得多，因为我带来的衣服不多，杜埃先生家里一直开着电炉，帮助我取暖。那天就在杜埃家中吃饭，顿顿都是法国西餐，我不习惯，每餐都吃得很少，章小姐还以为我客气，其实真的吃不下。第二天早餐后聊了一会儿，上午十点左右从杜埃家走出，章小姐问我是愿意住在宾馆还是住到她家里？我说因为语言不通，住在宾馆里会有麻烦，不如就住在你家里。我知道章小姐是做生意的，每天都有一张排得很满又很紧的工作日程表，有时还要飞往美国、东南亚或香港等地联系业务，她的丈夫也飞来飞去，夫妻俩都特别忙，我如果住在宾馆势必又让她分心，这是我当时心里真实的想法。

也许是因为飞行中的劳累，加上天气突变，我感到身体很不适应。因为章小姐是邀请我参加戛那电影电视节的，按原计划要出席在戛纳举行的与新闻界和影视界朋友们见面的仪式，借以促进电视剧《末代皇帝》的发行，而从巴黎到戛纳还有几小时的飞机行程，我觉得心脏不好，恐怕难以承受，不得不放弃戛纳之行。真遗憾，给章小姐造成了麻烦。

在法国期间章小姐还给我安排了另外一些活动，法国《周末周刊》杂志社的记者最先来采访，我回答了他们提出的一些问题，他们非常高兴，说是得到了第一手资料，要登在重要的版面上。采访过程中由章小姐亲任翻译，她很年轻，才三十多岁，精明强干，有魄力，在法国开公司，可以算得上一位女强人了。

那天《周末周刊》的记者还把我邀请到风景美丽的法国皇家公园，给我照相，在刊物上发表，配合电视剧播映的宣传。那天很冷，我却没带来厚些的衣服，章小姐从衣柜里挑了几件自己的衣服让我穿，但她的衣服样式都是年轻人的，腰围很细，只有一件勉强可以穿，质地又很单薄，还是我自带的一件风衣能稍御点风寒。在皇家公园内，《周末周刊》的记者一会儿让我仰头望天，一会儿让我侧身旁视，一会儿让我微笑，一会儿让我注视远方，总之是摆出各种各样的姿势，让他们尽情照相。

照完相，又把我带到巴黎白天鹅酒家，这里装修得很豪华、很气派。老板是从越南来的华侨。我们五六个人不过要了一些冷饮和点心，就花掉五六千法郎，令人咋舌，起码要比中国高十倍以上。其间，记者又让我站在酒家内的养鱼池边上，或背衬着装点大厅的各色鲜花旁，又照了许多照片。回到章小姐家里时已是晚上了，气温更低了，我又冷又累，患了感冒很难受，晚饭也吃不下，章小姐便把她从家乡温州带来的治疗感冒的中药给我熬了一碗，吃完我就躺下睡了。原定第二天的活动也让我推辞了，竟连续三四天起不了床，也吃不下东西。

还记得那天是4月30日，我的病尚未康复，章小姐一定让我陪她到银行取款，从银行出来，章小姐又领我走进一家很大的百货公司，这里卖袜子、服装、香水等等，分类售货任你挑选。售货小姐都特别有礼貌，服务态度非常好，无论碰到什么样的顾客她们都主动上前打招呼。商品质量也上乘，只是价格太贵，我不敢问津。章小姐对我说，阿姨你要喜欢什么东西就买吧！我回答说，不需要什么，也不想买什么。

嗣后，我们又一起走进法国的超级市场，这里副食的品种应有尽有，又新鲜又好，还是价格昂贵。在中国几毛钱就能买到一棵大白菜，在这里却要花20多个法郎，但也有一些食品比中国还便宜，如鸡蛋、黄油和虾。摆在大冰柜里的大虾，每坨有二三斤重，又大又鲜，够一家人吃两顿的，比中国市场价格还便宜。还有鲜蘑菇，就像刚从地里摘下来的一样，各种副食都有精美的包装。

章小姐那天采购了很多菜，大包小裹，肉、鱼、虾、蔬菜，买了一大堆，把汽车后车厢都装满了，她每次到市场都是这样要买回够吃几天的食品，对他们来说，时间总是不够用，不允许天天到市场去。

在章小姐家里，头几天总是吃法国西餐，我很不习惯，起初还不好意思说，后来我就向章小姐讲，你也是南方人，还是做些米饭吃为好，她便照顾我，改变了伙食品种，我经常可以吃到中国式的米饭、包子、饺子了。章小姐自己动手做饭、做菜，怕我累着，不让我帮忙，她也很会做菜，有时间就炒好几盘菜，端到饭桌上把每盘菜都要夹给我吃，很有味道。

因我按北京的习惯总是早早就起床了，章小姐问我在北京早点吃什么？我说喝一杯牛奶，吃一个鸡蛋，二三片饼干。她便把这些食品都买回来放在厨房的冰箱里，让我早晨自己食用。法国的牛奶很浓，我很喜欢。章小姐烹制的法式蒸鱼就是用锡纸把鱼包在里边蒸，再放上生菜，有一种特别鲜美的味道，不过法式面包我不敢恭维，它不像中国面包那么松软，我觉得太硬，简直咬不动。

章小姐心灵手巧，家里备有缝纫机，也会裁制服装，我有一条蓝色裙子，挺喜欢穿，感觉样式还可以，既不肥也不长，但章小姐执意要给我改一改，改完以后，果然更加适合我的体形。她还自备了一套理发工具，上大学时就常给同学理发,在法国理发一次要二百法郎。我在法国期间也是章小姐给我做头发,还拿出一瓶据说是法国一流明星使用的化妆品,一定要为我化妆。我说,年纪大了,又何必呢!章小姐还是坚持,她说化妆会使人显得更年轻。

答法国《周末周刊》记者问

5月4日上午,章温柔小姐陪我前往法国《周末周刊》杂志社,在该社会客室内接受记者的采访。以下问答是从当时的日记中摘抄下来的。

问:您以前来过法国吗?

答:我是第一次出国,以前从没有来过法国,也没有去过其他国家。

问:您喜欢法国吗?

答:法国是个美丽的国家,环境优雅,一尘不染,环顾四周都是碧绿碧绿的,树木成林,芳草萋萋,鲜花盛开,让我感到很舒服。市场和商店也有特色,服务小姐们非常礼貌,让人有宾至如归的感觉。

问:那您就在法国多住些日子吧!让章女士陪您好好玩玩,法国也有许多名胜古迹。

答:谢谢。

问:虽然今天是第一次见面,但我早就知道您了,美国《新闻周刊》的记者爱德华·贝尔写了一本《中国末代皇帝》,说您特别厉害,对皇帝不好,很多法国人都读过这本书,今天见面我觉得您不像那么厉害。

答:看来贝尔那本《中国末代皇帝》有些内容是攻击我的,我还没见过这位先生,不知道他那些结论都是怎么得出来的。

问：我们知道您和皇帝溥仪先生共同生活的情况，外界说您和皇帝是自己认识的，是这样吗？

答：我和溥仪相识是经朋友介绍的，溥仪的朋友——全国政协文史资料专员周振强和我的朋友——人民出版社编辑沙曾熙两人共同撮合了这桩婚姻。

问：你们也作为朋友经过了长期的恋爱吗？

答：从认识到结婚大约有半年时间，我们互相了解，最后达到相互依恋的程度。

问：你们结婚以后都觉得很幸福吗？

答：我们两人的感情很深，可以说是相依为命，他离不开我，我也离不开他。

问：皇帝能过得惯平民生活吗？

答：溥仪当皇帝的时候，穿衣穿鞋、吃饭喝茶样样都有太监伺候，后来成了平民，虽然经历了十年改造，但在现实生活中还是常出笑话，别人洗衣服洗得很干净，他就洗不好，穿衣服也穿不好，每当他出席社交活动或接见外宾时，事先都是我帮他整理服饰，擦亮皮鞋，虽然都是些琐细小事，离开我他就玩不转了。确实不会做事，不会干活，为此溥仪还与自己生气，他说都是西太后害了他，悔恨自己不该投胎在帝王家。但他喜欢做，肯努力，一切从头学起，渐渐也学会一些生活常识。还总跟我说，我这个人特别笨，却一心一意要当个好公民、好丈夫，你可不要生我的气啊！

问：皇帝也带你到过去住过的宫殿玩吗？

答：溥仪喜欢玩，每到星期天休息的时候，都要带我前往北海、景山、故宫、颐和园或动物园玩上一天。

问：皇帝在故宫游览的时候给你讲他过去在宫中的生活吗？

答：溥仪给我讲过他三岁进宫以后就见不到亲人了，偶尔能跟父亲载沣见几面，直到十一岁那年母亲和弟妹们也能进宫会亲了，他和弟妹们一起玩，就像从天上返回人间，高兴得不得了，有时在御花园玩蚂蚁，让太监把御膳房里的点心拿来喂蚂蚁，把蚂蚁放在大树上看着它爬上爬下，还喜欢观察蚂蚁做窝时的动态。有时在养心殿捉迷藏，在下雪天就堆雪人玩，为了练习骑自行车连紫禁城内宫门的门槛都锯掉了，觉得很开心。逐渐长大一些后，他又到颐和园去玩，长长的车队随驾护卫，每次都要消耗几千块大洋，他不管这些。那种由一帮太监簇拥着，坐着轿子依次向四位皇太妃请安的刻板宫廷生活实在让他腻烦。

溥仪还领我看过他小时候读书的地方，那里叫毓庆宫，也是光绪皇帝小时候读书的地方，就在毓庆宫内的炕上给他设一张书桌，他在这里读了不少书，但那时不太用功，身体稍有不适就传谕停课，给师傅们放假，他说那时候不喜欢读书，特别淘气，几位汉文师傅年事已高，有时就伏在讲桌上打起盹儿来，他便会用准备好的鸡毛捅老师的鼻孔。还有一位老师傅长着一双很长的寿眉，他趁老师不注意就去拔掉了一根，不久外边传说被天子拔了寿眉，这位老师傅的寿命不长了，果然没过多长时间就死了。

英文老师庄士敦对溥仪有很大影响，原来宫里人都穿布袜子，庄士敦最早给他带来丝线洋袜子，他穿在脚上觉得很舒服，便把布袜子扔了。发生了这类事，皇太妃们总要搬出祖宗家法训他几句，他觉得在宫里不自在，很羡慕大墙外边的孩子们，结婚以后有一后一妃，更觉得自己是大人了，就想出洋到英国去留学，为了筹集经费，他还以赏赐为名把宫里的名贵字画、古玩，通过当陪读的溥杰陆续偷运出宫，后来真策划了出宫的行动，但因事机外泄，被其父载沣封闭了出宫的所有通道，而未能成行。有一次他在记者采访时谈到这件事，如果当时真到英国去了，也许就没有后来跟日本人走的那段历史了，他对父亲很不满意。

问：皇帝过去有很多无价珍宝，也许会有一些纪念品保留到今天，给您也留下了什么吗？

答：他确实从清宫中带出一批最富价值的钻石、珠宝和金银制品，伪满垮台以后成了苏军俘虏，那时他有一只装满珍宝的黑皮箱子带在身边，后来向看管他的苏联军官赠送了一部分，剩下的四百多件通过抚顺战犯管理所上交国家了。我和他结婚时还见到了那只装珍宝的黑皮箱，只是一只空空的箱子。谈到纪念品，倒也曾经有过一样东西，那便是他十九岁那年被逐出官后二十余天，他逃离醇王府投身日本驻北京公使馆那天在东交民巷法国商行躲避时，为了掩护自己，充当顾客而购买的那块怀表，1959年特赦时抚顺战犯管理所所长特意把这块表还给了他，说这块表很有意义，记载了他人生中的重要一刻，也是历史上的重要时刻，于是他能带着这块表走进我的生活。有一年夏天，他这个马大哈不知怎么把这块表卷到窗帘里受了一惊，后来他一直把这块表带在身上，直到去世。没想到当时我的心情很不好，把这块表和溥仪用过的两支钢笔都放在家中同一个抽屉内，不知被哪个喜欢纪念品的人保留了，至今没有它们的下落，我很遗憾。据我在美国的亲属罗恒年说，这块怀表在美国能值二十万美金，值钱多少我并不看重，作为一件历史文物其价值是不可衡量的。

问：皇帝的臣下、仆从等过去来往的人们中，特赦后还有跟他保持联系的吗？

答：溥仪回到北京最初住在崇内旅馆时，就有晚清的大臣来见他，还口称"皇上"，给他磕头，并"进贡"礼品。溥仪当时很生气，他说自己已经不是皇帝，而是普通公民了，相互之间也应该建立新的关系，那位大臣没有想到"皇上"会有这样的变化，大为感慨地离开了旅馆。

问：您第一次跟皇帝见面的时候，是否知道他的历史身份？

答：我已听说溥仪就是清朝的末代皇帝，我的介绍人并没有隐瞒他的历史身份。刚一见面我看他跟普通公民没有两样，给我的印象是经过十年改造从表面上已经看不出是当过皇帝的人了。

问：中国人对获得特赦的皇帝都有怎样的看法？

答：据我所知周围的人民群众对溥仪都是很友好的，不但没有人歧视他，而且都很尊重他。

问：我听说溥仪先生得到了周恩来总理的种种保护，对此又应怎样理解呢？

答：溥仪特赦以后，党和国家领导人毛泽东主席、周恩来总理等都关心他，可以说是无微不至，尤其是周恩来总理亲自安排他的学习、工作和生活，为他考虑得非常周到。至于周恩来保护溥仪，主要指在"文革"中有人要把溥仪当做黑帮加以批斗、逼供和抄家时，周恩来闻讯即采取紧急措施把事态制止了，我们家在"文革"高潮中因此没有受到严重的冲击。只是有人批判《我的前半生》，把它说成是"黑书"，是政治上反动的书，这让溥仪很伤心，也很害怕，后来还是毛泽东和周恩来在谈话中肯定了这本书，把溥仪解脱了。

问：溥仪在日常生活中到底是怎样一个人？您能给我们描述一下丈夫的性格吗？

答：溥仪青少年时代在官里生活了十几年，那时他的脾气很暴燥，后来到了伪满皇宫更动辄惩处下人，皇帝冷酷无情那一套他都学会了。常言说"江山易改，禀性难移"，溥仪的性格却发生了很大的改变。我们婚后他从来没对我发过火，虽然也有几次跟我生气，但他很快就道歉，劝我千万不要往心里去。他关心我，疼爱我，只要我开心他就高兴。见我不开心，他就百般劝导。用一句在中国流行的话来说，他可称为"模范丈夫"了。别看他六十来岁，还像小时候那样爱玩，有时还不知从哪里弄来蛐蛐、蚯蚓、蝈蝈等放在院内大树下或窗前，逗着玩，有时还笑得直拍手，玩起来连吃饭都忘了。有时蝈蝈叫得太吵人，我叫他弄走，他也听话，就把蝈蝈送给邻居家的孩子们。

问：国家对您是否有特殊待遇？您家的住宅是私人别墅，还是政府分配的高级住宅？您家一定拥有高档家庭设备吧？

答：我不过是普通国家工作人员，虽然没有得到什么特殊待遇，但国家对我很照顾，现在我退休在家，每月除退休金收入外，还享受全国政协定期补助的生活费，住房也是全国政协机关为了照顾已故全国政协委员的遗属而分配给我使用的，两室一大厅单元楼房，房租低廉，家庭设备也很齐全，生活需要的东西应有尽有，我对现在的生活很满足。

问：能告诉我您享受官方什么样的社会地位吗？

答：我是普通公民，1984年当选为北京市朝阳区政协委员，迄今已连任三届，由于这个身份不断参加一些视察活动和社会活动。

问：政协是什么样的组织？政协委员又是什么样的一种职务呢？

答：政协是各党派和人民团体协商政府大事的机构，其中也有不少社会知名人士，虽然不起决策作用，但要参考他们的意见。我作为北京市朝阳区政协委员，经常出席有关的会议，听取各方面领导人的报告，也参加一些视察活动，有时到工厂、医院、学校等部门参观，并把我的意见写成提案在政协大会上提出，供领导参考。还有时出席政协组织的文化娱乐活动。

问：您在平时也有很频繁的活动吗？

答：经常会见来访的国内外记者和外宾，特别是有关溥仪的电影和电视剧在1988年上演或播放以后，更多的外宾都想见到我。除了社会活动，我一个人待在家里时喜欢看报纸和杂志，晚上常常守在电视机前，这些年来电视是我的好伴侣，它帮助我消除寂寞和孤独。此外，每天我还要抽出一些时间来回忆我这一生所走过的道路，写我的回忆录。

问：在您的家庭里，还有别的人和您一起生活吗？

答：我从小就失去了父母，也没有兄弟和姐妹，我的娘家就没有亲人了。溥仪在北京的亲属虽然很多，至今还有几位妹妹健在，但年纪都大了，各人忙各人的事，来往不多。

问：您的先生去世前和去世后，您在生活方面有些什么不同吗？

答：溥仪去世前，我们仅靠工资收入生活，因为溥仪没有任何财产，也没有其他收入，虽然后来得到一笔稿费，但溥仪生前基本没有动用。溥仪去世后，他的工资没有了，我又处在停薪留职的情况中，而溥仪的亲属们也帮不了我的忙，那个阶段生活是特别困难的，后来溥仪上交的《我的前半生》一书稿酬余款四千元，因周总理过问，由政协机关发放给我了，这成了我的生活和治病的度命钱。到了1971年我又走投无路了，给周总理写信，从此每月发我六十元生活费，使我得以维持起码的生活。

问：因为您是皇帝夫人，认识您的人是否会对您另眼相看呢？"文革"以后特别是您的先生去世以后，那些认识您的人对您的态度是否发生了变化呢？

答：人们的思想各不一致，我认为这是勉强不了的。因为溥仪当过皇帝，对于我和他结婚历来就有不同的看法，人家怎么看我不管，我只希望自己能有一个平静的生活。溥仪去世以后在漫长的"文革"年代里，许多熟人也疏远我了，不敢和我接近，虽然我本人的历史是清白的，但一想到我正为封建皇帝守寡，就自然感到在心理上有压力，担心受到株连。也有个别心眼不好的人想趁机泄愤，鼓动不明真相的人批我，斗我，多亏当地派出所领导掌握政策制止了他们的胡闹，给我解了围。

问：你有朋友吗？他们都是哪个阶层的人士？

答：我的朋友很多，有医务界同行，有经商做生意的，有从事教育工作的，有新闻出版部门的，也有各民主党派的上层人士，他们都关心我，常来看望我，我也喜欢亲手做几道菜招待他们，跟他们聊天，会见朋友们给我的生活增添不少色彩。不过也有令人伤感的时候，有一次在参加社会活动的场合，碰上一位多年不见的老朋友，听说他在"文革"中遭遇许多磨难，见面之后她紧紧拉住我的手，眼泪便从眼眶中流了出来，我们都很感慨。我说，事情早就过去了，现在应该高兴才对，听了我的话她破涕为笑，我们畅叙别后离情，都很愉快。

问：您看过意大利导演贝托卢奇拍摄的影片《末代皇帝》吗？您怎样评价这部影片？扮溥仪的演员像不像生活中的溥仪？

答：贝托卢奇拍摄的那部影片在中国有千百万观众，我当然也看过，从艺术提炼的角度来说，影片拍得很不错，但有一些情节不真实。比如陈冲扮演的婉容洋味十足，婉容当年只有十七岁，是在封建礼教熏陶下成长起来的贵族小姐，不会是那副模样。你看洞房那场戏，婉容被描写成情场老手，不符合她的家庭背景，也不符合她本人的身份，身着袒胸露背的洋服也是根本不可能的。又如婉容和溥仪在天津跳舞那场戏，也太现代化了，放在今天的开放型小姐身上也许还合适。谈到演员的扮相，我看还是有一点像，但不完全像，想找到一模一样的演员也是不可能的，更重要的不是形像，而是神像，要注重内容的真实，而恰恰在这方面影片有欠缺。

在巴黎的日子里

我有神经性耳聋，对于《周末周刊》记者提出的问题，有时听不清，回答起来也就比较迟钝，记者发现了这个问题，就提出要给我配备助听器，我不好意思，说自己本来有一个从日本买的助听器，但杂音较大，所以不愿使用，记者便请章小姐和杜埃律师陪我一起去配助听器，杜埃律师把我带到他的耳科专家朋友那里，做了非常仔细的听力测验。我问章小姐要花多少钱？法国的医疗费非常昂贵，配助听器的费用也一定不会少，当然应该由自己承担。章小姐却向我解释说，《周末周刊》杂志社要把助听器作为送给你的礼物，不要你花钱的。当时有两种质量较好的助听器，一种五千多法郎，另一种要一万法郎，章小姐告诉我可以随意选择一种，我实在不好意思花人家太多的钱，就表示一定要配五千多法郎的那一种，等三天后章小姐带我去试新的助听器，听力立刻就提高了许多。

　　5月5日下午，章小姐让她的妹妹及其男友克利斯两人陪我游览巴黎圣母院，我对这里的印象是早几年从电影上看到的，今天终于来到这里，没想到有这么大的规模。游人非常之多，有点儿挤不动。教堂内庄严肃穆，四壁上点燃着又细又长的数不清的蜡烛，到处都有信仰圣母的人在祈祷，一种神圣的感觉油然而生，我在教堂内拍摄了许多照片。那天很冷，风也大，站在这世界著名教堂内，我的心情是难以形容的。离开圣母院，我们又来到城岛上的巴黎圣母院，这里的风光更加美丽，继而游览了圣小教堂、圣心堂，以及最负盛名的埃菲尔铁塔、凯旋门和卢浮宫，在卢浮宫这座伟大的艺术宫殿内珍藏着几个世纪以来世界上最伟大的画家的作品，蒙娜莉莎的微笑深深地吸引了我，如果不是章小姐提醒，我也许想不起应该离开这里。在很多地方我都留下了照片，它们能够把我和这些建筑及伟大的艺术品永远地固定在一起。走出卢浮宫，我们又进入金碧辉煌的巴黎歌剧院，继而来到巴黎裁判所和附属监狱，并在特别宽阔、绿树成荫的香榭丽舍大道上散步，一直经过凯旋门。这一天我们还参观了协和广场、埃及纪念碑、国会荣明馆、蓬皮杜文化艺术中心、巴士底广场和奥赛博物馆。奥赛博物馆里珍藏着法国历代王宫中做工极为精细的传世珍宝。走出博物馆，夜幕已经笼罩大地，灯火辉煌，我们又乘兴游览了巴黎夜景，最后来

1991年4月李淑贤出访法国，凯旋门前留影。

到一家鲜花商店，看着那些争奇斗艳的一束束鲜花，我喜欢极了，一打听价格却贵得惊人。

5月7日下午，章小姐又陪我来到巴黎闹市区的一家很大的百货公司，那里的女士服装原料和式样都十分高级精美，有一件衬衫更深深吸引了我，一打听价格，竟高达数千法郎，大概章小姐看出了我的心思，要给我买下，但我实在不好意思让她太破费。她说，没关系嘛！我给你买。我说，我家里有许多衣服，够我穿的。只是听说巴黎时装世界闻名，所以才想见识见识，并不想买，章小姐拗不过我，便放下了。从商店出来，章小姐把我带到一家中国人开设的餐馆，吃了一顿中餐，有鳝鱼、红烧鸡、红烧虾、香菇炒肉片，都是我非常喜欢的菜，味道很好。我俩以冷饮代酒，尽兴一餐。结账时自然也是一笔不小的数目，章小姐为我破费得太多了。饭后，章小姐又驾车带我逛了巴黎夜市，结束了这个愉快的下午。

第二天上午，章小姐起床后就非常高兴地对我说："阿姨，今天我要多给你做几道菜，让您品尝一下'法国'。"她叫妹妹到超级市场买来许多新鲜菜，然后亲自下厨，我看她把豆腐干、肉丝、香菇、香肠等一样样都切成薄片，放在一起炒，这道菜做出来真是蛮有味道，我在北京是不大喜欢吃豆腐干的，这次只觉得法国的豆腐干和中国的豆腐干不一样。章小姐还做了一大盘鱼和一大盘虾，在餐桌上她使劲往我碗里夹菜，她妹妹在一旁说，姐姐对李阿姨比对我妈还好呢！不过，法国的鸡、肉等没有中国的好吃，大概是因为喂养饲料的缘故吧。有一回章小姐特意按中国南方口味做了一盘鸡，大家也说不好吃，这实在没有办法。章小姐的朋友请我到餐厅吃过几次西餐，但我不喜欢，章小姐总是调换花样给我做吃的，还用新鲜香菇、虾仁和木耳给我包三鲜馅饺子或包子。章小姐也常给我做炒面条吃，买一种很高级的面条，煮好就捞出来晾干，再与肉丝、虾仁放在一起炒，又香又鲜美。

　　章小姐的事业很发达，但家务还是由自己来做，在法国雇用家庭佣人要付出很高的工资，所以即使较富贵的人家也不雇人，加上法国的家庭生活比较方便，洗衣、做饭都电气化了，章小姐家的电饭锅就可以自动关闸，即使主人回来晚了，锅里的饭总是热的。烧水的壶也是一样，水开以后自动断电，决不会熬干的，再过去二十四小时水也是热的。炒菜也是一接上电源就不用管了，脏衣服放进洗衣机内就会自动洗好、甩干、烫平，拿出来穿在身上就可以了，室内吸尘器也是全自动的，家庭生活非常方便。像杜埃律师那样的法国上层人士也仅仅雇用一位六十多岁的女佣，帮助做些杂务而已。

　　我在法国那些天总是不大习惯，活动稍微多些往往就病倒卧床了，记得是5月10日那天上午，我觉得头晕恶心，这时章小姐带来一个消息："阿姨，今天晚上有记者采访，希望您能出席。"我告诉她，恐怕身体挺不了，今天我不想参加任何活动。看得出来章小姐不太痛快，也许这是一次很有影响的活动吧，然而我也做不了自己身体的主。经过这个时期的相处，我已经很了解章小姐的为人，她的脾气不大好，有时工作累了或是遇到不顺心的事立即就要发火，但她这个人心地善良，也很直爽，所以在事业上取得了很大的成功。她对我也很不错，总是问我喜欢吃什么，按我的口味改善伙食。我虽然也想多帮助章小姐做些对她有益的事情，只恨这身体太糟糕，还多亏我从国内带了许多常用药，否则还会给章小姐破费许多药费，即使如此她还是陪我到当地医院检查过几次。

　　5月13日那天，杜埃律师又来了，章小姐给他做中国式的包子，我看这位法国人也很喜欢中式饭菜，吃得津津有味。他带来一本贝尔写的《中国末代皇帝》，这本书已经发行了好几种文版，杜埃律师说，他看到书中有污蔑我的内容，就想替我出这口冤气，表示愿意免费替我打这场官司，要求贝尔赔礼道歉并赔偿我的名誉损失。

在章温柔小姐家里度过的那些日子里,晚上也要看看电视,章小姐每天回来得很晚,也过来一起看,法国电视台在深夜常常安排很开放的节目,什么裸体艺术啦,性明星啦,同性恋啦,甚至赤裸裸地表演男女性生活,画面上出现数以百计的男男女女全都一丝不挂,还有一个男人与几个女人做爱的场面,我实在看不下去,便到别的房间坐一会儿,其实这在法国早已是司空见惯不足为奇了。章小姐还要带我到裸体艺术展览馆参观,我没兴趣。

5月15日下午,章小姐很高兴地从外面回来,我说,小章呀!你今天这么高兴,一定有好事吧!她说"阿姨猜对了,确实有件大好事,法国电视一台邀请您在黄金时间讲十分钟的话",章小姐颇为兴奋地说下去,能登上法国电视一台的都是第一流明星,都是知名度相当高的人,有机会在这家电视台讲十分钟的话,这可是很高的荣誉了。我能够受到这样的尊重,对于她传播电视剧《末代皇帝》的事业自然也十分有益,她哪会不高兴呢!

预定在5月18日前往电视台现场直播,非常遗憾的是从16日晚上起我就犯病了,心脏的情况很不好,章小姐也急得折腾了一夜,一会儿端水,一会儿送药,到第二天感觉好些,章小姐给我买来许多点心和水果,但仍然很难过。我对她说,可能去不了,章小姐急得团团转,说这是一件大事,有约在先的,不去可不成。按规定白天要去熟悉一下演播现场,我勉强跟着去了,在那里看见许多著名歌星,还有一位黑人歌唱家正在音乐伴奏下试唱,我只觉得这里边很吵闹,我的神经性耳聋好像加重了,什么都听不清楚了。有位电视台记者听说我来了,就过来采访,向我提出一连串的问题,我却一句也听不清,章小姐在一旁急得不得了,又无可奈何。

当天晚上我被带到一个大型晚会现场，电视一台正在转播实况，主持人向现场观众介绍说："这位是中国末代皇帝的夫人，来和大家一起观看演出，是我们请来的贵宾！"数以千计的现场观众全体起立，热烈鼓掌，表示欢迎。电视主持人还说，夫人本来是预定要给大家讲话的，因为身体欠佳，今天就不讲了。

那天章小姐和杜埃律师都去了，晚会节目都是世界级水平，可是我的身体太不舒服，只看了一半，实在挺不住了，他们只好开车送我回家。章小姐说，阿姨太没有福气，多少人做梦都想在法国电视一台的屏幕上露露脸，却得不到这样机会，阿姨今天自己放弃了，如果能讲几句话，整个法国一下子就知道您来了，会在全世界提高您的知名度，这是多好的机会呀！

我觉得有些对不住章小姐，便想回北京，天天向章小姐提出联系返程航班，章小姐劝我不要着急，不放我走，她自己每天还是像平日那样急如星火地忙碌着。

一天，章小姐提出陪我到巴黎郊区看看景色，顺便参观她开设的一家餐馆，这天上午九点多钟她就起床了，这是我所知她起来最早的一天。吃过早点大约在十点钟上路，还是由章小姐自己驾车，经一个多小时的行程，我看到道路两边都是一栋栋两层或三层很漂亮的花园小楼房，楼房阳台上摆满了鲜花盆栽，又美丽又芳香，楼房前后草坪像一片片绿色的毯子，干净整洁，房前屋后的小路上看不见一张废纸和污物，据章小姐说这就是普通巴黎市民的住宅。我原以为郊区一定是中国农村的样子，事实却出乎预料，如果不是章小姐告诉我这已是郊区农村，我还会以为这是在巴黎市内，所谓的城乡差别真的已经没有了。

我们在郊区游览不少地方，也碰到许多当地的法国人。他们有礼貌，又好客，还有人热情邀请我们到家中做客，由于时间关系只好放弃这样的机会，我们还参观了郊区的百货商店，有的也像巴黎市内的商店那么大，服装、电气、食品等应有尽有。我们还到了超级市场，那里的肉、鸡、鱼虾以及各种蔬菜非常新鲜，在郊区我们还看到许多工厂。

郊区的餐馆也很多，有法国人开的，也有中国人和其他国家的人开的。我们来到章小姐开办的餐馆，这是一处面积不小的平房，有几十张餐桌，正在装修中尚未营业，据章小姐说，为了开办这家餐馆已投资一百多万法郎，我问她在郊区开餐馆生意会好吗？她说，打算经营中餐，因为法国人喜欢中餐的人非常多，生意一定会很红火的。这时已是下午三点多钟，章小姐找了一家餐馆请我吃法国西餐，味道很好，饭后便返回市区了。这一天我觉得很疲乏，连晚饭也不想吃，就睡下了。

法国植物园坐落在章小姐家附近，步行二十分钟就可以到达，有时章小姐白天外出活动，我独自一人到那里去坐坐，植物园里有各种各样的花卉，游人中多数是老头老太太，据章小姐说这些老人都是单身汉，到这里来消磨时间。植物园里有一群一群的鸽子，在法国的广场、公园、街道以及铁塔等地我也都见过鸽群。有一回我拾起一块小石子向近处一只鸽子扔去，想逗逗它们玩，章小姐马上制止，说这些鸽子都是国家饲养的，谁也不能伤害它们，向它们投石子是要受到重罚的。

在法国街头也有卖唱的，我就曾在一个繁华商业区看到过街头艺术家，这是两位男士，面前摆着一架钢琴，一位男士弹琴，另一位手持麦克风演唱，我在旁边听了一会儿，唱得很好听，真可以称为歌唱家了。唱完一曲，便很有礼貌地向周围观众鞠躬要赏钱，围观的人虽不少，但给钱的不多，大部分人听完曲子就离开了，我给了他一个法郎，他们靠卖唱收入维持生活，显然也是很艰辛的。

法国也有街头流浪汉，有一天乘地铁我就看见几个年轻人，依在地铁长椅上过夜，挺可怜的。我问章小姐他们都这么年轻为什么不找点工作做？章小姐说，在法国用人打工首先要验看证件，这些流浪汉都是犯过罪的，在身份证明上有记载，人家一看就不用他们了，只有向路人讨钱为生，走到哪里就睡到哪里，也怪可怜的。

在巴黎市内房租相当昂贵，而在郊区租房就会便宜许多，所以低收入家庭只能住在郊区，但法国交通很发达，在巴黎乘地铁或无轨电车都很方便，间隔几分钟就有一次车，没有拥挤现象。

平日街道上行人稀少，但法国的节假日很多，每到节假日百货商店和超级市场就人满为患了。法国妇女一般也都参加工作，她们穿着很朴素很随便，我看还不如中国小姐们讲究。巴黎大商店的门外大都设有茶座或冷饮部，虽然不在室内，也很文雅清洁，另有一番风情。巴黎市区的卫生状况特别好，车辆往来穿梭，却不见尘土飞扬。

一天，章小姐家来一位叫玛丽的女士，她是章小姐的朋友，从报纸上得知我在法国，专门来拜访。玛丽女士不懂中文，我们通过章小姐口译对谈，她虽然已经五十来岁了，但长得很年轻也很漂亮，就像三十多岁的人。她是一位历史学者，也是油画画家和书法家，多才多艺，她丈夫在市府工作，也是有身份的人。她见到我非常亲热，以一束鲜花和高级法国香水作为见面礼，我则用中国工艺美术品和北京果脯作为回赠。她高兴得不得了，就像得到了宝贝，并邀请我和章小姐到她家做客。

盛情难却，章小姐陪我前往玛丽女士在郊区的家。那是一座新盖的三层花园楼房，每层都有三个房间，只有她和丈夫两人住在这里，唯一的儿子已经结婚另住别处。她带我们参观了住宅，一楼三间是起居室和客厅，二楼是画室，四壁挂满了她的作品，三楼是藏书室，摆满高大的书橱。楼外小花园里有美丽的草坪和盛开的玫瑰花。她还自己动手为我们做了一桌丰盛的法国西餐，有牛排、猪排、炸鱼、炸大虾、罐焖鸡、沙拉和番茄汤，还有面包、黄油、果酱等非常丰盛，还准备了冷饮、冰淇淋和法国名酒。我不会喝酒，只好以冷饮助兴，但玛丽女士和章小姐很有酒量，喝得畅快淋漓。饭后，玛丽女士又拿出她的几本著作来请我签字，遗憾的是我没有随身带着自己的著作，真想送她一本《爱新觉罗·溥仪画传》，她是学历史的，一定会非常高兴，可惜未能办到。那天章小姐回到家里又唱又跳，显然是喝酒兴奋了。

章小姐对我的照顾虽然很好，但我还是想早些回国，她说机票有效期是1年，阿姨最少也要住满3个月。我说，国内还有好多事情要做，还是尽快给我联系航班。我又到附近超级市场买了许多法国巧克力，是准备回国送朋友的，章小姐知道留不住了，才给我办好5月31日的返程登机手续。临行杜埃律师还特意把我和章小姐夫妇请到他家吃饭以示欢送之意。

1991年5月31日下午3时，在章小姐家吃过为我饯行的一餐，章小姐全家人送我去机场，帮我办理了托运等一切手续，在机场还碰上几位来法国开会回北京的同胞，章小姐的丈夫唐先生托付他们一路上照顾我。他们帮我拿东西办手续，非常关照，我们在万里高空上结下友谊，其中有位青年叫小钟，至今还常来看望我。经过十个小时的飞行，终于降落在北京首都机场，一出海关就看到孙晓明以及朝阳区卫生局的吴科长等人开着小面包车来接我，是章小姐用电话通知孙晓明的，我终于带着一种游子还乡的感觉回到了亲爱的祖国。

当我用钥匙打开房门，一股霉气味扑鼻而来，差不多每次出远门归来，这都是我非常难过的事情，一个人生活，只有一个空空的房子等待着我。虽然经历长途飞行我很疲劳，到了家里还要忙于搞卫生、做饭，那天一直忙到深夜三点钟，总算上床安静地休息了。从第二天起我又东跑西跑去看望那些关心我的朋友们，我去法国前他们都为我送行，挂念着我，现在我回来了当然要看望他们，让他们放下心来，也把我从法国带回的巧克力等分送给他们，表示一点心意，连法国朋友们赠送给我的高

李淑贤与家族亲人观看纪录片《中国末代皇帝——溥仪》

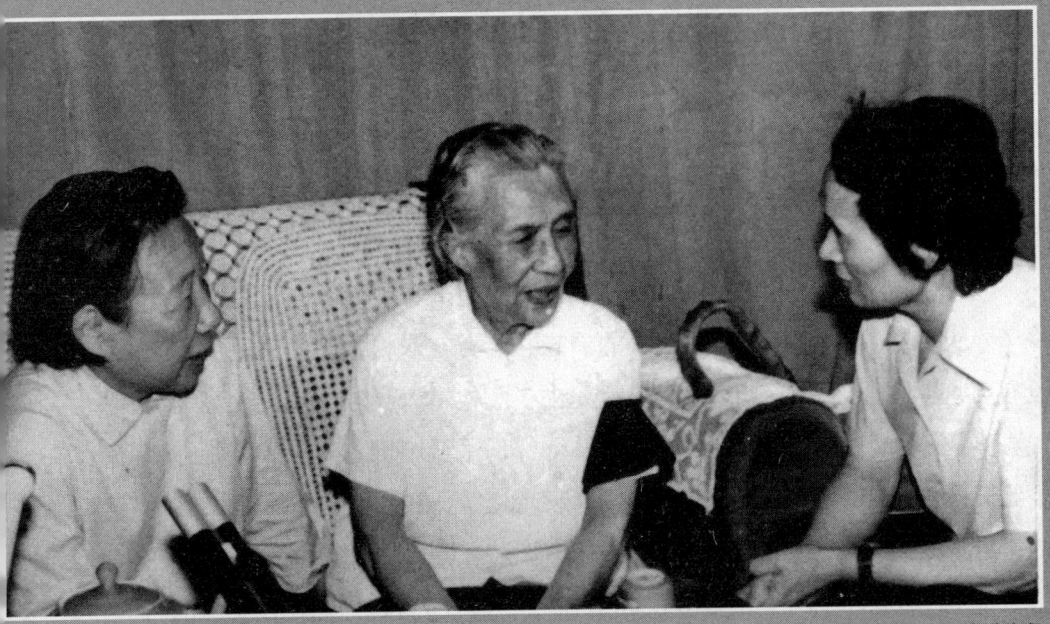
杜聿明夫人曹秀清看望李淑贤

级香水等也分送给朋友了。全国政协张秘书长听说我回来了，特在北海仿膳请我吃饭，联络处处长、某局刘局长也参加了，还把溥杰请来了，我们已有几年没见面，他仍然那么客气，鞠躬叫我大嫂，我把法国朋友送给我的一包咖啡转送给他，他也高兴地接受了。出国前全国政协联络处耿大姐代表组织特意送来五百美金，让我在法国花用，回国后政协机关又宴请我，使我感受到组织的温暖，也好像作为全国政协委员的我的丈夫仍然在世一样。

生活在皇族中间

　　我和溥仪结婚以后，在皇族中间来往最多的是五妹韫馨和五妹夫万嘉熙。我们住在全国政协院内时，老万就三天两头来，溥仪也愿意跟他一起谈天说地。来了就要留饭，却不需特殊准备，赶上什么吃什么，因为溥仪的身体不大好，我就常给他买鸡、买海参放在一起煮，溥仪不太爱吃，正好老万的饭量大，全都能吃下去。老万的腿还长，走路很快。

　　"文革"中间老万也受到冲击，并被下放到郊区农村，这以后才来得少了。大约在1972年我听到了不幸的消息，老万在农村，晚间上厕所因为没有电灯摔了一跤，送到医院很快就死去了。他本来身体很棒，人高马大，真令人不可思议。五妹夫妇的感情特别好，平日下班老万都去接她，这下给五妹的打击可不小，很快就出现了衰老之状，我也只能多去几次看望她，给予安慰。

　　三妹韫颖从小就爱在大哥溥仪面前撒娇，溥仪特赦后他们的来往也比较多，三妹夫润麒是直爽人，不势利眼，溥仪活着的时候，他也不巴结，溥仪去世后他对我也不歧视。他聪明手巧，常帮助我干些活儿，比如我听力不好，他就给安个门铃。"文革"中，三妹一家住在秦老胡同的平房内，当时润麒也下放农村了，三妹帮女儿曼若照看孩子，生活挺苦的，但还挺关心我，常问有什么困难，我知道她也无能为力，不愿向她说明真相，怕替我担忧。溥仪每次住院，三妹和三妹夫都要抽时间到医院看望，是很不错的。

"文革"以后，三妹一家搬到塔园都美斋饭庄附近的一座单元楼内。那时三妹的腰椎病已经很重，身体不能直立，因平时三妹不大会做菜，我尽量地抽时间去看望她，做些鸡、鸭、鱼等熟食送过去。后来政府在水碓子分配给他们一套三居室的单元楼房，距离我住的团结湖只有一两站路，我更常去了，有时买些水果、罐头，有时做几样菜。后来我搬到西直门大街，三妹的病也一天天地趋重了。

1992年七八月间我买了两盒"肯德基家乡鸡"去看望三妹，见她吃得很香，感到很欣慰。当时三妹总觉得腹痛，我劝她不可忽视，要立刻全面检查。不久在北大医院照了膀胱镜，并请了一位医术高明的大夫。但这次没查出问题，回家后出现尿血现象，尿呈黑紫色，我心里已经明白，病在肾部或膀胱，这已是癌症晚期的症状了。因为怕她心理负担太重不便明说，只建议她住院彻底检查，不久即确认为晚期膀胱癌。由于她年事已高，瘦得皮包骨，手术后在监护病房住了很长一段时间。后来我去看她，带着虾、鱼以及笋丝炒肉丝等几样她平时喜欢的菜，还带着苹果和香蕉，我看她的情况还不错，颇有食欲，精神似乎也比以前好了，但我知道这只是暂时的。果然等我第三次去看她时，病情已恶化，尿都是红色的，意识也不清醒了，仅靠输氧和输液延续生命。

记得那是1992年12月12日早上七点钟，我接到润麒电话说三妹病危，头天晚上经抢救已脱离危险。当时我正因跌了一跤而卧床，想去看看她却力不从心，过了几天又接到润麒的电话，说三妹已于12月16日上午八时四十分在朝阳医院逝世。我很难过，手持话机却连一句话也说不出来了。

12月24日我去参加三妹的遗体告别仪式，遇到了五妹韫馨，她老多了，身体还可以，由次子二宝和儿媳陪着，还是很有福气的。她问我："大嫂怎么这么瘦呀！"还像过去那么关心我。也看到了溥杰，他仍是客客气气地叫我大嫂。还看到四妹和六妹的孩子们，溥任的孩子和毓岩的两个男孩都来了，也碰到一些家族中其他的人，因为平时见面很少，有些连名字也叫不上来了。

我凝视着三妹的遗容，再也控制不住内心的悲痛，放声痛哭，引得不少人过来劝我。曼若最孝顺妈妈，对最后没能给妈妈换穿满族旗袍颇有怨言，她扶尸恸哭，谁也劝不住。三妹活到七十九岁，如果不是患了癌症，还能活些年。这位有名的三格格一生经历了各种历史风云，大起大落，现在都结束了，平心而论她还是有福的人，遗体告别仪式非常隆重。治丧小组在书面悼词中写道："金蕊秀同志（曾用名爱新觉罗·韫颖）1913年2月生于北京，是清室后裔，早年在家读书。北京解放后，从东北来到北京，多次受到周恩来和中央、市有关部门领导的热情关怀和亲切会见……从1956年起，历任政协东四区、东城区一至八届委员会委员、常委。在此期间她努力学习，积极参加政协的各项活动，三十多年来，在促进祖国统一、开展海外联谊活动、联系满族人士、维护民族团结、撰写文史资料等方面作出了贡献。她为人正直、诚恳、热情，深受各界人士的好评。"

三妹与润麒生有二子一女，长子是教师，女婿经商，生活条件很好。润麒现已年过八旬，身体还不错，经常有人看见他戴着头盔，驾驶一辆柠檬黄色摩托车奔驰在北京街头，他年轻时在日本陆军士官学校学过骑兵，所以今天还有这个本事。他还会按摩、针灸、拨火罐,有一个三十多岁的女徒弟,并开办了中医诊所,希望借此给徒弟打下基础。

回想溥仪去世的时候,从医院太平间运到八宝山火葬场就算完了,当时只有我和溥杰、李以劻、邱文升以及三妹之子宗光等几个人,而且当时不能火化,几天之后才能取骨灰盒,真可怜。三妹比她大哥有造化,还有这么多亲朋好友来送行,应该知足了。

六妹韫娱和六妹夫王爱兰都是北京画院的专业画家,溥仪健在的时候,他们有时领着孩子们到我家来串门,六妹不幸在80年代初故去,六妹夫对我也还关心。北京画院建院二十五周年美术作品展览1982年6月在中国美术馆举办期间,他给我寄来参观券,并在信中写道:"淑贤大嫂您好!兹送给您展览票一张,几时您可以散散步,活动活动,老在家闷着也不好,美术馆离王府井也很近。此展览有我和您六妹合作的'盆兰'一幅,当场还有'北京画院展览作品选',也有我们的作品,届时可以看看。"

我和溥仪恋爱的时候,有一次他说,我领你到一个地方去串个门吧!我问是谁呀!他说是二弟,于是领我走进护国寺街上一处四合院内,在这里我第一次见到了溥杰。他亲自给我和溥仪每人端上一杯茶,嵯峨浩穿一身西服也来待客,并没有告诉我她是日本人。后来我问溥仪才知道内情,我说她的汉语好像说得不太好,溥仪回答说她是几个月前来到北京的。大约是在我和溥仪结婚后一个多月,嫮生回来了,北京市委统战部和北京市民政局在北海仿膳请客,我就是在这次宴会上第一次看到嫮生,记得那次吃完饭,还顺便游览了北海。嫮生爱跟她的伯父开玩笑,前仰后合哈哈大笑,比如喊一声"大伯惧内——怕大伯娘",说着还要做出一个怪模样。

每年春节,溥杰和嵯峨浩是一定要来我家拜年的,说些客套话,有时也开几句玩笑："大哥又丢了什么东西没有哇？"打一阵哈哈也就走了，哥俩之间也不说几句心里话。记者们为了新闻工作的需要，有时把哥俩叫到一起拍些照片。平时哥俩很少串门，浩子偶尔会给溥仪烧盘菜送过来，她的"沙拉"做得不错。溥仪还有戒心，不大敢吃。溥杰每年都要做一回生日，我们不太愿意到场，事后受埋怨的总是我，说什么"大哥拿不了主"等等。后来溥杰再过生日时，让帮助做饭的厨师带几盘半成品菜到我家来烹制，请溥仪吃。

谈到溥杰，我不能不想起丈夫病重时嘱咐我的一席话，平常从不跟我这样讲，快要离开人世了，他才拉过我的手，让我坐在床头说，小妹呀，有些话要跟你说说了。他说对我很不放心，因为他没有给我留下财产，而我当时又因病停薪留职，没有经济收入，处在"文革"期间，政协机关没人管事，今后怎么生活呢！他神情凄楚地说下去，我死后可能没有人会管你，家族里的人也不会管。拿溥杰来说，他小时候就在官里陪读，后来跟我到天津，又跟我到伪满，我送他到日本留学，他带着浩子来到长春，一日三餐都是我让御膳房的人挑着大笼屉给他送去，有时在午夜还给他们送夜宵。虽然我们兄弟感情经历了这么多的历史过程，他对大哥也很尊敬，但今后会对你怎样也不好说。

溥杰的情况一直比溥仪好，因为新中国成立后，载沣卖掉了王府，溥杰兄妹都有份，据知溥杰得到一万元现金和若干公债券，护国寺街52号宅院也是分在溥杰名下的房产。只是溥仪没拿到一分钱，这是因为溥仪有一个"承继同治，兼祧光绪"的名分，他已经过继出去了，也就没有继承醇王府财产的资格了。溥杰等人又分了房子，又分了现钱，加之溥杰还有日本岳父母家的不断资助，这都是我们当时不能比的。

溥仪去世后最初那几年我是非常困难的，但我并没有找过溥杰，也没有向他求什么。不料，他在背后说，溥仪有病期间我没有照顾好。记得溥仪病重时，有一次我的同事、关厢医院马大夫来看望溥仪，溥仪向他要烟抽，我不让马大夫给烟，因为当时溥仪的鼻孔里还插着氧气管呢。恰好溥杰夫妇在场，后来他们对别人说大哥病成这般模样，还不给烟抽等等，原来是这件事成了"虐待"的证据。著名中医蒲辅周老先生是比较了解情况的，他曾当着许多人伸出大拇指来称赞我，说我这么年轻，又没有夫妻生活，却能这样照顾溥仪真是难得。连溥仪自己也说，要是没有我照顾他，可把他苦死了。

其实溥杰对我家的情况并不怎么了解，因为他平时到我家的机会很少，有时是按照记者的要求来跟他大哥一起照相，兄弟之间的谈心交流也不多。溥仪去世后，溥杰和嵯峨浩来过我家一两次，以后就不再来了。

1972年我搬到东四八条去住，这以后溥杰和嵯峨浩要回日本探亲，临行家族的人都到机场送行，我也去了。他们夫妇在日本住了几个月，回来的时候我正因慢性肾炎而卧床，润麒来通知说溥杰和嵯峨明天回到北京，家族的人要给他们接风洗尘，我也勉强带病去了，刚进院就碰上溥杰、嵯峨浩及其弟嵯峨公元刚从北房出来走到台阶处，我便主动打招呼说："二弟、二弟妹你们都好吧！"嵯峨浩不应，溥杰看到这种情况也没吱声，我碰了钉子，非常难过。一会儿溥杰过来接电话，这才跟我应酬几句，润麒在一旁说大嫂是我让来的。当时真想从这个四合院走出去，从此永远不登他们家的门槛，我并不是来求他们什么，为什么对我这样无理。勉强坐了一会儿，当人们入席吃饭的时候，我坚决地起身走了。

这以后我们的来往少了，但在社会活动中还常常碰面。我和嵯峨浩都应邀出席了"四人帮"垮台后的第一个春节联欢会，嵯峨浩刚踏上人民大会堂的台阶，我主动上前打招呼："二弟妹，你也来了？"因为她的腿有病，登台阶不方便，我本想上前搀她一把，她却把眼睛往旁边一扭，又没有理我。进入大会堂内新华社记者要给我和嵯峨浩拍一张合照，她也不肯和我坐在一起，被记者左拉右拽地好不容易凑在一桌，刚照完相，她就跑到别的桌子去了，好像跟我在一起会降低身份似的。后来她的病愈来愈重，要靠血液透析来维持生命，我也同情她，想去看看她，但实在担心再碰钉子，只好作罢。

溥仪特赦后，直系亲属中唯一的长辈就是七叔载涛，每到星期日休息时溥仪必定要去看看七叔，无论多忙也要抽出时间去，他说："待五分钟也要去，还不知道叔父这几天的身体怎么样呢！"有一次，载涛要请溥仪在东来顺吃涮羊肉，溥仪希望安排在我休息的时候，以便把我也带上，载涛却往往不注意这一点，溥仪虽然也生气，但尊重他叔父，也不说什么。

载涛的二太太是贤妻良母型，社会活动一概谢绝，一心在家里伺候丈夫，做饭做菜的手艺高超，总是亲自到前门给载涛买最喜欢吃的酱牛肉，"文革"中红卫兵跑到他家里去闹，把东西都给封上了，二太太便在厨房用刀割断了自己的动脉，想以死制止红卫兵的胡闹，结果死后还被扣上现行反革命的帽子，连骨灰也没有留下。经了这一变故，载涛在一段时间里神经错乱了，天天坐在马桶上哭，把二太太的照片挂出来，念叨着她哭泣不止。

三太太王乃文多少年来跟着载涛在社会交际圈里出头露面，从来不下厨房，也不会做饭，现在甘愿伺候他们的二太太死了，财产也被查封不能动用了，王乃文遂向载涛提出离婚，并同七叔分居，住到娘家妹妹那里去了，她索要数万元作为离婚条件，闹得不亦乐乎。当时溥仪正病重，他本想亲自去看望七叔，却力不从心，就让我买些水果和点心去看望七叔，七叔很难过地对我说："我一向没错待三太太，总是用几个人伺候她，让她过着享乐的生活，现在我没有钱了，她也要弃我而去了。"实际并没有这么严重，经人调解后，三太太又回到了七叔的身边。二太太健在时，两位太太轮流陪伴七叔，每人陪宿一星期，倒也相安无事，现在三太太可以长相厮守了，两人的感情又逐渐恢复了过来。

"文革"初年载涛的身体还不错，那时溥仪有病，住在人民医院三楼病房，七叔来看望，一阶一阶登上三楼气也不喘，我说七叔的身体真好，他说我还骑车上颐和园呢！溥仪一听就急了，七叔可不要再骑车了，摔一跤就了不得。七叔满不在乎地说："没关系，我骑车有准。"载涛去世于1970年，总算比溥仪有福气，还在八宝山开了追悼会。

载涛健在时，全家都住在羊尾胡同的老宅院里，载涛去世后，政协在和平里给他家分配一套三居室单元楼房。王乃文和二太太的儿子先后搬了进去，后来他们的关系处得不好，愈来愈紧张。王乃文没参加社会工作，常到我家来走动，我总是留她吃饭，还劝她参加民革活动，因为当时我参加了民革社会联系组的学习活动，虽然民革多次动员我加入组织，但我都没有填表，希望自己做个无党无派的人士。我还向民革中央社联负责人徐景贤介绍了王乃文的情况，嗣后她加入了民革。

王乃文是唱大鼓书出身，载涛偏偏爱听大鼓书，便在她二十来岁的时候娶了过来，称之为三太太。二太太的孩子们也这样称呼，连溥仪也这样称呼，后来觉得不大好，就干脆什么也不叫了，直到二太太去世后，孩子们才改口称之为妈妈。载涛过世时，给她留下一些家产，其中现金就有两三万元，另外政协每月给她一百元生活补助费，医药费还可以报销，所以她的生活应该说是相当不错的。

载涛的五儿媳鄂静园跟我的来往较多，她热情、关心人，不势利眼。我住在东四八条的时候，她住在秦老胡同，相距不远，常到我家来走动。借几本文史资料或历史方面的书拿回家去看，隔几天来不了就会让她的女儿来看我。我有病住院，她和孩子就会一次次地到医院看望。这人的缺点是跟丈夫染上了吸烟和喝酒的嗜好，酒后话又多，唠唠叨叨地没完没了。1987年10月份我去看她时，她因哮喘而卧床，其后还不到一个月就传来了她的死讯。她死在隆福医院，我参加了遗体告别仪式，哭得很厉害，关心我的人又走了一个，回想我们见面的时候她总是按满族传统称我为大姐（即大嫂之意），总是说我活得"不容易"，她是能够理解我的人。她的长子在香港，也没有回来奔丧。鄂静园的女儿有时还来看看我，帮助做些事情。

我跟溥仪恋爱的时候就见过他的族侄毓嵒，那时他在公安部所属的天堂河农场劳动，每月回一次北京，必定要看看大叔。溥仪有时便把他领到我家来，介绍说这是他的侄子，也是族侄中最亲近的人，从伪满初年一直跟着他。溥仪还告诉我，在抚顺战犯管理所里毓嵒对他的检举最多，皮箱夹层内的四百多件宝物就是他最先揭发的，但他们迄今还是关系最密切的人。我和溥仪婚后有个时期不起伙，毓嵒每次来，溥仪都留他在政协食堂吃饭。那时毓嵒和溥修的女儿毓灵筠住在一个院子里，常常搭伴到我家来看他们的大叔。我们曾同游北海，毓灵筠这个人很会说话，也很能干。

溥仪死后我找出一些较好的衣服，如载涛送给溥仪的羊皮大衣以及溥仪出席外事活动穿过的衬衣等都送给毓嵒了。前些年他的生活还相当困难，有一次他们夫妇在地安门碰到我，向我诉说苦境，后来他们夫妇到团结湖去看我，我有时也到东官房看看他们，我尽力给他们一些经济资助。现在毓嵒的条件好多了，当上了恭王府的顾问，他的书法作品也值钱了，与老伴张云访生活在一起，身体还不错，前些年每年春节都来给我拜年，或让孩子来走动走动，这几年不大来了。

恭亲王溥伟的儿子毓嶦也是跟溥仪较近的族侄，在伪满时溥仪亲自给他举行过袭爵仪式，后来也跟溥仪从伯力到抚顺住了不少年的监狱，溥仪活着的时候，他每年都到我家来几次，但后来不一样了。有位在美国定居的华侨来北京游玩，在日本人开设的都美斋饭庄大宴宾客，认三妹韫颖为干娘，我也应邀入席，毓嶦夫妇却好像不认得我了。这种事情在皇族中间不稀罕，我也不生气。

再说说毓崇，他是道光皇帝长子奕纬的后人，其父就是晚清资政院总裁溥伦，他从小在清宫给溥仪当汉文伴读，还要代溥仪受过，陪他打球或骑自行车玩，后来也跟到了天津和长春，晚年在北海公园内工作，生活很困难，1965年10月间病重，他儿子恒铭到政协找溥仪借钱，溥仪回来告诉了我。我说，我们经济虽不富裕，但总比他们要好，应该借给他们应应急。第二天一早，我和溥仪一起到北海公园给毓崇送去三十元。溥仪觉得靠个人的力量太小，就向溥杰、万嘉熙等人提议，希望大家帮助凑些钱资助毓崇治病。还没等把这件事张罗起来，恒铭就来报丧，说他父亲已经去世了。我们留他在家里吃饭，安慰他。他提出要把妹妹放到我家里，对于我们两个有病的人来说这可真是个难题，他妹妹那时还小，要吃、要喝、要穿、要洗，我们谁能伺候呢！实在没有能力答应这件事情。临走又给他三十元钱，让他料理好父亲的丧事。溥仪去世后，有一年给浩子做寿，在溥杰家碰到了恒铭，他对我很冷淡，也没说几句话，可能是因为没让他妹妹到我家来而恼我了。

恒年是道光皇帝第五子惇亲王奕誴的后人，也是著名的清末"大阿哥"溥儁的亲侄孙。60年代前期从学校毕业后，分配在内蒙古工作，他不愿去，受不了那里的苦，便私自回到北京，既无工作，也无户口，便住在溥杰家里，帮忙做些杂务，比如到了冬天运煤，生火炉等等。溥杰夫妇外出参加社交活动也愿意带上恒年，他一路上拎包提伞，搀扶嵯峨浩，很会讨人喜欢。当时嫮生在中国住了几个月，似乎有意在中国找个对象，跟恒年很好，但辈分不容，无从考虑。到"文革"中间，他才不大敢去溥杰家了。他的妻子美瑛毕业于上海医大，颇有见识，是在恒年高中毕业后给人家代课的时候，不嫌恒年家境贫寒，也不顾家人的阻难，硬是嫁了过来，那时他们家只有六七平方米的一间小屋，两个孩子都是在娘家养大的，男孩叫启蒙，女孩叫启华。恒年称我为叔祖母，溥仪去世后他偶尔也来看看我。但他长期没有工作，每年在北京住几个月，又到上海的岳父母家住几个月。

后来恒年的在美国定居开餐馆的姑妈因无子女，让他去帮忙，他便在1978年办好手续全家赴美了。他走的时候，我送他到北京车站，由北京到上海，再由上海飞往美国。当时他的父亲正生病住院，我去探望过几次，不久就去世了。他母亲赵永琴也是满族人，非常善良，富有同情心，对我也很关心。恒年的姐姐在外贸公司工作，他还有个妹妹叫罗小文，在台湾饭店工作。老太太的身体不好，常让女儿和女婿来看望我。恒年的弟弟恒林也常到我家来，帮我办些事，在80年代后期也带着全家赴美定居了，开了一家冷冻饺子馆，逐渐发展起来，用十七万美元买了一所房子，与妻子和两个儿子生活在一起。恒年帮了姑妈几年以后也开了一家"美国金星企业股份有限公司"，自任副董事长兼总经理，发了财，用五十万美元买了一栋花园别墅，又以七万美元装修房屋，常年雇佣花匠管理。

几位友人

我这一辈子，绝大部分时间是独身度过的，很需要朋友。在我的生活的各个阶段里，都充满了朋友，这里只谈其中的几位。

1986年8月初，我国著名京剧表演艺术家程砚秋的夫人果素英病重，她的定居香港的儿子程永江先生携夫人来北京看望老母亲，因我的一位老朋友与程家为世交，程永江先生和夫人请我那位朋友陪同，趁着在北京的机会到我家来访。程先生因母病而忧心忡忡，真有一片孝心，可感可敬。那天还由我的朋友做东，在怡乐园饭庄吃晚餐，第二天程先生在友谊商店买了一块大蛋糕托我的朋友转送给我，我真不知该怎样回报他的这份尊重。8月15日消息传来，为人厚道，又待人热情的程老夫人已于当日上午九时在北京医院仙逝了，几天后我参加了给老夫人举行的隆重的遗体告别仪式，全国政协等机关也派代表出席了仪式，并敬献了花圈。我的心情很沉重，老夫人的儿女都那么孝顺，如能多活几年该有多好。

国民党名将杜聿明人很正直，他被解放军俘虏后，夫人曹秀清带子女去了台湾，后来又移居美国，住在女儿杜致礼和女婿杨振宁家里。杜聿明特赦后独身在北京生活，感到很寂寞，那时他和溥仪在同一个办公室里关系很好，也常到我家来坐坐。1962年曹秀清毅然回到北京与丈夫团聚，以后他们夫妇也常常一起到我家来，我和曹秀清相处得很好，称呼为杜大嫂，互相关心真诚相待。有时杜聿明和曹秀清来看望我们，却碰上我们外出了，他们便耐心地等着我们回来。我们两家曾两度外出参观游览，到过江南和西北许多地方，那时整天在一起，结下深厚的感情。在以后的许多年里，溥仪和杜聿明相继去世了，我们两家的关系却始终未有间断。她的几个孩子有的在美国，有的在台湾，她只和保姆在一起生活，觉得很孤单，盼望我常去，见到我非常高兴，留我吃饭，跟我聊天，临走还一再叮嘱："再来呀！"

杜大嫂病重住院时，女儿杜致礼和女婿杨振宁亲来北京陪床护理，非常孝顺，直到他们的母亲安然仙逝。我参加了杜大嫂的追悼会，回来后好几天无法安眠，想起历历往事，感叹又失去了一位老朋友，杜聿明的骨灰和溥仪的骨灰都放在八宝山革命公墓第一室副舍，每年清明节我给溥仪扫墓，同时也一定要给杜聿明先生的骨灰盒也擦一擦，在这里他们又成了邻里。

我还认识一位在香港社交界颇有名气的女士何襄延，她与包玉刚、李嘉诚、周南以及历届港督都有过交往，也曾受到李鹏总理的接见。1983年在北京饭店与溥杰相识，随即频繁往来，并被溥杰认作干女儿，常在他府上小住，有时三五日，有时一月余，关心溥杰，尽女儿的孝心。她拥有香港九龙妇女会理事长、香港九龙老人中心副主席等一大堆头衔，其实也是搞实业的，以香港经济学士、伦敦心理硕士的身份在华庆实业有限公司任副董事长兼总经理，该公司在北京、上海及广东均设有合资厂，经销制造各种蜂巢结构板材、板式家具、间隔门、铝合金墙幕等产品。她三十多岁，长得很漂亮，由于业务上的关系经常到北京来，与溥杰以及皇族中的许多人都有往来，也常来看我，称我为大伯娘，见面很亲热。回香港后还写信来，1989年12月15日她给我写信说："人生如梦，大伯娘不要想不开心的事情，好好保重身体为要，有健康才有一切，要多穿些衣服，不要着凉。您是一位精明、能干又贤淑的大伯娘，您的影子会永远在大伯溥仪的身边，千万不要多想过去的事情了。"

襄延和三妹韫颖及三妹夫润麒也有交往，润麒1990年到香港，她开车陪着到处转，尽了地主之谊。她也多次约我到香港去旅游，1990年2月她来信说："香港是东方之珠，住在香港，食在香港，也可以说是享受。"她来信总是劝我："大伯娘，当我每次和您相聚，您常常回忆大伯溥仪的事，这虽然很值得，但不应该想得太多，因为想多了就会不开心，影响您的健康。"她也很了解我所遇到的一件件不公平的事情，便在信中劝我，"不要为别人的过错而责怪自己，更不要为了人家的缘故而令自己不开心，我们活在这世上往往会遇到很多不愉快，会经历许多崎岖，我们决不要为此而苦恼。"她的信多少能给我带来一些安慰。

名人之"累"

当初我没有想到因为跟溥仪结婚，好像跟历史、时代、中国和世界都发生了一般人不可能有的种种联系。我也突然成了所谓的"名人"，接待国内外新闻记者，会见各国外宾和海外知名人士，出席国务院、全国政协和全国妇联组织的活动，以及社会上各个层次的招待会，受到各种邀请在国内外旅游或参加有关的仪式。出版界、影视界和社会上的各种宣传媒介也都把我当做新闻热点人物，介绍我的生平，报道我的活动，甚至一举手一投足都在他们的描写之中。《访溥仪遗孀李淑贤》《溥仪的平民妻子》《"末代皇后娘娘"李淑贤的后半生》《溥仪遗孀好孤寂》等，令我有一种无处藏身之感。

这些年来的经历使我体会到，社会上确有许多人把我作为溥仪的妻子给予尊重和爱护，使我得到非常温馨的感受。但是因为我是溥仪的妻子，也曾遇到各式各样的挑战，不断出现意想不到的烦恼。

有位上海记者根本没有采访过我，不知从哪里找来一些"内幕新闻"，以介绍我的"后半生生活"为名，污蔑我"抱着溥仪的骨灰过日子"，"谁写溥仪就告谁"，"小鸟依人"，把"末代皇帝"的招牌作为生活享乐的资本，对我施以无端的攻击。

按照这位记者的说法，我"逢年过节上山陪陪溥仪"也成了毛病，这本来是我们的夫妻情份嘛，难道非逼我这个老太太改嫁他人？80年代以来写过溥仪的作者起码有数十人，难道"谁写溥仪我就告谁"了吗？维护自身名誉和权益本是人之常情，无可厚非，但我大概并不像有些人想象的那样乐此不疲吧！我年纪大了，耳朵又聋，实在不愿意打官司，只要能让我过得去，我和一般人一样企盼过上平静的生活。

那位记者似乎对我的情况了如指掌，说溥仪"留给妻子的遗产，却足以让她不愁吃穿安度后半辈子"，其实溥仪既没有给我留下财产，更没有给我留下金钱。溥仪去世后最初几年，我因停薪留职毫无收入，靠返还的《我的前半生》一书稿酬剩余部分四千元只出不入地生活。从1972年1月起由全国政协每月补助生活费六十元，到1985年10月补办退休手续后每月才领取退休金三十五元，从这时起我有了两份收入，而且逐步增加：到1987年1月全国政协发的生活补助费增加到每月八十元，到1993年我的退休金增加到二百五十元，到1994年1月生活补助费又增加到一百六十元，同年11月又增加到一百九十元，与此同时退休金也增加到三百五十元，现在把退休金和补助费合在一起我每月有五百四十元的收入了，这就是我"安度后半辈子"的经济情况，当然除此还有一些不定期的稿费收入。虽不能说非常富裕，但"不愁吃穿"这个标准还达得到。我对生活只求过得去，并无奢望，但愿关心我的朋友们也能了解，我能有今天这样比较安定的生活，虽然不是靠着溥仪的遗产，却包含了政府和人民对特赦后的溥仪所给予的尊重。

我不得不站出来为自己申辩，这并不是第一次，早在80年代初就曾因沈醉在其文章中写入了关于溥仪和我的不实事求是的内容而奔波，这又不能不把我带进不愉快的回忆之中。1981年沈醉赴香港探亲期间，在《新晚报》上连载《皇帝特赦以后》一文，记述他和溥仪同为全国政协文史资料专员那几年中相互交往的情形，但他为了取悦读者，编造了一些喜剧场面，就像演艺界人士搞噱头似的，在客观上对溥仪和我都有不良影响。

沈醉说溥仪有一回摔破了饭碗，我便拿着菜刀冲出厨房要"宰"他，吓得他浑身发抖，又说溥仪"最怕老婆"，"闻河东狮吼便发抖"。那时我们夫妻间有事情都是互相商量，并不存在谁怕谁的问题，我们两人平常也是有说有笑，溥仪不会做家务，但他心疼我，总想帮我的忙，我对他是很理解的，从来不曾为这类事吵嘴，更不用说操刀"宰"人了。沈醉把我描写成一个泼妇，说溥仪总是"摇头叹气，愁眉苦脸"，其实溥仪从来就不知道忧愁，我跟他在一起的六年里，他只在1966年9月见到东北的来信后愁过一回，连临死的时候虽有求生的欲望，也没有唉声叹气，可以说他是外向型、开朗型的人，他一生大波大折大起大落，一般的家庭琐事哪里会成为他的心事呢！

谈到在江南和西北参观游览，沈醉也胡编了一些情节，如说溥仪在苏州刺绣工厂，参观双面绣的猫被迷住了，于是便"把刺绣女工的手抚摸起来"；又如说溥仪在西安临潼游览时"乱闯女浴室"，被当做流氓喊打。溥仪实在还没有笨到那种程度，如此把溥仪当笑料也是不公平的。

关于这类与事实不符的内容，我曾写信与沈醉先生交涉，他承认我的一些意见是对的，表示愿意尊重并通过适当方式予以更正，后来他在给中央广播电台写的对台湾及海外广播的文稿中就没有重弹旧调，他在相关的段落中这样写道："溥仪对什么都感到新奇而好问，我们便给他起了个绰号叫'每事问'。在江南几处玩过之后，曾很高兴地对我说，过去我的祖先乾隆皇帝下江南，肯定没有我今天玩得这么好，因为他当时还是皇帝身份，哪有我今天这样随心所欲，尽情玩个痛快。我们都是走南闯北惯了的人，只有溥仪过去很少出门，这次幸亏有他的夫人李淑贤，对他照顾得很好，所以才没有出什么事。"

作为溥仪的妻子，我成了所谓的"名人"，每年都要收到大量国内外来信，虽然我没有那么多的精力逐一回信，回答他们提出的问题，满足他们的愿望，但也实在不应该慢待万千读者的好心。

日本读者森千惠子女士阅读了《人民中国》1989年5月号关于溥仪的文章《人》，又看了电影《末代皇帝》以后，非常动情地用中文给我写了一封信，说她作为日本人对于生存在激动人心的时代而有着波澜万丈的人生的溥仪先生"发生一种复杂的感想"，她认为溥仪和我"两人之间深厚而坚强的爱情，它非常美丽，带来了永远的真实和幸福，是任何珍贵的物质都不能比拟的"，由此这位日本女士更加热爱"具有四千年历史的伟大中国"，她表示要每年访华一次，还期待着能够见到我。

还有一位马来西亚的少女林慧贞，因为在当地看到《宣统皇帝的后半生之最后的岁月》这本书，"又经过半年的思考，才下定决心冒险"给我写信，这个小姑娘住在雪兰莪洲巴生县（巴生皇城，又称乌鸦城），是位佛教徒，她家三代以卖椰维持生活，她当时中学毕业，喜欢读书好思考。她给我写信是因为迫切想看到《我的前半生》一书，而当地无法购到，遂请我帮助购买，我不愿意让这样勤学好问的少女失望，便从手中仅有的几本存书中拿出一本包装付邮，小姑娘很热情，在以后的几年中一直跟我通信，给我寄贺卡，寄马来西亚的旅行指南，寄作为纪念的马来西亚纸币，我也给她回过信，希望这位祖籍福建的华裔小朋友幸福成长。

来自国内各地的信就更多了，有人地处偏僻山村，来信希望我帮助收集邮票，以满足他们的集邮爱好；有人要求我在他们寄来的明信片上签名，并代溥仪先生钤盖名章，以为"历史的纪念"；有人寄来纪念封请我赋诗、题词、签字"以作永久珍藏纪念"；有人筹备"爱我残疾同胞，共同造福社会"集邮义展，展出中外各界知名人士的亲笔信封和明信片，为残疾人事业集资，也请我在寄来的首日封上写贺词表示支持；有人诚恳地请我题词、签字，希望永远遵照我的"教诲"努力进取，成长为"国家合格人才"；有人自称酷爱收集名家照片及墨宝，求我馈赠一帧我和溥仪的合影，并在照片背后注识签名；还有人请我为他们编著的有关末代皇帝的著作题签；更多的人则向我索书，希望我在《我的前半生》及《溥仪与我》等书的扉页上签个名字或写一两句话，如此等等不一而足，对此我尽可能不让他们失望，但我的精力和能力有限，也很难一一满足他们的要求。

还有许多来信向我提出建议、提出问题：有位退休教师来信建议对溥仪的各类遗文如日记、书信、诗文等加以收罗整理，选择其中最好的，按原件照相制版，以真迹出版流行，最后将原件统交历史博物馆保存，他认为这些都是"历史珍品"。有位自称"关注历史人物的女孩"看完电视连续剧《康德第一保镖传奇》，又联系到我那本《溥仪与我》，她很难想象那个一味妥协日寇，毫无刚骨，只求自保的"康德皇帝"怎么会变成我初次见到的那个诚实、朴素又热情的溥仪呢！女孩写道："李伯母，请告诉我：从西伯利亚开始到被特赦为止，这期间究竟是什么如此强烈地震撼了溥仪，使他改变了人生观、婚姻观，从伪满的傀儡皇帝成为共和国的合格公民，成为一个懂得如何关心妻子的丈夫的呢？恳请您诚实地回答。我想，每个人都应该郑重地对待历史，因为历史本身就是严肃的，不是吗？"这显然是一个爱思考的小姑娘，她不想看到"官样文章"，而要听我对溥仪的改造说一句"真心话"。无独有偶，还有一位自称"小字辈"的医院职工来信询问："'文革'中您遭受了不少折磨，主要靠什么挺过来的？"他还特意在括号内注明："官方答案也有，只想听您的心里话。"我感到有责任回答这些询问。

还有一些年轻的朋友把发生在他们身边或家庭里的不幸遭遇写信告诉我，希望得到我的帮助，使他们在痛苦中解脱出来。有位小朋友来信说，他出生不久家庭就下放到农村，而父母不惯劳动，父亲又是"烟鬼、酒鬼、色鬼"，致使家庭生活十分艰难，他每天听着父亲"吱吱"的啜酒声，看到他嘴里喷云吐雾，又不时有一件件丑闻败露,他真想拍案而起,"打碎酒杯,扭断香烟",甚至想到以死摆脱烦恼。这些烦恼他不能对父母说,也不能对朋友讲,而从报刊上了解了我以后,便把我作为一个长辈而写信向我倾诉了这一切。我同情这个苦命的孩子,鼓励他勇敢地面对人生,走出自己的生活道路。还有一位自称"崇拜"我的小女孩,看过电视连续剧《末代皇帝》,说她从心里敬仰经过改造成为公民的溥仪,同时对我也有了敬仰之情。她在给我的信中写道:"我这一生中,妈妈爸爸不是我心目中第一位崇拜的人,您才是我最喜欢而又最崇拜的人,我多么想见到您啊!但现在还只能给您寄一张照片,2000年我一定要到北京去拜访您,我将在您的鼓励下达到人生的成功。"

还有许许多多的年轻人来信十分诚恳地表示要做我的干儿子、干女儿。他们中间有的是孤儿,在成长的道路上尽是血泪,直到大学毕业后仍然怀念父母,呼唤亲人,而想从我的身上寄托他们的亲情。还有的是解放军战士,是年轻的干部或工人,是钢琴伴奏师,他们或者喜欢文学,或者爱好法律,对人生充满了玫瑰色的理想。他们看到关于我的报道,同情我孤独的处境,希望能像孩子对待年迈的母亲那样帮助和照顾我,我很感谢这些孩子们的好意,但我不愿意在他们走向锦绣前程的道路上增添麻烦。

还有一些跟我年龄相仿的老同志,也根据有些报道提供的线索把一些充满热情的信寄到我原来工作的医院或政协机关。其中有一位某县政协委员,从大学中文系毕业后,当了几十年的中学校长,丧偶后深感孤独寂寞,家庭经济条件较好,儿女也支持再婚,希望能跟我"重新建立一个幸福美满的家庭"。还有一位军转干部,也是一位退休教师,对我的经历和目前的处境怀有深深的同情,认为可"以民主、平等、公开、互助为条件"与我携手共建"团结、和睦、幸福的家庭乐园"。还有一位白衣战士"同行",他是伪满时的"国高"学生,后来毕业于医科大学,曾随军入朝担任医务工作,离休前为副主任医师,他在信中说,已经失去一个相亲相爱的同行妻子,还想找一位医务工作者,希望能跟我"结秦晋之好"。还有一位退休的铁路干部,单身生活多年,"虽已年逾花甲,尚无龙钟之态",从报上获悉我的情况,钦佩我"思维敏捷,精神矍铄,富有情感,善良贤淑,品德高尚",愿能与我结成姻缘。还有一位县人民代表,是办厂数十年的企业家,公私合营后当厂长。他说从报道中知道我多情多义,贤惠高尚,愿与我"结为终生伴侣,共享晚年幸福"。还有一位"远方知音",因为读了《溥仪的平民妻子》一文,而认定我"是位善良的女性,是老实人,苦命人,有过不幸的经历",因而,"同情之心,爱慕之情油然而生"。他大学毕业后,随王震部队进入新疆,转业后先后在科研部门和学校工作,他还向我赠诗一首:"恩爱夫妻五载休,不幸经历共君愁。人间若有鹊桥在,君是女星我是牛。"还有一位退休工程师,"品端体健,失偶多年",自谓"无子女,无负担,无不良嗜好,喜尝名著,绘画音乐,勤奋开朗,心扉真诚",希望能与我"风雨同度,相伴余年"。还有一位退休干部,在旧社会"受尽刺激",1949年参加革命,曾任基层单位领导职务,但自1957年以后不断被打成"右派"、"右倾"、"三家村走卒",遭受打击二十余年,直到80年代初才获平反。他在给我的信中说:"我在报上看到您已六十三岁,半生坎坷,满脸皱纹,您说又有多种慢性病,我非常同情,我懂中医药,也弄点西医、草药,对疾病的护理和预防都有些知识,我愿与您相伴晚年,希望对您有所帮助"。为了让我能够了解他,他还表示愿把与他有关的五本资料寄给我看,其中包括他发表的文章以及与学者、友人间的通信等。他们都是一些好心的人,我理解他们，感谢他们，但又不能不告诉他们，任何人都不可能代替溥仪在我心目中的位置，他虽然早已离我而去，但我却情愿伴他到永远。

纽约纪事

1993年5月20日我收到恒年从美国纽约寄来的邀请信，恒年全家都盼望我能越洋探亲，有机会与纽约的华人欢聚，并顺便看看美国的景色。这也是我的愿望，没有想到我能够在年近古稀的时候得到这样的机会。

为了这次出访我开始做各种准备，一个月后由朋友陪同前往美国驻中国大使馆办理签证手续。在大使馆门岗外，有数百人排队等待签证，等待门岗警察一个一个叫名字，叫到自己了才能被引入使馆内，经过检查台，再进入办理签证手续的房间。起初我也按顺序排队，等了很长时间，也没有听到叫我的名字，遂到前面去问问，这时队列中有人问我的名字，我告诉了他，他竟高兴地大声说："原来是中国末代皇帝的夫人！"话音刚落，好多人的目光一下子投向了我，办理签证的人也因此知道了我的身份，立刻把我引入使馆内，提前为我办好了签证手续。

我很高兴，马上给恒年写信，告诉签证已经办好，请他把机票寄来，机票很快就收到了。我开始跑商店，买衣购物准备礼品，用十来天的时间才准备好了。8月25日是我启程的日子，前一天晚上怎么也睡不着觉，又想起自己的身世，想起溥仪，想起这些年的风风雨雨，真是感慨万端。不到五点钟就起床了，早晨七时全国政协联络处耿温茹女士带车来接我送站，还有一些朋友也来送行。登机时，耿女士还向机长介绍了我的身份，要求关照。

恰巧飞机在上海停留时，头等舱空下一个位子，空中小姐林亚丽立刻帮我提行李，从普通舱换到了头等舱。我请小姐帮助补交机票差价款，小姐笑着说："您是'皇帝'夫人，哪敢要您的钱啊！"当然是开玩笑了，但显然是对我的特殊关照。一路上林小姐嘘寒问暖，无微不至地照顾我。到了阿拉斯加海关，每位乘客都要填卡并接受例行检查，我随身携带三件包裹下机过关，哪里吃得消！正为难时林小姐过来告诉我，阿姨的包裹不用动了，我已跟海关说好，可以免检。随后又亲自领我来到海关并代笔替我用英文填好入关卡，办好手续我又返回机内，林小姐她们就留在阿拉斯加休班了，同时她还嘱咐来接班的空中小姐继续给我关照。

　　六小时后飞机在美国时间8月25日下午六时降落在纽约机场，恒年和美瑛早已到机场等候了。刚下飞机便有美国《侨报》记者延安先生及夫人张淑文来采访我，一篇题为《"末代皇后""巡幸"纽约》的简明配照新闻立即登上该报的显著版面。文中说："爱新觉罗·溥仪之妻李淑贤女士25日抵达纽约，此行主要是探访侄孙爱新觉罗·恒年及夫人，预计在美停留两个月的时间。"

　　我们回到恒年家里已是晚上七点多了，四菜一汤的接风晚餐也已备好，经过二十多个小时的飞行，我感到很疲倦，饭后就休息了。纽约给我的第一印象就是天气闷热，如果关上空调就无法入睡。

　　8月26日晚八时，美国妇女联会张律师开车把我接到了潇洒俱乐部，参加由夏太太主持的歌舞活动晚会。夏太太为人热情，也很随和，她以贵宾待我，并告诉我她丈夫是位退休医生，善良好客，也来参加了晚会。她说，美国妇女联会与中国的妇联等组织都有联系，她也经常前往中国参加活动，真是一位热心社会公益事业的人。

　　晚会中间夏太太还向我引见了宋子文先生的大小姐，这位珠光宝气的女士气度非凡，只是说话过于严肃，实在不减大家族大小姐的气派。

《世界日报》的两位女记者即席采访了我，先问我溥仪生活方面的情况，继而又把话题转到溥仪的改造上。恒年坐在我的身边，立刻制止我，不让我说下去，他说："何必还提那些事情，不是让您来做检查的，溥仪爷爷的改造全世界都知道。"

8月28日，《世界日报》总部记者欧阳庆平先生和《侨报》记者共同采访了我，他们问我与溥仪恋爱结婚的过程，问我们夫妇感情如何，问溥仪给我的第一印象是什么等等，问得很仔细。采访文章见报后，整个纽约都知道我来到了美国，有十几家报刊和好几家电视台等新闻单位要求采访，我实在应接不暇，加上刚到美国，时间差也还没有顺过来，觉得疲倦，所以只好婉言谢绝了。

8月31日，恒年和美瑛陪我到纽约闹市区，逛逛街，看看市容，我们去了几家卖服装的大商店，衣服的质地样式真是无与伦比，但价格昂贵，不是一般人可以享用的，美国也不是人人都富有，恐怕低收入的人在这里也是望洋兴叹。纽约的餐馆也非常多，有绅士和阔太太们出入的高档饭店，也有给一般人家准备的小餐馆和快餐店，这里的食品味道也很鲜美，而且价格又特别便宜，买一碗三鲜面条或要一屉小笼包子花几角钱就够了，还有各种各样的小吃真可谓物美价廉，这也使我开了眼界，原来在美国吃的东西不贵。不过纽约的社会治安情况也让我领教了，回到恒年家才发现我的皮包被小偷划开了一道很长的口子，幸运的是里面的东西还未被掏出，如果丢了护照，连回北京也难了，吓得我出了一身冷汗。第二天在家中洗澡又滑了一跤，但没伤着骨头，恒年就是骨科医生，经他诊治很快恢复了正常。

9月2日晚上预定了饭局，事先美瑛还陪我做了头发，晚六时去赴约。由一位非常有钱的老板做东，他的太太和两个女儿都出席了，两个女儿在学费昂贵又名气特大的美国某大学读书。那位大老板待人热情，态度和蔼，他们请我吃饭，就是想见见所谓的"皇后"，并频频与我合影留念。

9月4日，有位华人毕东江先生和他的太太约我到家里做客，他家住在纽约富人区——长岛，住宅十分豪华，客厅和饭厅在一楼。平时由女佣人做饭，他们把我当做贵客，毕太太亲自下厨掌勺，很快就摆上一桌丰盛的中式酒席，使我又有了在北京的感觉。饭后，主人把我引到地下室参加晚会，这里可以放电影也可以放录像，有台球案、乒乓球案，还有一个小酒吧。毕先生那天为我请了一位歌星和几位青年男女歌舞助兴，听说歌星是毕先生一位友人的太太。晚会一直进行到十点多钟才结束，在这个愉快的晚上毕先生与毕太太也频频和我合影，我们玩得很尽兴很开心。毕先生是实业家，很年轻，刚过四十岁，很有魄力，大学毕业后自己开公司逐渐发展起来了，他也经常回国做生意。

9月8日，恒年陪我参观了黑人住宅区，这里的环境卫生条件都差多了，和长岛那样的富人区无法相比，跟华人区唐人街也大不一样，许多黑人没有经济收入，仅靠国家救济度日。

9月10日，恒年夫妇陪我游览了一天，遗憾的是赶上了下雨，就不那么尽兴了。我们先在法拉盛乘车到海边，再转乘轮船参观世界闻名的自由女神像，然后又来到联合国总部，原来这里也可以购票参观，从世界各地来的游人还真不少，我们在联合国的花园里照了相。继而参观历史博物馆，这是我所见到的博物馆中面积最大、建筑也最宏伟的一座，陈列着美国历史上数百年间的文物。我们还登上美国摩天大楼，原来这里也向游人开放，只要买张门票就可以直上第111层楼，享受一下置身九霄云外的感觉。

9月14日上午11时，有位傅太太开车到恒年家来接我，一定要请我到她开的烤鸭店吃饭。从恒年家开车要走一个多小时,她的餐馆设在纽约西州天祥酒楼内,以正宗的北京烤鸭招徕顾客。傅太太为我安排一个大单间,餐桌上特意新铺了黄颜色台布,先后上了几十道菜,很讲究色香味。据傅太太告诉我,她的厨师都是从北京北海仿膳请来的,个个技艺高超。仿膳我是常去的,真觉得这里的菜味道更好些。还先后有十几样小点心端上了餐桌,也都是按仿膳的宫廷样式制作。傅太太看我没吃几块,便让厨师一样一样地装盒让我带回去再细细品尝,临走又挑两瓶很贵重的美国酒送给我。傅太太真是一位女强人,把正宗的北京烤鸭搬到美国来了,虽已过了不惑之龄仍然精力充沛,长得也很年轻,就像三十多岁的中年人,独自管理烤鸭店的业务,实在令人佩服。我们吃过饭已是下午两点多钟,又即兴接待了《亚美时报》两位记者先生的采访,还拍了一些照片,傅太太这才亲自开车把我送回恒年家。

9月17日,我想到纽约的华人世界——唐人街去看看,顺便洗照片和购物,那天风很大,街上行人稀少,恒年的女儿小华陪我走了几条马路,进了几家商店,中午在小餐馆每人吃一碗面条,仅花费一美金。饭后回到恒年开的中药店,恒年告诉我晚上要请张律师吃饭,当我们走进张律师事务所的时候,张律师拿出用英文写的一式三份协议书,恒年让我在上面签字。我问要签什么字,他说是要在美国出版我的回忆录,我说这事要慢慢商量,回忆录还在整理中,而且是别人帮助整理的,要大家商量一致了,才好签协议,但恒年好像不怎么理解,他生我的气了。

9月18日,毕先生和他的太太在一家大酒家请我吃饭,有位在几家医院任职的颇有名气的老医生也带着女儿出席了宴会,吃饭中间我和毕太太的谈话很多,她问我想到哪儿去玩玩,我说道路不熟,又不会讲英语,所以不大敢自己出门,如果走丢了可就麻烦了。

9月20日下午五时，张律师开车来接我去参加为中美文化交流而举行的一次重要的社交活动，记得那是一个很远的地方，开车走了一个多小时。有许多上层人士如美国一些大公司的董事长和总裁都参加了这次晚会，常驻联合国中国代表团陈健大使及部分工作人员也出席了晚会。陈健大使在晚会中间还特别接见了我，亲切地跟我谈话。我还结识了晚会主持人美国西骆公司总裁王滨小姐，她的中小学是在北京度过的，后来赴英留学，毕业后在美国一家公司就职，并担任青年女画家娄正刚的经纪人，在美国为她经办画展事宜。娄正刚才二十多岁，很有前途，现为全国政协委员，其作品在日本参展时大受好评，因而得到日本首相的接见，她的一幅画可以卖到五万美元。王滨小姐也二十多岁，非常能干，善于交际，性格好，人也长得漂亮。他的朋友张少杰先生在台湾完成学业后，来到美国发展，是一位平易近人的大律师，他们两人都给我留下了非常深刻的印象。晚会期间招待小姐不断送来各式精制的美式小点心和香槟酒，一直持续到九时许。结束后我们又在一家餐馆吃了夜宵，仍由张律师开车把我送回恒年家里。

9月23日，美中关系全国委员会举行两年一度的招待宴会，我也应邀出席了，这是很荣幸的事情。出席宴会的来宾共八百余人，可谓规模宏大，而出席招待会的人都郑重其事地穿上了礼服，我没有这方面的准备，临时又不知道上哪儿去买，也就穿着从北京带来的衣服入会了。中国驻美大使李道豫把我尊为贵宾，让我与一些国家的驻美大使坐在一起，其中有位前美国驻中国大使，因为能讲简单的汉语，热情地跟我交谈。同桌还有一位华人张雯女士，她是美国环球联盟集团公司的董事长，此人气质高雅，看上去也很年轻，待人随和，据说是纽约很有影响的人物。她知道我的身份后很有兴趣，希望能有机会跟我长谈一次，遗憾的是我已经确定了归期，实在找不出接待她的合适的时间了。晚会开始，美中关系全国委员会主席大卫·兰普森致欢迎词，会上还表彰了为美中关系作出贡献的人物。出席晚会的美国各界著名人士以及对我有所了解的来宾纷纷要求与我合影，我尽量满足他们的愿望，认为这毕竟也是他们对中国人民的一份情谊。那天王滨小姐也来了，她利用这次晚会展览了娄正刚先生的画作，记得散会时我还帮她把展览过的画作搬到车上去。

9月25日，恰恰是我来到纽约整整一个月，正好恒年也要去北京办事，我们便搭机离开了纽约。这次空中小姐没有谁认识我，也只能在普通舱经历二十多个小时的飞行回到北京。朋友们开来两辆汽车接我，我让一辆车把恒年送到台湾饭店，当我坐着另一辆车回到家里时已是9月26日下午三点多钟了。

朋友们热情地帮我做饭、炒菜，总算是吃到热饭热菜，感受到家的温馨。饭后，朋友们都走了，又只剩下我自己，还要收拾卫生，抹去窗台上、桌子上厚厚的尘土，等我把每个角落整理完的时候已经是午夜两点钟了，还想把从美国带回来的一只箱子拖起放在立柜上，不料因箱子过重把胳臂闪了一下，竟发生了骨折，疼痛难忍无法安眠，实在支持不住就在沙发上打瞌睡。挨到天亮以后打电话请来一位朋友帮忙，幸运的是经人介绍了一位家传的骨科大夫，前后经他诊治八次，并给我敷用了用数十种中药自行配制的祖传秘方，很快就康复了，真是不幸中的万幸。

第十章 尾声

迟到的宣判

　　1995年1月26日上午九时,我与我委托的北京市经纬律师事务所律师张赤军和北京市朝阳律师事务所律师王亚东(现为君合律师事务所律师)一起出庭,在北京市中级人民法院听取关于《我的前半生》一书著作权纠纷案的一审判决。为这场延续十年的版权官司,我不知经历了多少曲折,也不知流过多少眼泪,更不知跑破了多少双鞋子,总算盼到了宣判的这一天!

　　回想逝去的岁月,从1984年因国内外影视界争相拍摄以溥仪生平为题材的电影和电视而引发《我的前半生》版权之争,到1989年在法院立案,其间经历了一个五年;从立案到判决,其间又经历了一个五年。十年下来,我从"花甲"步入"古稀",谁能数得清我这张饱经风霜的脸上又增添了几多皱纹。十年下来,要跟溥仪争"一半版权"的李文达先生也已在1993年11月5日作古。10年下来,根据《我的前半生》改编的贝托卢奇执导的电影《末代皇帝》、李翰祥执导的电影《火龙》和中国电视剧制作中心拍摄的电视剧《末代皇帝》,都早已搬上银幕和荧屏,其中有的作品还一举获得多项奥斯卡大奖……

　　十年啊!我挣扎着挺了过来,李文达之妻王滢、李文达之子李金酉、李金河、李海也继承了诉讼，使这场被称作"中国第一号著作权案"的官司得以相持至今。十年啊！经历了无数的不眠之夜，我终于盼来了这太迟太迟的判决！

北京市中级人民法院在"（1989）中民字第1092号民事判决书"中，是这样表述《我的前半生》一书产生过程的：

经本院审理查明，爱新觉罗·溥仪在抚顺战犯管理所关押期间曾口述，其弟爱新觉罗·溥杰执笔写了题为"我的前半生"的悔罪书。1959年，被少量印刷成册（因装订灰色封皮，称作"灰皮本"）在小范围传阅。1960年初，有关部门在征得爱新觉罗·溥仪的同意后，群众出版社派当时正在该社工作的公安干部李文达与溥仪一起对"灰皮本"（悔罪书）进行修改，以达到出版物的要求。同年五六月间，溥仪与李文达二人完成了修改任务。同年七八月间，有关部门派李文达亲自到战犯管理所以及溥仪过去生活过的地方进行调查，澄清了"灰皮本"（悔罪书）中很多讹误的史实，在此基础上决定由李文达在确立的新主题思想下重新构思，重新组织材料和结构，这个决定溥仪接受，并得到有关领导的赞同，群众出版社给予了多方面的支持。1961年初，李文达与溥仪开始重新撰写"我的前半生"的准备工作。李文达、溥仪商定该作品仍用"我的前半生"为书名，用第一人称传记形式撰写。1962年初完成了《我的前半生》一书的初稿。在此基础上，李文达与溥仪广泛地征求了有关部门的领导和各方面专家的意见，又进行了九次修改，校改。1964年3月，署名爱新觉罗·溥仪并由溥仪写书名的《我的前半生》一书正式出版发行。

法院依据事实认为，《我的前半生》一书是溥仪的自传体作品，在该书的写作出版过程中，李文达根据组织的指派，曾帮助溥仪修改出北京市高级人民法院民事判决书：《我的前半生》著作权纠纷案第5页。

北京市高级人民法院民事判决书：《我的前半生》著作权纠纷案第4页。

书，李文达在该书的成书过程中付出了辛勤的劳动，但李文达与溥仪之间不存在共同创作该书的合作关系。因此应认定溥仪为《我的前半生》一书的作者，并享有该书的著作权。

在庄严的气氛中，法官依据《中华人民共和国民法通则》第94条之规定宣布了判决："《我的前半生》一书的著作权归爱新觉罗·溥仪个人享有。"

正像一些新闻媒介在报道中所说的那样，由于特殊的背景和案子本身的错综复杂，此案一拖十载。法院判决之前，版权主管部门和法院投入大量精力，走了段迂回曲折的路程。但最终还是给了说法。

第二天我出席了因这次判决而举行的记者招待会，中央电视台、北京电视台以及许多广播电台和许多报刊的记者到了会，我向关心本案的新闻界朋友们实事求是地说："这场官司差一点儿没把我拖垮了。十年的历程，换了四拨律师，判决下来时我很激动，我要感谢政府，感谢社会，感谢法院的公正判决，感谢一切关心我而有正义感的人。"还有的记者问我对判决中"关于李淑贤要求李文达停止侵权赔礼道歉一节，因李文达并非直接侵害了该书的著作权，故本院不支持李淑贤的这一请求。关于该书出版后的稿酬分配问题，因双方未提出异议，本院不予处理"这一段文字有何看法？我对此不以为然，因为李文达已不在人世，就不必追究了，再说我打官司为争"说法"，不为钱。

十年来的风风雨雨也许就要过去了，回想多少人劝我不要打这个官司，可我没有放弃，一定要给丈夫争一口气，现在我真有说不出的高兴，感觉从心理上卸掉了一个大包袱。而且，正如许多评论家所说，这场版权官司并非仅仅是"皇帝的官司"，它的普遍意义在于强化了在我国一向淡漠的版权意识，这对于近年公布的著作权法的完善，对于保护著作权人的合法权益，对于促进文化的发展以及维护经历社会主义改造的溥仪的真实形象，都有积极的作用。一句话，我为《我的前半生》打版权官司，目的就是要一个符合真理、符合事实的"说法"，现在终于有了一个"说法"。

记者招待会过后，关于"中国第一号著作权案"裁决的报道就争先恐后地登上《北京日报》《北京晚报》《北京法制报》《中国贸易报》《南方周末》以及我的家乡杭州的许多报纸的显著版面上。继而又有国内外的新闻记者纷纷登门采访，使我简直得不到休息，感冒病又反复发作，咳嗽得很厉害，严重时夜间也不能躺在床上，只好坐在沙发上打盹儿。我在病中还接待了美国《太阳报》记者的采访。

然而经历告诉我，决不要把什么事情都想得很顺利，世界上的事情总是顺利的少，曲折的多，何况溥仪曾经是中国第一人，《我的前半生》版权官司又被称作"中国第一号著作权案"！果不出所料，到1995年3月初就传来了李文达家属上诉的消息，现在澳大利亚的李文达之妻王滢和三子李海以及现在深圳的长子李金西、现在美国哈佛大学医学研究院的次子李金河收到判决后表示不服，已于3月2日向北京高级人民法院递交了上诉状，他们虽不否认判决书中所认定的事实，但反对判决的结论，一些报道李文达家属上诉的报刊都透露了他们最担心的问题，他们认为如果二审继续维持原判，我将有权向意大利导演贝托卢奇提出侵权诉讼。他们怎样认为自然是他们的事情，我只有以神圣的客观真理和法律准绳奉陪，如果还需要一个新的五年的话，我虽老迈又瘦弱也一定能够奉陪到底！

为历史画上圆满的句号

1994年12月初的一天，周小奇来看望我。小奇就是我和溥仪的婚姻介绍人之一周振强的儿子。我和周振强都是浙江老乡，和溥仪结婚后，老周也常到我家走动，有时也带小奇一起来，小奇总是亲切地称呼我为溥伯母。溥仪和周振强先后去世后，两家还是经常往来，到80年代小奇迁居香港，以后还多次邀我到香港去观光，只是我杂事缠身，一直没有机会。

聊天中间我对小奇说，我的身体不好，不一定哪天就走了，还有一件事放心不下，就是你溥伯父的骨灰还没有妥善的安置。1991年我就托人了，想在万安公墓给溥仪买一块墓地，把谭玉龄的骨灰也放进去，我百年之后就把三个人合在一起。当时墓地的价格不算高，万八千块钱就能买下来。然而，我托的那个人不久就离开了北京，这件事情还没有办成。

"我听说有人在清西陵内开发了一个陵园，面积很大，溥伯母是否想去看看呢？"小奇这一说提醒了我，我当然想去看看，便让他哪天有空闲时开车送我一趟。几天后小奇真开车来接我了，我还是第一次到清西陵，早就听说这里"龙穴砂水，无美不收；山脉水法，条理详明；形势理气，诸吉咸备"，是"上吉之壤"，是"风水宝地"，这次亲眼见到，即使不论风水，也是风光绮丽，让人陶醉。

"溥伯母觉得这里怎么样？"小奇问。

"这里环境很好，离光绪皇帝的陵墓又非常近，我很满意，你溥伯父也一定会喜欢的。"我对小奇说。

有位陵园办公室的女孩陪着我们看墓地，当时她还不知道我的身份，就说末代皇帝溥仪三岁登基时曾在这里的一块台地上建陵园，不久碰上辛

在定居美国的孙辈恒年家里

1993年9月20日，李淑贤与常驻联合国中国代表团陈健大使合影。

亥革命就停建了。我们老板说过，以后还要把溥仪先生的骨灰请到西陵来。听她这样讲，我还觉得挺奇怪的。

关于溥仪的最后去处，多年以来是我的一块心病。他在1967年10月份去世的时候，正是"文革"闹剧处在巅峰时期，虽然周总理也曾提出可以为他修建漂亮的陵墓，但在那样的气氛中，作为家属和亲属的我们是不敢有奢望的。我当时也同意把溥仪的骨灰放在八宝山人民骨灰堂，我想溥仪喜欢热闹，和人民大众在一起不会感到寂寞。事前我也曾经去看过，骨灰堂的面积很大，修建在一座高山之上，空气很清新。

那时无论什么事情都会染上政治色彩，连骨灰盒也买不到大的，只有五元钱一只清一色的小骨灰盒。骨灰盒在一排排的木架上摆放，差不多有二层楼那么高，溥仪的骨灰盒正好排在骨灰堂大厅的中央，那时我几乎天天到八宝山去，交通也还便利。到70年代末骨灰存放期限快满了，我当然不忍心丈夫的骨灰盒被深埋，正犯愁的时候全国政协在1980年5月为溥仪补开追悼会，还换了一个高档的大骨灰盒，并安放在八宝山革命公墓第一室副舍，原中共中央统战部部长徐冰和溥仪的同事杜聿明的骨灰盒也都存放在这里，他们又成了邻居。这是一间比人民骨灰堂面积更大的北房，革命公墓还有很大的院落，长青松柏，绿树鲜花，环境优美，我又放心了。

日月如梭，一晃十几年又过去了，当我年近古稀的时候，心事就不可能不加重起来。因为我没有子女，百年之后谁还会来管溥仪的骨灰盒呢！我希望能找到一个妥善的办法，还考虑过在合适的地方买一块坟地，先把溥仪和谭玉龄的骨灰葬进去，将来我自己这一份也放进去，还一直未能如愿。1991年我想在万安公墓买地未成，后来虽然也有一些人来找过我，提出种种建议，还有表示愿意赠送墓地的，但我再三思量都觉得不妥。

1994年4、5月间润麒带来一条消息，说有位香港富翁愿出资在河北遵化马兰峪即清东陵为皇族后人建一块墓地，溥仪当然被列入进墓地的第一号人选，据说中央民委也曾过问此事。但在皇族内部征求意见时，发生了矛盾，几个月后这件事也就不提了。皇族之间历来复杂，所以我对这种专为皇族建墓的办法早有怀疑的态度。不久周小奇就来了，还带我去看了清西陵的墓地，我希望他能帮助我解决这个问题。

　　又过了几天，小奇打电话来，说要在上海餐厅请我吃饭，他很快就开车来接我了。一走进上海餐厅，就看见还有几位陌生的客人已等在这里，小奇指着其中一位先生向我介绍说："这位是华龙皇家陵园总经理张世义先生。"这是我第一次见到张先生，也是第一次听说他的名字。

　　原来小奇这次来看我，就是受托于张先生，专程来跟我商谈为溥仪迁灵的事。张先生是山东泰安人，毕业于中国科技大学，曾就职于航天五院，现年五十六岁，1985年出国发展，从打工做起，一步步当上老板。在香港开设了香港鸿华国际有限公司，1992年又返回内地投资，与河北省易县民政局合作兴办了华龙皇家陵园。这是为广大海外华侨，港、澳、台同胞及其在国内的亲友安葬骨殖、骨灰和遗体，同时亦为国内各界人士提供服务的永久性陵园，总面积约300亩，地处光绪皇帝的崇陵之北，那里山清水绿，柏翠松苍。从1992年夏天开始建陵，整山挖河，修筑了沙石和水泥结构的墓台，并进行了陵区绿化。

　　小奇是我看着长大的，如果这件事对国家不利，对我不利，他不会劝我来做。但为溥仪选择墓地是件大事，对社会对后世都会产生重大影响，因此必须慎重对待。看过西陵以后，小奇便与正在香港的张世义先生沟通了情况，张先生当然是非常高兴，很快就飞来北京，并在上海饭店和我见面，那天他还特意为我点了一桌上海菜，我们作了坦率的交谈。

张老板说，清西陵已先后安葬了雍正、嘉庆、道光、光绪四位清朝皇帝，他很希望我能同意把溥仪的骨灰也迁葬到这座陵园内，一切费用由他承担，盼我能答应这件事情。他还特别提到华龙皇家陵园是经国家民政部特批的，民政部长崔乃夫曾亲临陵园视察，并亲笔题写园名。张老板的这项陵园事业也得到了河北省、保定市和易县等各级民政部门的支持。

我问张先生，他跟溥仪非亲非故，素不相识，为什么愿意把溥仪的骨灰埋进他的陵园，为什么要做这件事情？张世义先生从溥仪的历史地位、影响，以及他本人对溥仪一生遭际的同情等角度讲了他的考虑。他还主动表示愿意承担为溥仪建坟的全部费用。

我又问张先生除了以上谈到的理由，这样做对他个人来说是否也有好处呢？张先生回答说："我是经营陵园的，当然希望我的陵园知名度高，甚至让全世界都知道，如果溥仪先生这件事安排得好，将来就可能给我的陵园带来一些效益。虽然我在这件事上要花一笔钱进去，但是很有可能把这笔钱收回来，即使将来收不回来，我也觉得值得。"张先生这样说使我觉得他很诚实，增加了我的信任感。

正如后来有位记者报道的那样，就在上海菜的餐桌旁，我向张先生说了交底的话，如果张先生要说做这件事完全是为我好，那我就不信了，现在他说做了这件事对发展自己的事业有好处，我倒觉得符合情理，能够理解了。既然如此，今天就算初步商定，但具体办法还得容我再看一看，再想一想。我说："我嫁给了皇上，他死了，我就守寡。我守了这十几年二十几年过来，也就剩个骨灰盒，什么都没有。如果我把这个再交给你，就什么都没有了……"

我同意把溥仪这最后一点东西交给张老板所建的华龙皇家陵园，

1995年1月，李淑贤手捧溥仪的骨灰盒移葬华龙皇家陵园。

华龙皇家陵园内的溥仪墓

实在还有一些其他的想法。溥仪少年时代由于他的皇帝身份曾经选过陵址，即所谓"万年吉地"。关于这件事我听到过两种说法：一种说法是1910年溥仪五岁的时候，根据皇帝登基即选陵址的旧制，清朝政府选定清西陵崇陵旁的旺隆村北"狐仙楼"为溥仪的"万年吉地"，这里四面环山，中间是一块方圆三华里的平坦盆地，而在盆地西北角的半山坡上选定了金井穴位，金井对面五华里处是两山相间的山口，与崇陵遥遥相对，山口内为易水河，河道弯曲，水清透底，盆地内柳丝成荫，山坡上洋槐繁茂，郁郁葱葱，清香四溢。陵址选定，当即动工兴建。施工一年多已完成地宫开槽奠基和明楼宝城等基础工程。这时辛亥革命爆发了，工程被迫停止。另一种说法是宣统皇帝在位的时候，还没来得及选陵址，但溥仪退位后尊号未废，遂在1915年溥仪十岁的时候由端康皇贵妃下谕："现因皇帝十年整寿，即著筹商吉地办法。"随后由步军统领江朝宗推荐，请精通地舆的前广东廉州府教授李青为风水先生，前往清西陵查勘地势，确定在南平台泰东陵后山转东北口子地方做墓穴，坐戌向辰。当时清室内务府大臣世续还亲自到这里验看，只见山势灵秀，巍峨壮观，颇为满意，遂圈禁点穴，确定了金井的位置，只待开工了。

　　这两种说法虽有不同，但把溥仪的陵址选定在清西陵内则是一致的。今天让溥仪归葬清西陵给历史画上一个圆满的句号，这有什么不好呢？再说，华龙皇家陵园就坐落在清朝光绪皇帝的崇陵北侧，溥仪既然已过继给光绪为子，现在又回到了父亲身边这又有什么不好呢？当然溥仪并不是作为皇帝归葬于此的，而是作为一个普通公民在这里选择了自己的陵址。华龙皇家陵园虽然地处清朝皇陵中间，却是人民的陵园，任何人都可以在这里选择陵址，从这个意义上说是把普通人也带进他的祖陵来了，这恰恰代表了一个新的时代。

从上海饭店见面以后，张世义先生与太太和公子又先后几次登门看望我，希望了解我对为溥仪建陵的具体想法，他不无兴奋地说，既然历史已经给了他这样的机会，让他为中国末代皇帝安排这最后的一件大事，他无论如何也要把这件事做好，既要对得起历史，更要对得起未来，这就首先要向我征求意见，我满意了也就代表溥仪本人满意了，所以一定要让我有什么具体意见都提出来。

我说，溥仪过去有一个妻子叫谭玉龄，是溥仪前半生四个妻子中他最喜欢的人，她在1937年4月被选进长春的宫里，封为"祥贵人"，在这以前她是北京的中学生，年仅十七岁，有爱国思想，性情温柔，善解人意，可惜五年后就去世了，溥仪认为是日本人给害死的，他为此悲痛欲绝。而且日本人还不许把谭玉龄葬入清朝祖陵，竟在长春的护国般若寺内停尸三年之久，直到溥仪被俘并囚居伯力后，才传信让溥俭和毓嵒火葬了谭玉龄的遗体，并把骨灰送到了北京。而他自己则无论走到哪里都随身携带着谭玉龄去世时剪下的她的一绺头发和四个指甲盖，还随身带着她的照片，并在照片背后亲笔题字："我的最亲爱的玉龄"。溥仪特赦后曾一度把存放在毓嵒家的谭玉龄的骨灰拿到政协宿舍里来，后来担心我害怕，又送回毓嵒家了。据毓嵒讲送回骨灰那天，溥仪还亲自剪下自己的一点头发和指甲放入谭玉龄的骨灰盒内，表示永远跟她同在。既然这是溥仪的遗愿，就应当给予尊重，我希望能把谭玉龄和溥仪葬在一起。

张世义先生当即表示："李阿姨，我保证做到这一点。"

我又说，我也有百年的时候，溥仪活着我们相依为命，他走了，我一天也不能忘记他，他地下有知，也一定会想念我，所以今天我把溥仪的骨灰交给你，同时，我百年之后，也要交给你，我愿与溥仪和谭玉龄三人合葬。

张世义先生又表示："李阿姨，您所说的合情合理，我保证百分之百做到。"

张先生又让我提建墓的具体要求。我说："我的要求也不高。你的标准墓地是1.5平方米，溥仪的墓地要大一点，不能低于6平方米；我和谭玉龄的不能低于3平方米，还要给点绿地，再建个碑也就行了。"

张世义先生毫不犹豫地说："李阿姨，请您放心，我也可以告诉您，我做的一定会比您要求的好得多！"

张先生也向我说明了他给溥仪建墓的初步考虑，他说，华龙皇家陵园的墓穴分为三类：一为骨灰区，占地分别为1.5平方米、2平方米、2.5平方米和3平方米四种；二为棺柩区，占地5平方米；三为自选区，占地不小于12平方米。他想把溥仪、谭玉龄和我的合葬墓建在自选区的正中，占地为99.5平方米，这个数字是借鉴故宫的房屋为9999.5间而来的，还将在世界范围内征集陵墓的建筑方案。这样周到的考虑，我当然是很赞成的。

1995年1月15日，张世义先生和小奇等人又接我再赴清西陵，这次是去为溥仪选择陵址，正值三九严寒之际，张先生还特意找了几件军大衣，然而这一天风和日丽，温暖如春，有人开玩笑说："给皇上办事就是不一样！"来到陵园，我在自选区的中央选定了一块地方，这里距崇陵的宝顶不过三四百米，抬头就可以看见他父亲了，张先生让工作人员在选定的陵址上用石灰洒了标记。长期悬在我心中的一块心病，现在终于落地了。

我很激动，天下有许多事都是由缘分促成，我忽然又想了一个多月以前，我做过一个奇怪的梦，并留下清晰难忘的印象。我梦见一个老朋友抱了一条龙来，有一米多长，四只龙脚张开着，我的朋友说他要到外地工作去了，要把这条龙交给我来喂养。我很发愁，不知应该把它放在哪儿才好，想来想去忽然发现院子里有一口水井，遂决定把它放在井里，但又担心它被井水冲走，抱着龙犯愁了，梦到此惊醒了。我怀疑这是溥仪托梦给我，也许他想入土了，是来告诉让我给他买块地，使他入土为安。就在这个梦给我带来的疑惑还没有消失的时候，周小奇就来了，你们说这是不是缘分呢？我把这个梦讲给张先生听，也在选陵址那天讲给在场的人听了，我说："感谢张先生，感谢大家。溥仪去世二十八年了，我做梦也没有想到他会有这么好的一个安身之处，所以我今天特别高兴。他在九泉之下也会很高兴的。"

陵址选定，我们来到陵园附近的龙湖度假村，关于为溥仪建陵的委托书和协议书将在这里签字，我又逐字逐句地看了一遍我的委托书：

溥仪先生骨灰入土安葬委托书

溥仪先生是我的丈夫，已于1967年病故。现今我年事已高，且溥仪先生无子女，依据溥仪先生遗愿，经和华龙皇家陵园全权代表张世义先生多次洽商，同意委托张世义先生，全权办理溥仪先生骨灰在易县西陵内的华龙皇家陵园内入土安葬……

看过后，我便拿起笔来在委托书下面郑重地签上了自己的名字，我觉得手有点发抖，也许是由于这两天身体不佳的缘故，也许是因为我太激动了，任何人都无法想象得出在这样的时刻我会联想起多少事情，恐怕这些也永远只有我自己才能体会得到。签字以后曾帮我选址的那位会看"风水"的先生向我要走了签字用的笔，一支笔不值钱，但它记下了一个庄严的时刻，这肯定将镶嵌入永恒的历史之中。

午饭后，我们几个人又一次返回陵园，取回了在陵址处破土的第一锹土，因为这一锹土要在骨灰安葬的时候放入墓穴，迁葬仪式将在10天后举行。从清西陵回来，我就到八宝山革命公墓取回了溥仪的骨灰盒，临时在周小奇家寄放了几天。

1995年1月26日，就在这个原定骨灰迁葬日的上午，在北京市中级人民法院开庭判决《我的前半生》著作权官司，因为前一天才得到通知，我又不能放弃出庭，所以和张先生等人商定，骨灰迁葬之事一切按原计划进行，我去出庭时迁葬车队就在法院门外等候。当我在胜诉的判决书上签字以后，我的心情更是难以形容，张先生等人也都为我高兴。迁陵队伍一行分乘六辆轿车，沿京石公路驶往易县清西陵，我亲自护送丈夫溥仪的骨灰，乘坐马自达626型轿车，由小奇驾驶，走在车队的中间，两小时后到达华龙皇家陵园的灵堂。

这里已经布置就绪，正前方悬挂着"全国政协委员爱新觉罗·溥仪"横额，以及一帧放大的溥仪晚年的照片，四周摆满了花圈，当我把木质雕花的溥仪的骨灰盒捧放在铺着黄缎的灵台上的时候，迁葬安灵仪式就正式开始了，在肃穆的气氛中张先生让我说几句话，我说："今天我很高兴，溥仪有了安葬之处，这是一个很好的机会，为此我感谢张先生，感谢今天参加迁陵所有的人，溥仪有了这个归宿我也就放心了。今天我还给丈夫带来一个好消息，《我的前半生》版权官司一审判决我们胜诉了，在丈夫迁陵的时候这是对他最好的安慰。"说完，在场的人行了鞠躬礼，然后我戴着黑色手套，捧着溥仪的骨灰盒，由张先生和张太太左右搀扶缓步走向一百多米以外的墓穴，张先生站在墓穴旁对我说："这个位置就是那天您亲自选定的，底部是混凝土，周围是岩石，用钢筋水泥浇筑在一起，不会潮湿，也非常安全，您看看还有什么意见，如果没有什么意见，现在就可以放入骨灰盒，让溥仪先生在这里安息。"这时，一位陵园工作人员跳下一人多深的墓穴，郑重地从我手里接过骨灰盒，轻轻放入铺着黄绸的水泥椁内，又特意解开包裹骨灰盒的黄缎布，确认方向为面南背北，再重新系好，盖上椁盖，窝好钢筋，再浇筑混凝土封死。

　　溥仪的骨灰盒入葬后，张先生又问我，怎样安排谭玉龄的骨灰，是放左边还是右边？我还没想好，因为谭玉龄的骨灰现存毓嵒处，我想可以从长计议，商量定了再办也不迟。

　　这一天我非常高兴，应该说是双喜临门，我给溥仪办完了两件大事，有一种卸掉重负的感觉，现在轻松多了。三天后就是乙亥年春节了，张先生带着太太和公子像走亲戚那样来给我拜年。他帮助我解除了一块心病，我感谢他，从此把他视为真诚的朋友和亲人，因为不但把溥仪的后事交给了他，也把我自己的后事交给了他。

　　溥仪迁葬华龙皇家陵园，在国内外引起强烈的反响，一些报刊以整版篇幅加以图文并茂的报道。溥杰的干女儿襄延听到消息后，专程从香港赶来北京，向我表示，她要在香港发起集资活动，为溥仪大伯父修墓，就地兴建一座博物馆，存藏并陈列溥仪从皇帝到公民的破天荒的生平遗照、遗物。1995年4月5日中国传统的清明节之际，我第一次前往新墓祭扫，消息第二天就登上了美国《世界日报》等海外新闻媒介的版面，在《李淑贤向溥仪新墓致祭》的标题下刊出我在丈夫墓前的照片和简明新闻："【路透社河北易县5日电】中国末代皇帝溥仪的妻子李淑贤，今天首次在清明节时前来此间为他扫墓致祭。七十余岁的李淑贤在一批亲友、和尚与当地河北易县农民陪同下，向溥仪刚修好的新墓行三鞠躬礼。溥仪的骨灰在今年1月才奉准由北京八宝山公墓葬进清西陵，小小的大理石墓碑写着'爱新觉罗·溥仪先生之墓'，比起附近他父亲光绪皇帝的'崇陵'，完全不可同日而语。"我想，如果都能把我的丈夫溥仪看成是曾经当过皇帝的一位普通公民，就不会大惊小怪了。

《我的丈夫溥仪》是在《溥仪与我》（李淑贤口述、王庆祥整理，《长春文史资料》首刊）的基础上修订的，字数已经翻倍，所涉事件与情节也已扩展到1995年定稿之前。回想1984年出版的那本《溥仪与我》，主要记述了溥仪与李淑贤在一起那段岁月的日常生活，不过是一本小册子，但一经问世即在国内外引起轰动，短短几个月里，无数报刊争相连载，发行量达一千万份以上。不久，以此为题材的电影《火龙》也登上了许多国家的银幕。岁月荏苒，十几年又过去了，这期间李淑贤作为溥仪的遗孀，又经历了太多的世事，择其荦荦大者有两项：一是关于《我的前半生》版权官司，实则为丈夫溥仪争一份"留在世上"的权利；一是为溥仪建墓，实则为丈夫溥仪寻一处死后的长眠之所。这两件事看起来简单，做起来却处处碰壁，实在不简单。

　　1995年1月26日，历经长达十年的审理，北京市中级人民法院终于对中国第一号著作权案——《我的前半生》版权归属问题，做出了艰难的判决，认定"溥仪是《我的前半生》一书的唯一作者，并享有该书的著作权"，虽然此时被告李文达已去世，但其妻、其子继承诉讼，并提起上诉，不服判决。此后又经过一年半的审理，1996年7月17日由北京市高级人民法院做出终审判决。（1995）高法终字第18号民事判决书中最重要的两段文字如下：

经本院审理查明：溥仪在东北抚顺战犯管理所时，由其口述，其弟溥杰执笔，写了一份题为《我的前半生》的自传体悔罪材料。1960年，群众出版社将此材料少量印刷成册，供参阅。有关领导阅后即要求有关部门派人帮助整理该材料并予出版。有关部门及群众出版社在征得了溥仪的同意后，指定当时在群众出版社工作的李文达与溥仪一起对该材料进行整理、修改。在有关领导的安排下，李文达于1960年7、8月到抚顺战犯管理所及溥仪生活过的地方实地调查，澄清了一些讹误的历史事实。1961年8月15日，群众出版社的几位编委召开《我的前半生》修改情况汇报会。李文达汇报了修改计划和该书应反映的主题思想。最后会议对该书的主题、叙述的形式、对溥仪思想性格的反映、强调内容的真实性等方面提出了重要的意见。此后溥仪与李文达开始在新的主题思想指导下重新撰写，经二人密切配合，1962年初完成了初稿，后二人在广泛征求领导和清史专家意见的基础上又几次修改。1964年，该书正式出版，书名仍为《我的前半生》，署名：溥仪。

本院认为：《我的前半生》一书从修改到出版的整个过程都是在有关部门的组织下进行的，李文达是由组织指派帮助溥仪修改出书，故李文达与溥仪不存在合作创作的事实。《我的前半生》一书既是由溥仪署名，又是溥仪以第一人称叙述亲身经历为内容的自传体文学作品；该书的形式及内容均与溥仪的个人身份联系在一起，它反映了溥仪思想改造的过程和成果，体现了溥仪的个人意志；该书的舆论评价和社会责任也由其个人承担；因此，根据该书写作的具体背景和有关情况，溥仪应是《我的前半生》一书的唯一作者。溥仪去世后，该作品的使用权和获得报酬权，其合法继承人有权继承。综上，上诉人王滢等人的上诉请求不能成立，本院不予支持。原审判决处理结果正确，应予维持。

马拉松式的审理和判决，从中国知识产权观念还非常淡薄的年代，一直持续到著作权法颁布数年之后，从原告和被告当庭辩论，持续到被告谢世而去，最终得以"维持原判"终审，李淑贤女士胜诉了，她松了一口气，一件大事总算做完。

对李淑贤女士来说，还有另一件大事——为溥仪修墓。墓地虽已选定，并在光绪皇帝的崇陵附近入土，但墓地应有的地面上工程还没有修建。1996年清明节扫墓时，李淑贤曾对记者说过，溥仪是作为公民去世的，当然不会要求把他的坟墓修建得像历代帝王那样金碧辉煌，但他毕竟也不是一般公民，而是中国的末代皇帝，他的坟墓应该建得大一些、好一些。现在这件事还没有做完，李淑贤也是年逾古稀的老人了，不能不为此而心忧，希望能在自己健在之年了却心愿。

李淑贤女士修订出版回忆录的一个缘由，就是要把自己的心愿告诉关心她的万千读者。现在，《我的丈夫溥仪》就要付梓了，作为与李淑贤女士合作共事多年的我来说，也不能不感到欣慰。

王庆祥
1996年9月15日写于长春

附录

我丈夫溥仪是日寇屠杀中国人民的历史见证人

(1982年8月10日)
李淑贤

按：本文是李淑贤女士接受新华社吉林分社记者陈广俊采访时发表的谈话。

据报载，日本文部省在审订教科书时，将日军"侵略"篡改成"进入"，我们对此十分愤慨。中国末代皇帝爱新觉罗·溥仪作为历史的见证人，在他1967年10月病逝之前，曾在许多场合以自己的切身经历，揭露侵华日军犯下的滔天罪行，介绍众所周知的前日本战犯在改造期间低头认罪向真理投降的情景。有关遗稿、遗物，至今仍由我保存着。

"九一八"事变发生后不久，溥仪到了被日本帝国主义侵占的东北，出任由关东军一手操纵的伪"满洲国"的"执政"，后来又登极为"皇帝"。1961年9月，为纪念"九一八"事变三十周年，溥仪以极其沉痛的心情，回顾了当年日本军国主义分子侵略中国，给中国人民、日本人民和亚洲人民带来的深重灾难。他在《从我的经历揭露日本军国主义的罪行》的文章中说："日本军国主义者对中国人民的生命，简直是视同草芥。从1932年到1944年，据不完全统计就以'反满抗日'的罪名杀害了爱国人民六万七千人。至于集体屠杀、秘密屠杀中的受害者，更是不胜其数了。"1964年他在全国政协一次座谈会上的发言中说，我做傀儡皇帝的十四年中，认贼作父祸国殃民，按最保守的估计，给祖国造成的灾难是损失生命一千多万人，损失财产当超过相当于五百亿美元的价值。至于伪满洲国之成为日本帝国主义侵略祖国的基地和发动太平洋战争所造成的罪恶，更无法统计。

谈到日军的侵华暴行，溥仪总是感慨万千，常常痛哭流涕。1956年，溥仪在抚顺战犯管理所期间，曾访问平顶山惨案的幸存者——方素荣，在那次惨案中，三千人遭到日军屠杀。后来他谈话、著文一再提到这件给予他"极大震动"的事儿。他记叙此事的过程说，平顶山位于抚顺近郊，原是有一千多户矿工居住的小镇。1933年抗日游击队袭击了抚顺日寇警备队，烧毁了日寇的仓库。当日寇得知平顶山村民与游击队有联系后，第二天就进行了血腥的报复。他们把全村老少通通赶到村外的山坡上，在对准人们的机枪上蒙着黑布，日寇欺骗说要给大家照相，等人们到齐日寇就揭去机枪上的黑布，疯狂地扫射起来，然后又逐个戳刺刀，用大炮轰崩山土压盖尸体。日寇杀人后又烧掉了平顶山的全部房屋，封锁了四面交通。他们唯恐不能斩尽杀绝，还在周围的村庄中宣布：不准收留平顶山人，违者全家杀光。唯一的幸存者方素荣当时年仅五岁，在扫射中爷爷用身子压住了她，尽管全身八处受伤，仍在深夜苏醒过来，她挣扎着从爷爷、母亲和乡亲们的尸体中爬出来，被一位老矿工带到矿上，放在大工棚里，白天藏进麻袋并扎上袋口，晚间偷偷打开袋口塞给她几块干粮。后来又把她转送到舅舅家，藏在高粱地里养伤，这才幸免一死。溥仪还谈到当日本战犯听方素荣讲述这段血泪交织的历史时，个个泪流满面，低头向她表示诚恳的谢罪。方素荣说，我心头的冤仇是永世不忘的，但最重要的不是个人的冤仇，你们既然放下了武器认了罪，我可以不提个人的冤仇。

溥仪在记叙日军进行惨无人道的细菌战时，谈及访问哈尔滨市平房金星农业生产合作社姜淑清老大娘给他留下的深刻印象。老大娘回忆说，当年日本培养细菌的731部队就在这个村子附近，由于那里制造的黄色跳蚤诱发的鼠疫蔓延，夺去了全村一百四十二条生命。有的新婚夫妇结婚第二天就死了，有的全家死光。

在伪满的报纸上，日寇常常炫耀他们"剿匪"的"战绩"。溥仪说，所谓的"消灭"了多少"土匪"，其实多数是无辜百姓受害。累死或被杀的劳工，到了报上都成了被"剿灭"的"寇匪"。溥仪在一篇文章中揭露道："日本军国主义者还在东北实行了劳动力统制政策……每年强征劳工总数估计平均在二百五十万人。被抓去当劳工的，少吃没穿却要起早贪黑地干重活，累死的人不计其数。不但如此，被抓去为日本关东军修建军事设施的劳工，在完工以后还往往遭到集体屠杀。这样的事实，甚至被日本主子豢养在'深宫'之内的我也有所耳闻。有一次，伪宫内府警卫处长佟济煦悄悄告诉我说：他亲戚的警卫官金贤有一个熟人，被日本军队抓去修筑军事要塞，完工以后，日本军队为了保守这个工事的秘密，把所有工人全都杀了，只有他亲戚的那个熟人在九死一生中逃了出来。"

正如溥仪所说，日寇以"反满抗日"罪名屠杀我国同胞更是屡见不鲜。据英国《曼彻斯特导报》载，1932年7月29日凌晨，日寇将拘押在哈尔滨的"囚人"八十四名提出监狱送郊外枪决，在两处同时执行。刑场预先挖好了长壕，枪决时五人一列，其中一名儿童当场高呼：""满洲国"覆灭，日本人死亡！"其场面惨不忍睹。

经过改造的溥仪深深认识到这样一个道理：侵华日军不仅糟蹋了中国人民，也使日本人民身受其害。溥仪在抚顺战犯管理所的时候曾看过一部反映日军在塞班岛作战失败的影片，其中一些情节曾那样令其激动不已。他写道："在日本兵的刺刀下，妇女们排成长列，被迫投进了波涛汹涌的大海。有位母亲在没顶之前，把自己初生的婴儿高高举起，为这刚来到人世的小生命多争一分钟的生存。这个镜头一直留在我脑中，令我无法忘掉。"1961年10月，溥仪同日本电波访问团谈话的时候曾这样谈到自己的感想，他说："经过学习，我知道了无数中国婴儿是怎样死在日本的刺刀尖上的。从塞班岛的故事里我又知道了日本的婴儿在日本兵的刺刀下也没有好命运。自从我在充满了人道主义的改造教育中认识了过去，也认识了自己，懂得了什么叫人生和怎样做人，我就常常因为想起了过去而痛苦。自己在过去勾结日本帝国主义，背叛祖国，把领土供给敌人作为发动侵略战争的军事基地，把人民驱作苦工和炮灰，使千百万人家破人亡。我为祖国的死难同胞而感到痛苦，我也为牺牲在同一个敌人手中的日本人民而感到痛苦。那样的灾难是绝对不能再让它出现了。无论是中国的、日本的，或亚洲任何国家的婴儿，我们都绝对不能让刺刀再碰到他们身上了。"

作为历史的见证人，溥仪先于1946年8月出席远东国际军事法庭，后于1956年7月出席沈阳特别军事法庭，为审判侵略我国东北的日本战犯出庭作证。在东京他前后出庭八天，每天出庭长达六小时，创造了作证时间最长的纪录。他以切身经历的大量事实，揭露了日寇驻东北的特务机关长土肥原贤二、关东军司令部参谋板垣征四郎、伪满国务院总务厅长官古海忠之和武部六藏的侵华罪行。古海忠之在法庭上听了控诉和证言后，深深地低下头说："我完全承认证人所说的一切证言，因为都是事实，我犯下了对不起中国人民的罪行。"这些刽子手不但承认了杀害中国人民和掠夺中国财富的罪行，甚至交代了让新兵以活人为靶子练劈刺，强迫父亲奸污亲生女儿等惨无人道的行为。他们诚恳地痛哭流涕地要求中国政府惩罚自己。溥仪还曾向日本朋友谈到过这样一件生动感人的事例，他说：有位日本战犯在释放后的归途中，当列车通过山海关的时候，突然大声痛哭起来，在场的记者向他询问缘由，他伤心地回答说：当年我就在山海关这个地方杀死许多中国人，他们不能活了，不能和家人团聚了。可是，我这个杀人凶手却又得到了和家人团聚的机会，我怎么能对得起在这里死难的那些中国兄弟和他们的家属呢！溥仪是在1963年5月22日会见日本北海道输出入协同组合、自由民主党北海道议会议员阿部文男先生时谈到这一事例的，他在同一次谈话中还表示，愿中日两国人民共同吸取日本侵华这一血的教训，为恢复中日邦交而共同努力。溥仪还应邀在客人的笔记本上题词："决定历史前进的是人民，人民的力量才是不可抗拒的力量。"

惨痛的历史教训，使溥仪热烈地向往着、衷心地期待着中日两国友好相处。1960年10月，在欢迎著名美国记者斯诺的宴会上，溥仪与日本和平人士西园寺公一先生相遇，他对西园寺说："……我希望中日两国友好相处，但日本反动内阁总是阻挠这种友好，这是必须加以反对的。"西园寺回答说："日本反动派毕竟是少数，而真正有力量的是广大的日本人民。在反帝反殖斗争中，我们两国人民是同一条道路上并肩战斗的战友。"

今天日本文部省的做法也并非偶然，它说明虽然许多老军国主义分子已在事实的教育下幡然悔悟，军国主义的思想和势力也还不可能一下子灭绝净尽。溥仪在60年代初曾发表一篇揭发日本军国主义的回忆文章，就在日本引起很大反响，当然也有反对这篇文章的。不久，日本某《周刊》就以《溥仪前皇帝的憎恨和它的真相》为题发表评论，进行所谓"反驳"，这只能证明溥仪的文章确实打中了军国主义者的要害。文部省在教科书中回避"侵略"字样与此可谓同出一辙，但是，日本侵华的历史是任何人也篡改不了的，中日人民友好的力量是任何逆流也抗拒不了的，今年已是中日实现邦交正常化十周年，当此之际，衷心希望日本文部省纠正错误做法，顺应历史潮流，为促进中日友好的发展作出贡献。

为自己申辩
——驳沈醉

李淑贤

（1982年）

按：李淑贤女士1982年4月前后获悉沈醉先生一年前在香港发表文章，损害了她的名誉，为此非常气愤，曾直接到沈家质问，也到溥杰先生家辩说过，还找过全国政协的领导。由于她是"民革"的联系对象，而沈醉又是"国民党名将"，因此也曾到过"民革"中央主委及组织部副部长周颖女士的家，请这位以打抱不平而闻名的"周青天"为其主持公道。后来又口述成文，遂有了这篇为自己申辩的文章。

1981年沈醉赴香港探亲期间，在《新晚报》上连载《皇帝特赦以后》一文，记述他和溥仪同为全国政协文史资料专员那几年中相互交往的情形，但他为了取悦读者，编造了一些喜剧场面，就像演艺界人士搞噱头似的，在客观上对溥仪和我都有不良影响，我不得不站出来为自己申辩。

沈醉说溥仪有一回摔破了饭碗，我便拿着菜刀冲出厨房要"宰"他，吓得他浑身发抖，又说溥仪"最怕老婆"，"闻河东狮吼便发抖"。那时我们夫妻间有事情都是互相商量，并不存在谁怕谁的问题，我们两人平常也是有说有笑，溥仪不会做家务，但他心疼我，总想帮我的忙，我对他是很理解的，从来不曾为这类事吵嘴，更不用说操刀"宰"人了。沈醉把我描写成一个泼妇，说溥仪总是"摇头叹气，愁眉苦脸"，其实溥仪从来就不知道忧愁，我跟他在一起的六年里，他只在1966年9月见到东北的来信后愁过一回，连临死的时候虽有求生的欲望，也没有唉声叹气，可以说他是外向型、开朗型的人,他一生大波大折、大起大落,一般的家庭琐事哪里会成为他的心事呢?

沈醉说我"不让溥仪抽高级烟"。溥仪的烟瘾很大,但他患有气管炎,有时夜间睡觉咳嗽得很厉害,我劝过他戒烟,他说戒不了。我又劝他尽量少吸,但要抽好烟,因好烟含尼古丁较少,相比之下有利于健康。溥仪听从了我的劝告。沈醉说我"不让溥仪抽高级烟",大概是说我怕溥仪花钱。其实婚后半年时间里,我家并未起伙,他在政协机关食堂吃饭,我则在医院食堂吃饭,各自花自己的工资,我每月只需二十几元伙食费也吃得很不错,当时溥仪每月工资一百元,却分文不剩。半年后我曾问过他工资是怎样花掉的?他说不知道,抽烟吃零食随手就花掉了,不够便到财务科去借,下月开支时再扣回,如此每月都有扣款,一月压一月。后来我们自己起伙,才逐渐还清了欠款,又攒钱买了收音机等家庭用品。那时我们两人的工资加在一起有一百六十元左右,放在一个抽屉里,两人各带一把钥匙,谁用自己取。溥仪很尊重我,花了钱总是告诉我一声,我嘱咐他,该花的钱就要花,不该花的别乱花就行了,这就是当时的实际情况。沈醉说我每月只给溥仪几元零花钱,实在是不了解情况的人乱说。

沈醉说我"常常因为夫妻生活问题跟溥仪吵闹",还说"他给溥仪配过药",溥仪食用后"有起色","好"过一阵子。其实溥仪病了几十年,什么样的名医都经过,什么样的好药都用过,他的病也没好过。我们婚后几乎寸步不离,我也没见过溥仪何时曾服用过"偏方",在这个问题上我很理解他,深深地同情他,从未因此跟他吵过嘴。如果我是那种对此不谅解的人,早就跟他离婚了。我认为夫妻之间还有更丰富的生活,同样能够建立深厚的感情,我和溥仪就是这样相爱的。

照沈醉的说法,好像我在家里总是顶撞溥仪,他打个碗我要说他,他去买"薄脆"被风刮跑了我也要骂他。邻居家的房屋漏雨,溥仪想请人家搬进我家客厅暂住，我也不许。如此等等，好像我们成了一对儿冤家，已无感情可言，这完全不是事实。溥仪对我的疼爱之情是众所周知的，比如我们一起出席宴会的场合，他见我很少伸筷，便会不顾众目睽睽往我小碟里夹菜，弄得我不好意思，在桌下用脚碰碰他，但这里有他唯我独尊的"皇帝遗风"，我也只能慢慢地教他礼貌待人。由于婚后家务都放在我一个人身上了，白天又要挤汽车上班，而溥仪的外事活动又很多，我还必须给他准备衣帽鞋袜，深感负担太重，我的体重也由婚前的一百多斤，迅速下降到九十斤左右。溥仪见我一天天瘦下去，非常心疼，无论如何也要让我请保姆，帮助搞卫生、洗衣服，减轻我的家务负担，我终于同意请了一位半日制工作的保姆，这样坚持到我停薪留职。还有一次我跟他商量想买辆自行车，骑车上班或购物都方便些，溥仪坚决反对，他说骑车不安全，果真买了车，他连觉也不用睡了，得急疯了。像这类事是说也说不完的，我们的夫妻情分，哪里是沈醉所说的那样呢！至于邻居的房子漏雨却不愿意搬进我家客厅，是因为怕影响溥仪接待外宾，而不是因为我反对，那天本来是溥仪和我一起去邻居家看房，并请他们搬过来暂住的。别人有困难的时候，我一向愿意伸出援助之手，因为我有困难的时候，也得到过许多人的帮助，对此深有体会。

谈到在江南和西北参观游览，沈醉也胡编了一些情节，如说溥仪在苏州刺绣工厂，参观双面绣的猫被迷住了，于是便"把刺绣女工的手抚摸起来"；又如说溥仪在西安临潼游览时"乱闯女浴室"，被当做流氓喊打。溥仪实在还没有笨到那样的程度，如此编造，把溥仪当笑料，也是不公平的。

关于这类与事实不符的内容，我曾写信与沈醉先生交涉，他承认我的一些意见是对的，表示愿意尊重并通过适当方式予以更正，后来他在给中央广播电台写的对台湾及海外广播的文稿中就没有重弹旧调，他在相关的段落中这样写道:"溥仪对什么都感到新奇而好问,我们便给他起了个绰号叫'每事问'。在江南几处玩过之后,曾很高兴地对我说,过去我的祖先乾隆皇帝下江南,肯定没有我今天玩得这么好,因为他当时还是皇帝身份,哪能像我今天这样随心所欲,尽情玩个痛快。我们都是走南闯北惯了的人,只有溥仪过去很少出门,这次幸亏有他的夫人李淑贤,对他照顾得很好,所以才没有出什么事。"

笔下春秋变幻
——《我的前半生》写作及成书目击记

李淑贤

（1985年2月）

按：李淑贤女士这篇文章最早发表在《博览群书》1985年第3期上，同年3月31日《光明日报》转载。三个月以后，替李文达说话的《也谈〈我的前半生〉的创作和出版》一文，刊登在《博览群书》1985年第7期上。这实际是"二李论战"的第一个回合，两人都从各自的角度，就《我的前半生》一书写作经过公告社会。

1962年1月，经人介绍我和爱新觉罗·溥仪相识，从此开始了几个月的恋爱生活。当时溥仪正在修改他的书稿，也就是今天已经驰名中外的著作《我的前半生》。

溥仪对撰写回忆录是很有兴致的，因为他常对我谈起这件事。他总是说：党把自己改造成为公民，要做一个有用的人，写写回忆录是自己力所能及的事。他那时也常常到出版社去，听取编辑关于修改书稿的意见。记得有几次我也跟他一起到出版社去，他和编辑谈稿子，我就在一旁看溥仪旧时的照片，还有"皇后"、"淑妃"的照片，我觉得很有意思。

1962年5月我和溥仪结婚后，溥仪经常伏案写作直到深夜，当时我们住在政协院内，房间很小，夜间开着电灯，我很难入睡，常对他说："你早点睡觉吧，干吗那么拼命？"他总是耐心地劝我先睡，让我"照顾"他。当一部用钢笔楷体字撰写的长达四十万字的书稿终于在他的笔下产生之后，他高兴极了，竟像个年轻人似的一下子把我抱了起来。我也高兴，便使劲向溥仪的后背捶了一下。

那天晚上，溥仪向我讲述了他撰写《我的前半生》一书的过程。溥仪说，他从1957年下半年起就开始为撰写这本书进行准备了，不过当时还没有形成把它写成书、拿出去出版的想法，只是想把一生的经历写出来，留给后人一点历史教训。在撰写方式上，他当时想得也比较简单，即写一段经历，再作一篇自我批评。这样，到1959年底特赦前，他已经写出一部初稿。特赦不久，周恩来总理就接见了溥仪，询问他改造期间的情况，溥仪便汇报说自己曾撰写了一部文稿。总理对此很重视，当即问文稿现在何处，希望溥仪能把它修改好。溥仪十分感激总理的关怀，第二天就给抚顺战犯管理所金源所长写了一封信，把总理接见的喜讯传到他生活了整整10年的地方，并表示一定按总理指示把书改好，请战犯管理所的领导同志帮助。后来，溥仪这份尚不成熟的文稿又在周总理的亲自关怀下，用16开本四号字印成征求意见稿。周总理和彭真等中央领导同志都看过这部书稿，又有中肯的批评，在这个基础上，溥仪又几经修改，终于写出了《我的前半生》。

为了撰写此书，溥仪付出了巨大的劳动。溥仪经常反复地回忆，努力地追逐那些早已逝去的时光，以及和这些时间相联系的事件。原来，溥仪有一个好习惯——天天写日记，即便是"伪满"期间，在日本人的眼皮底下，他也曾记下大量日记，很可惜，那些已被摄取的历史镜头，却又大量地被历史吞没了。"伪满"垮台前夕，溥仪令自己的族侄和随侍烧毁了14年的全部日记，因为在那些日记里，有不少"忠顺奴仆"抱怨"主子"的话，溥仪怕日本人发现后饶不过他，同时溥仪还令人在"缉熙楼"地窖内把有关自己的纪录影片和照片全部烧毁，"这倒不是为了日寇，而是为了对祖国人民湮灭自己的罪证"。由此，"险些把'缉熙楼'付之一炬"。从历史上看，这是一大损失，对个人也不利。数年后他写回忆录时，就感到有困难了。好在溥仪的记性不错，连总理也称赞他博闻强记呢！

溥仪在撰写工作中认真细致、一丝不苟，核实了各种各样的历史资料。他在有关部门的支持下，翻阅了二三十年代著名遗老陈宝琛、郑孝胥、张勋、金梁、罗振玉、康有为、胡嗣瑗、刘凤池以及庄士敦等人的奏折、信札等档案资料；寻查了报道过有关事件或清室新闻的中外报纸；翻译并阅读了在世界各国出版的用英文、日文或中文写成的有关溥仪生平的著作；还看过由四弟溥任保存的摄政王载沣日记以及郑孝胥的日记。当时郑孝胥的日记收藏在中国历史博物馆内，现任该馆研究员的著名文物专家史树青先生当年就曾陪同溥仪阅看了这部日记。溥仪对这些历史资料的原则是：以当事人的身份，实事求是地加以鉴别，取其实，弃其虚。这在溥仪留下的《我的前半生》初稿和其他手稿中，能找到大量例证。

溥仪在《我的前半生》一书中，曾专门介绍了他的英文老师庄士敦。这位英籍"帝师"，从溥仪十四岁起即负责教授他学英文，直到他十七岁结婚。之后，庄被派去管理颐和园。1924年溥仪离宫，庄则赴威海卫就新职。以后庄还曾到天津和长春访问过溥仪。他回到英国以后，回忆"帝师"生活，写成一本书，名字叫《紫禁城的黄昏》。溥仪发现这位英国老师并不实事求是，常常为了炫耀自己和维护溥仪而歪曲事实。溥仪为了澄清事实，要把真相写进自己的著作。

在《我的前半生》第三章第七节，溥仪写了小朝廷在"出洋"问题上内部冲突的真相。当时王公大臣为了保住"优待条件"和自身地位，都一致反对出洋，而溥仪感到处境很危险，同时，为了闯一条"复辟大清"的新路，在庄士敦的引导和二弟溥杰的支持下，经与荷兰公使欧登科联系，秘密研究了逃出紫禁城的计划。结果，由于以醇亲王为首的王公大臣的发现和阻拦而告失败。

庄士敦写这件事的时候，故意歪曲事实。他绘声绘色地叙述事情经过，竟把自己说成与此事毫无关系，只给荷兰公使写过一封信，并没有

"参与"溥仪出洋这个"极其孟浪"的计划。其实，与荷兰公使欧登科联络的具体办法正是庄士敦告诉溥仪的。溥仪指出，庄士敦"捏造许多事实耸人听闻，以显示自己的'高明'"。庄士敦还极力替溥仪开脱。溥仪在自己的笔记上引录了庄的原文，并逐句加括号予以批驳或澄清。现将笔记内容的一部分引在下面：

皇帝对这次失败不如我所想象得那样沮丧，他对这件事的态度更是轻松的。（庄只看外表，轻轻掩盖了我的本质。）如果他那时候就想逃出皇宫的束缚，他绝不能有这种态度，开始的时候，我对这个感到迷惑，但是我们谈话结束之前，我觉得这个计划最初不是他搞出来的。（这是歪曲事实！）而是另有人怂恿，带头干起来罢了。（纯粹是臆断捏造。故意为我开脱，而转嫁责任于旁人。）我深信，（为什么不说我确实知道，而说深信？）真正的角色（不仅为我开脱，更主要是为帝国主义者开脱，为某公使开脱），就是那个我不愿提名道姓的亲王，若不然就是幕后还有别人。（此言暴露他并不摸底而是胡猜，故作惊人之笔，转移读者视听。）

庄士敦叙述了这一事件过程后，又进一步议论说：

因此，我们就可以看出，真正的主谋人物不是别人，而是那个有势力的满洲军阀——张作霖，那个对旧皇朝忠贞不渝的张勋和他关系密切，因为他们本来就有通家之好。那个不提名的亲王在这个密谈里虽然是个必不可少的人物，但比较起来并不重要。他只是给予皇帝种种便利，让他离开紫禁城后，安全抵达天津。张作霖的想法主要是，不管这个计划成功还是失败，都不能让人怀疑他和这个计划有任何关系。这就是为什么这个经过长期考虑的密谋计划在皇帝大婚后的几个礼拜付诸实行。他们所以要这样做，就是需要找一个说得过去的借口，让皇帝上满洲去，这个借口就是让皇帝举行婚后谒陵的仪式。

针对庄士敦的一派胡言乱语，溥仪毫不客气地评论说：

这次我打算出走的内幕，并不是如庄士敦所说的那样，这件事仅是我和溥杰商量的，所谓"负主要责任的那位亲王"——载涛，事实上并不知道。因为载涛和我父亲一样，都不赞成我在平日离开故宫，放弃优待条件。我若告诉他无异于告诉我的父亲。至于张勋、张作霖就更不知道了。张作霖曾经赞成复辟帝制，那是另一回事，是不能和这次活动混为一谈的。庄士敦瞎说一气，无非是显示自己的"高见"，以自吹自擂，但这是根本违背历史的。

溥仪把这件事情的真相写进了《我的前半生》一书，严正地驳斥了庄士敦对事实的歪曲，从而订正了这段史实。这是一个历史见证人的责任，也是一个文史工作者的责任。

以上引录的资料，都是从溥仪遗留下来而没有发表的文稿中摘下的。这些资料能够说明溥仪为了撰写《我的前半生》一书，在搜集、鉴别资料的过程中，付出了多么艰辛而可贵的劳动！其写作态度又是何等认真、严肃！当然，溥仪撰写回忆录的成功，也是和党的鼓励、人民的支持，特别是许多知名和不知名的同志给予具体帮助分不开的。例如，老舍曾在《我的前半生》书稿上修改润色；溥杰则在特赦前和特赦后不倦地帮助溥仪回忆并认识一些过去的事件；李文达同志也从编辑的角度帮助溥仪修改过书稿，还有许多专家提出意见，许多亲属提供过资料，所有这一切溥仪都没有忘记，当他领到稿费的时候，首先想到要拿出一部分酬谢曾在写书中付出了劳动的人。

现在溥仪离开我们已经整整十八个年头了。作为他的遗孀，我为自己的丈夫能在生前将自己的著作留在了人间而感到欣慰！

为了丈夫著作的尊严

——令我烦恼的《我的前半生》版权之争

李淑贤

（1988年3月）

按：李淑贤女士这篇文章在影响很大的刊物《民主与法制》1988年第5期上发表后，立刻在社会上引起强烈的反响，收到读者来信数百封。李文达则在《民主与法制》1988年第8期上登出《尊重历史事实，不必自寻烦恼》，两文在《我的前半生》一书著作权归属以及转让电影改编权的合法性等问题上针锋相对，标志着"二李论战"已经走向高潮，受到社会各个层面的广泛关注。

1967年10月17日，这是我记忆中不能忘却的日子。这一天，我的丈夫溥仪带着种种眷恋永远离我而去。他眷恋新的生活，眷恋热爱着的事业，眷恋着我。在他生命垂危的日子里，常常握着我的手，默默地长久地注视着我。他为我忧虑，他说抛下我去了，我单身一人会感到孤独；他说没有给我留下子女，我将来生活没有依靠；他说没有为我攒下钱财，我以后的衣食会有困难……所有的难处他都想到了，可他万万没有想到，他的去世留给我的最大烦恼，竟会是他的著作——《我的前半生》（以下简称《前半生》）的版权归属问题。

《我的前半生》自1964年出版，到1984年国内第八次再版，已经跨越整整二十个年头。这些年来，从没有任何人就溥仪是这本书的唯一作者，提出质疑和歧义。对这本书享有专有出版权的群众出版社，在1984年第八次再版前言中写道"作者已于1967年逝世，不可能再作任何修改……"说明该社承认溥仪是《前半生》的唯一作者。但随着国际国内"溥仪热"的兴起,《前半生》被从各种角度多次改编成电影、电视,其身价也随之大涨。因此,时间流逝20年后,明确而简单的本属于溥仪的版权,无端地起了纠纷。谁能不怀疑这是金钱的杠杆作用在作怪呢?

群众出版社李文达同志,曾受组织委派,帮助溥仪修改、整理《前半生》一书,借此,他提出应该享有一半版权,版权纠纷拉开序幕。

纠纷始于1984年春。4月1日那天,群众出版社编务室主任赵中同志及李文达同志两人结伴来到我家。赵中问我,现在香港、美国、意大利都要拍溥仪的电影,有人找过你吗?我告诉他没有什么人来找过我。赵中就嘱咐我:"有人找你,你不要对他们说什么,就说什么都不知道,李文达都知道,有事找李文达。今后有谁来找你,你就打电话告诉我们。"过去不多日子,果然来了几个人,其中一人就是《火龙》的导演李翰祥,还有副导演等人。他们问我同溥仪一起生活的情况,说准备拍一部反映我同溥仪后半生的片子。我家没有电话,李翰祥他们几个离去时天已不早,第二天我才给赵中打电话,告诉他李翰祥找我啦,他问:"你说什么没有?"我说:"没说什么。"他很高兴,说:"那好,以后再找你,就打电话给我。"

5月里,议论纷纷,说是外国人给了溥仪家九万元,把溥仪的书买去拍电影了。有的朋友还上门问我是不是真的?俗话说无风不起浪,我决定打听一下,弄清到底是怎么回事。5月30日,我到有关部门询问,他们指点我到合拍公司了解。因为没有人告诉我,当时《我的前半生》已卖给意大利罗马想象影业公司,群众出版社和外文出版社已经于1984年3月27日同意方正式签订了协议。当我问他们是不是有外国人花了九万元买了溥仪的《我的前半生》去拍电影时,合拍公司的经理只含含糊糊地说:"有些钱,有些钱。"并不告诉我具体数目,更闭口不谈已同意大利签协议。

就是我到合拍公司打听卖书情况的那天，群众出版社文艺部主任王兰升、编务室主任赵中，两人上我家碰了锁头，留了一张便条托邻居转给我。他们原是带了李文达写给群众出版社的委托书来（李文达自己不来）要我在上面签字，委托书大意是：关于《我的前半生》（1964年版）的国外改编电影、电视之权的对意大利想象影业公司的谈判，我们委托你社全权办理，我们也不再就此书的改编权一事再与任何其他方面签约。赵中在留给我的便条上，要求我把名字签在李文达的签名下面，我反复看了李文达写给群众出版社的委托书，发现上面没有落款日期，这明显是为了欺骗我，我虽然文化不高，知识有限，但人无论文化高低，知识多寡，人格都是相等的。和所有智力健全的人一样，我希望别人尊重我的人格和权利。同时，我有一个至今不能理解的疑问，那就是为什么谁都不肯同我讲实话，把已经同意大利签协议的既成事实隐瞒起来。我一再追问知情人，都避而不答，我很纳闷，既然他们的所作所为如他们说的那样堂而皇之，无可非议，那么，为什么在签订协议两个月后，采取不那么正大光明的手段要我补签一张委托书呢？签字前不跟我打招呼，原因也许可以解释，可是事后还那样瞒着我，就难免使人怀疑其中有解释不了的地方。

我拒绝在那张委托书上签字，这个字不能签！但字虽没签，我的生活也从此失去安宁。本来我就患有精神衰弱症，现在更是经常失眠。睡不着，就瞅着挂在床头的溥仪遗像，瞅着想着，真想哭一场。溥仪去世时，正是一切都被砸烂的动乱时期，他又没有给我留下一分钱的遗产，我是苦水里泡大的，这些困难比起旧社会的苦实在算不了什么。可是眼下版权纠纷，给我造成的一种精神压力，使我很难承受得了。想到溥仪生前与我相依为命的情景，我的良心告诉我，使溥仪恢复《我的前半生》的作者权，是我应尽的责任。于是，我走访了有关单位，并写信向中央首长汇报了版权纠纷以及群众出版社不付给我印数稿酬的情况。

中央首长将我的信转给了中共中央办公厅信访局。信访局向群众出版社和国家出版局作了调查了解后，将来信摘要及国家版权局的意见呈送给中央有关领导同志，出版局认为：按稿酬条例规定，应付给李淑贤印数稿酬，群众出版社不给是不对的。以后中宣部、公安部的领导同志均批示："照出版局意见执行。"他们接到批示后，很快将印数稿酬送给了我。1984年9月10日，中宣部出版局又因版权纠纷问题，约见了群众出版社的有关人员，作了具体指示。群众出版社派专人解决这个问题，他们走访中宣部出版局版权处，该处处长李奇同志，干部翟一我、许超同志，以及该处邀请的中国社会科学院法学研究所的郑成思同志（专门研究知识产权的国际保护问题）等，对《我的前半生》的版权归属进行了共同研究，依据国家有关版权法规，提出了一致意见：一、《我的前半生》一书的作者是溥仪，因而溥仪享有版权，其妻李淑贤享有继承权……二、群众出版社享有该书的专有出版权而没有版权……三、李文达同志不应视为作者，因而也不享有版权……（他们提出5条理由佐证）。群众出版社根据讨论结果，于1985年2月9日，写成《关于〈我的前半生〉一书版权争议问题的意见》，向中央有关领导同志作了汇报，除了这3条意见外，还对本社过去的错误做法作了自我批评，并在1985年3月13日，给我送来印数稿酬。同年4月16日下午，群众出版社请我到北京饭店聚餐，该社的主要负责同志都参加了，宣布上述处理意见，并向我表示了歉意。

事隔几个月后，有位朋友来家里玩，他很关切地问我版权问题解决了没有，我告诉他已经解决，并且把处理意见的内容也对他讲了，他问："有证明吗？""证明？什么证明？"我有些不解。"哎呀！"他长叹了一声："你这人总是这么天真，我看还是去要张证明吧，这样对谁都有好处。"我看他说得很有道理，就到群众出版社要求给补一张版权归属意见证明书。

出版社王兰升同志接待了我。当他知道我的来意后说:"这事可能会变,你找于浩成(当时任该社社长)好了。"好容易见到他,我问:"据说版权归属问题有变化?"他说:"有可能。"

1985年11月4日,新增设的版权局(后改为国家新闻出版署)对《我的前半生》一书的版权归属提出了自己的处理意见。该局在(85)权字第6号文件中声称:"由李文达执笔,溥仪审改同意的《我的前半生》一书……是溥仪和李文达合作创作的,他们之间不是作者与编辑的关系,而是合作者的关系。版权应归溥仪与李文达共有。"我不知道国家版权局依据什么理由提出的意见?又是依据法规的哪条哪款,而如此轻率地推翻经中央领导批准的处理意见,使版权归属重起争端,同时,导致国内外舆论哗然,造成混乱。

为什么要将李文达视为《我的前半生》的作者之一呢?版权局的理由是:李文达帮助溥仪整理的,并且为此书花了不少气力。是的,对于这些我们从不曾否认,正因为如此,该书第一次出版时,曾给他一半稿费作为回报。溥仪对他的大力帮助也非常感谢,书完成后,他挥笔写就一幅条幅:"四载精勤如一日,挥毫助我书完成,为党事业为人民,赎罪立功爱新生。"送给李文达表示感激之情。现在,有人却歪曲溥仪的原意,牵强附会把它理解为溥仪承认李文达是《前半生》一书作者的证据。溥仪在条幅上明明白白地写着"助我书完成",非常清楚地告诉人们:"李文达作为我的助手,在完成我的书稿时是很得力的。"绝没有把文达当做作者的意思。幸好溥仪还有这么一幅条幅留在人间,不然,人们又将作何解释呢?

溥仪是中华人民共和国的普通公民,但又是一位特殊公民。他毕竟有过从皇帝到公民的不平凡经历。否则,就不会有轰动海内外的《我的前半生》,更不会有今天的"溥仪热",也不会有随之产生的版权之争。在溥仪的版权应当受到国家法规保护的时候，竟有人发表文章，说溥仪不能同我国其他公民相提并论。这种狂言使我万分惊奇！难道到了今天，还会有人要推翻他的公民身份吗？如果承认溥仪是中华人民共和国公民，那么，他就该同所有公民一样，毫无疑义地享受公民的一切权利。谁又有这么大的权力剥夺应该属于他的那份权利呢？

　　要说溥仪区别于其他人，那是他独有的特殊经历。他在狱中写成《我的前半生》，经中央首长传看后，周总理亲自指示有关部门，帮助溥仪整理修改并正式出版。群众出版社接受这个任务后，便派编辑李文达同志脱产帮助溥仪整理书稿。经过四年努力，《我的前半生》于1964年初版。该书是在党中央的直接关怀下，在群众出版社的大力支持下产生的，谁都没有理由抛开组织去大谈个人功劳。如果这本书不是委派李文达同志协助，也同样能成书出版，共产党能够把溥仪从皇帝改造成普通公民，难道还缺少帮助他整理一本书的人才么？但是没有溥仪，李文达绝不可能创作出这样一本书。尽管李文达在整理书的过程中查阅了不少资料，还走访了抚顺战犯管理所，但也只是尽了一个助手的职责，而不能以此为资本自称作者。至于书由他整理就视为作者的理由，更是站不住脚。中外不少名人、党政领导人的文章，都是由人代笔。（何况溥仪不仅用口，而且经常伏案笔录他的回忆。）一些帮助老一辈革命家写回忆录的同志，不仅要查阅大量资料，并且身背干粮，重走长征路，风餐露宿体验当年战争的艰辛。那份劳累比起走访抚顺、游紫禁城来，不会轻松些吧？但倘若日后，这些代笔者都群起争起版权来，岂不热闹？！尽管溥仪生平不能同革命前辈的功绩相比，但他毕竟是几千年封建统治的最后一位皇帝，又被改造成自食其力的劳动者。从皇帝到公民无疑使他成为知名度很高的人，而由组织指派协助名人写传的人，竟争起版权来了，难道不是一则笑话么？

　　不同意李文达是《我的前半生》一书作者的，不只是我一人，李文达的工作单位——群众出版社，在1985年7月18日给中宣部有关版权归属问题的报告中写道："……我们认为他（指李文达）作为出版社的一员，当时和其他许多同志一样受组织之托，担负帮助溥仪整理该书任务的……我们从不认为《我的前半生》是溥仪与李文达合作的，李是第二作者，更谈不上他享有一半版权问题。"我国《图书、期刊版权保护试行条例》第4条规定："本条例所称的作者是指直接创作作品的人。如无相反证明，在作品上署名的应视为作者。"二十年来，《我的前半生》始终以爱新觉罗·溥仪的署名在国际、国内大量发行，二十多年后一个责任编辑却要拥有该书版权，也可以称为中外奇闻吧？

国家版权局对《我的前半生》版权归属的处理意见，带有很大的倾向性。当我到新闻出版署反映情况并向他们指出：作为国家级机关办事要公正时，该署负责版权的一位处长竟两次将办公室的门打开轰我出去，喊着："你走，你走！我们不公正，你去找公正的地方吧。"为了确认溥仪的版权，我拖着多病的身体四处奔波，回想起这些冷面孔，我真泄气了。但如果就此撒手，又不仅对不起溥仪，也辜负了几年来我自己所付出的辛劳，还容易引起误解，以为这场争论只是金钱之争。我既无子也无孙，是无亲无故的"孤家寡人"，争那么些钱带到棺材里去吗？就是咽不下这口气，不让人随心所欲地欺负我。只要有一口气，我就继续抗争。我相信在我们社会主义国家里，有正义感的人占多数，我的努力不会白费。

有人轰我，让我去找公正的地方。是的，能公正处理问题的部门到处都有，我们的广大读者是最公正的，他们虽然无权对版权归属做实际裁决，但他们公正的舆论将是我最大的安慰和支持。我之所以决定把版权纠纷公之于众，是相信广大读者心中都有一杆公正、合理的秤。

我还相信国家法律是公正无私的，所以，我急切期待版权法早日问世！

溥仪和我的婚后生活
——笔伐美国《新闻周刊》文化版主笔爱德华·贝尔

李淑贤

（1990年11月29日）

按：美国《新闻周刊》文化版主笔爱德华·贝尔先生所著《中国末代皇帝》一书中文版1989年由中国建设出版社出版后，李淑贤女士就其失实之处撰写了本文，发表于1990年11月29日的《解放日报》。贝尔曾就此向她写信道歉。

溥仪去世已有二十三年了，溥仪和我婚后的生活仍然时常为有些朋友提起。有的朋友问得多了，我就介绍他们去看我写的《溥仪与我》一书。这些年也有人执意要重新描述我们婚后的这段日子。最近我看到美国作家爱德华·贝尔写的《中国末代皇帝》一书，好像这位贝尔先生也是有志于此的。作为知名的新闻记者，贝尔在记述溥仪和我的共同生活时却显得捉襟见肘。当他立意"写一本关于溥仪和他的生活以及他所处的那个时代的重要传记"（见《中国末代皇帝·译后记》）时，至少可以说缺少应有的严肃态度。据《译后记》介绍，贝尔在影片《末代皇帝》拍摄期间"在中国访问了六个月，找遍了中国历史上那个多灾多难时期后的幸存者；涉猎了有关溥仪时代的古今中外材料；访问了英、美和联邦德国的中国问题专家"。贝尔为写作此书所作的调查不可谓不深入。不过一心要为溥仪作传，要写溥仪和我的共同生活的贝尔先生调查时却忽视了与溥仪朝夕相处整整六年、对这一段历史最为了解的溥仪之妻，这恐怕不仅仅是技术上的疏忽。

这些年来我生活的一项重要内容，就是接待来访的中外记者。虽然每有记者来访，我总是尽力搜索记忆，陈述真实情况，提供力所能及的帮助，同时也希望记者如实记录历史。假如当年贝尔先生来访，我也会像接待其他记者一样给予热情接待。当然，记者有权设定采访对象。问题是当他用读来颇感庄重的笔调来描述他并不确切了解的对象，而且这种不真实的描述将给被描述者带来某些损害时，恐怕很少有人会缄口不言。

贝尔在他的书中谈到我的身份、年龄以及我与溥仪恋爱、结婚的经过，都与实际情况相去甚远。他是这样记述溥仪和我的婚后生活的："李淑贤继续做护士，但她发现照顾溥仪简直让人发疯。"他还引述一位"知情者"的话说："溥仪对她（指李淑贤）比她对溥仪更和善。"最后为溥仪和我的婚姻生活作了这样的结论："各方面的材料都说明，她（指李淑贤）似乎十分泼辣，但溥仪平静地忍受了他新的不幸。"读着贝尔先生所作的结论，我的心情实在难以平静，这位从未谋面的西方记者，其想象力，其对并不了解的事实"秉笔直书"的胆量实在让人吃惊。他所发现的"新的不幸"是仅仅想唤起一种轰动效应呢，还是另有所图？也许这就是西方的"新闻自由"吧，他爱怎么说就怎么说，很自由的。

直到此时我才觉得有必要向世人披露一些有关溥仪和我婚后生活的情况，让人们从一个亲身经历者平实的叙述中去评定我们令人瞩目的婚姻无论是对溥仪还是对我，到底是贝尔先生所描述的令人胆寒的瑟瑟严冬，还是令人追恋的融融暖春。

溥仪有一次与外宾谈话时情不自禁地说："1962年'五一'节，我和李淑贤建立了我们温暖的家，这是我生平第一次有了真正的家。"这是他的肺腑之言。溥仪出生在中国第一封建家庭，三岁登基，至此失去家庭温暖，包括亲生父母在内的任何人面见他时都必须磕头请安，自称"奴才"。然而他也是人，有血肉之躯，有七情六欲，追求家庭幸福和天伦之乐。他的这一和普通人一样的愿望,正是在他的生活中出现了我之后才实现的。

和被大富大贵剥夺了家庭温暖的溥仪不同,我是一个孤儿。八岁丧母,十四岁丧父,悲苦、凄凉和难以忍受的孤独,充斥着我的青少年时代。尽管我和溥仪在出身和经历等方面有着巨大差别,可我们同是天涯沦落人,都如饥似渴地追求人人都有的那种极其普通的家庭生活。我们结合后相依为命地度过了五年半令人难忘的美好时光。那时我们几乎寸步不离。北京西城南草场的街坊邻居看到我们清晨相携而出,日落并肩而归,无不投来羡慕的目光。

溥仪当了几十年皇帝,让别人伺候惯了,自己的动手能力很差,不会生活。每天都闹出许多笑话。起初我还不大理解,有时急了也冲他发火,嫌他笨手笨脚。遇到这种情况,溥仪总是主动认错,虚心诚恳地从一点一滴学起。生活中每经历这样一次"插曲",我们两人的感情都有新的升华,两颗心都觉得贴得更近了。

婚后不久,溥仪就常有疾病缠身,从1964年秋天起,溥仪先后9次住进医院。本来作为妻子又是职业护士的我,照顾生病的丈夫是情理中的事,并不值得赘述。问题是贝尔先生将溥仪生病住院作为我们婚后生活的重要一节,作了颇具西方式的"共同兴趣"的描述。他写道,溥仪住院后,刚开始,在另一家医院当护士的妻子还来探望,慢慢次数越来越少,最后干脆不来了。李为拒绝探望溥仪找了一个"绝好借口",因为正处在"文革"内乱的高潮中,"在大街上走路太让人提心吊胆",以致溥仪感到绝望,在病痛日增的日子里,"唯一盼望的是妻子再来看他一次"。

读着贝尔背离事实的描述,我的思绪又被拖回到那秋风萧瑟的日子。记得那是1967年10月3日,家里来了客人,溥仪陪客人共进晚餐时还不错,客人走后却突发尿毒症,一直折腾到天亮。当时派性争斗很厉害,我花了好长时间给出租汽车公司打电话，好不容易才要来一辆车，总算把溥仪送到人民医院。我搀扶他进了急诊室，大夫走过来看看就不管了，未采取任何急救措施。我跑前跑后联系住院事宜，溥仪的病归泌尿科治疗，但该科就是不接收。那时各单位领导都靠边站了，情急中我打电话找到了全国政协的老领导沈德纯，沈老马上向总理办公室反映情况，经周恩来指示"特殊照顾"后，沈老又打电话给人民医院传达总理指示，医院才让溥仪住进内科病房。从这时起，直到10月17日溥仪去世，除了给溥仪办事外，我再也没有离开他的床头。溥仪病危期间，换住小病房，由于屋子太窄，连个木椅也摆不开，我就把两只木凳放在门口，一连十三天，晚上就趴在小木凳上打瞌睡。溥仪信奉中医，直到生命的最后一刻还在服用著名中医蒲辅周给开的药，我怕医院熬不透，每次都把药带回家里细细地熬。一熬完就往医院赶。由于当时社会秩序混乱，有时乘不上车，只能从家里一直走到医院，心里七上八下地惦着溥仪的病情。

溥仪最后一次住院前，已经蒙受了"文革"的巨大灾难，在医院，他无数次地对我说："我现在真亏了你了。如果没有你，这种时候谁还肯来照顾我，那可就把我苦死了！"他说话时眼眶里滚动着泪珠，每次我都拿出手绢为他轻轻擦拭。如果说溥仪真有不幸，那就是"文革"给他带来的不幸，他本来可以受到较好的治疗，可以活得更长，享受到更多的家庭温暖和人世的欢乐。

一个人如果对事物存有偏见的话，往往无法充分认识事物的本来面目。从60年代起就听说西方有人对中国的末代皇帝被改造成公民并过上幸福生活存有疑虑，过了二十多年，不知贝尔先生是否还想为此提供反证。当然，如果有一天他能抛弃他的先入之见，愿意发现中国末代皇帝婚后的真实生活，纠正由想象和臆测造成的诸多不实描述，我仍然愿意提供真诚的合作。

我为李玉琴和李淑贤搭桥

王庆祥

（1992年11月）

按：该文原载《解放日报》1992年11月17日，后经增改而由《城市晚报》于2001年5月7日刊出。

1986年3月24日，深圳新园大酒店。

会客大厅内的四壁挂满了即将在香港首映的《火龙》一片的设计漂亮、印刷精美的海报或剧照，给富丽堂皇的大厅添了色彩。

上午八时整，中国历史上最后一位"贵人"李玉琴和溥仪特赦后的新婚妻子李淑贤，由人们簇拥着在大厅内醒目的主位席落座。还没等她们坐好，港澳和内地几十位新闻记者便"咔嚓咔嚓"地抢起镜头来了。她们坐在一起会见中外记者还在是第一次，是个历史的记录。记者们提出许多问题，详细询问两位女士的家庭生活、社会活动和兴趣等等，还掏出自己的小本子请她们签名。在大厅内的各个角度都有记者的镜头，一个多小时的时间里，快门声几乎没有停止过。这次不寻常的记者招待会的场景，特别是李玉琴和李淑贤并肩同席的镜头，伴着《火龙》的公映，很快就轰动了港澳地区和世界许多国家。

记者招待会过后，李玉琴和李淑贤又一起出席了《火龙》导演李翰祥举办的盛大午宴。李太太张翠英女士也出席了午宴，早在四五十年代，她已是电影圈中的明星了，今天看上去风韵犹存。在座的还有李导演的两位女公子：李殿朗小姐在《火龙》中饰演婉容皇后，李殿馨小姐在《火龙》中饰演"福贵人"李玉琴。刚刚看过样片的李玉琴认为，李殿馨小姐对于四五十年代中国东北的历史背景还不甚了解，对她当时的心态也难得有切身的体会，她说"李小姐本人倒比影片中的扮相更好看些"。李淑贤则对饰演自己的潘虹以及饰演溥仪的梁家辉都有赞词，《火龙》勾起了她对往事时而轻松、时而沉重的回忆。

李翰祥是大忙人，宴后即率队返港，临行赠送李玉琴和李淑贤每人一盒广州特产糖，并让人陪同两位女士在深圳和广州玩玩。

3月25日，李玉琴和李淑贤乘车前往沙头角十字街。此时此刻，东北大地还是白色的、冰冻的，而这里漫山遍野青翠欲滴。特别是一路上有很多香蕉树，颇对李玉琴的口味，她说这回可真过了香蕉瘾。李淑贤本是南国女儿，自有苏杭灵秀，但深圳也是头一次来，对这里的景物同样感到新鲜。车窗外，在山坡上拉起的一道铁丝网渐渐地进入视野，陪员介绍说，这就是香港和深圳的界网，十字街已在眼前。

十字街宽约十余米，是条规模不大的商业街，集中售卖各种成衣、化纤衣料和日用品。因为地处边境，半属香港，半属深圳，商品价格低廉，如化纤类能比内地便宜一倍，所以这里成了服装个体户出没的地方。当然，没有边防证就不能通过设在出入口处的边防哨卡。李玉琴和李淑贤逛了几家小商店，选购了自己喜欢的纪念品，又吃了一顿午饭，少憩即往蛇口，入览设在一条大船上的游乐场。两位女士兴致勃勃地先后站到一架很大的望远镜前，远方一片高高低低的楼海陡然间被挪到近处，让她们惊奇地观览了被称作东方明珠的香港。此时彼地，或许李翰祥导演正在《火龙》的首映式上大侃这两位影片所述的历史主角吧！

3月26日，李玉琴和李淑贤来到广州观光。街上的姑娘们穿着各式长裙或鲜艳的花色旗袍，紧裹腿部并一直伸向脚面的针织长裤当年刚刚流行。小伙子们多数穿花衬衫，若在北方就笑死人了。商品可谓琳琅满目，然而，两位女士相中了的，大多要收港币或外汇兑换券，所以买不了。生活费用也太高，旅馆、餐馆、理发馆，处处令外地人咂舌。现在看来，那里只是开放较早罢了。

李玉琴和李淑贤一起参观了集饭店、宾馆和百货商场三位一体的花园饭店，这里不失为国内外富翁的小天堂，而对两位女士来说，更喜欢的，并非饭店的富丽，却是花园的美丽。这里有火红的山茶花，叶子肥大的芭蕉树，还有杜鹃等盛开的鲜花，令人流连忘返。

羊城三日的观光很快过去了，李玉琴想顺路赴上海看望公婆，李淑贤则直飞北京，两位女士就此一别，结束了这一回因《火龙》首映赴李翰祥邀约而成行的深圳、广州之旅。

李翰祥是香港著名导演，拍了30多年电影，也是影界一富翁，别说邀请两位女士走一趟深圳，就是上全世界转一圈儿，恐怕也算不得什么。然而，能让李玉琴和李淑贤这两个人走在一道、坐在一起、吃在一桌、玩在一处，这可实实在在不容易哟！若不是9个月前我已在她们两人中间架设起一座握手通过的桥梁，恐怕李翰祥也难导这出人间喜剧。

万千关心我的读者知道，早在1984年春，我就帮助李淑贤整理出版了她的回忆录《溥仪与我》，这本书先后发行了一百多万册，且经许多报刊连载，传播甚远。1989年夏，我又帮助李玉琴整理出版了她的回忆录，也有很大的影响。这两本书还先后被改编成电影，搬上了银幕，前面提到的《火龙》就是根据《溥仪与我》改编的。

作为溥仪生平的研究者，我以自己能够获得溥仪生前曾与之有过最亲密关系的两位女士的信任和合作而感到幸运，同时又为她们两人始终不能摆脱陈年老账的纠缠而遗憾莫名。

所谓陈年老账，可以追溯到1965年9月上旬。李玉琴随同在市广播电台工作的丈夫黄毓庚返沪探亲，回长春时李玉琴抱着三岁的儿子特意绕路北京，在一直保持来往的毓嶦（恭亲王溥伟第八子）家中住了几天。她想起与溥仪离婚时曾约言"今后以兄妹、朋友相处",遂写信寄到全国政协机关,真诚希望能与近在咫尺的溥仪见上一面。结果却像泥牛入海,永无下文了。李玉琴颇为生气地返回长春,在她看来,溥仪的地位变了,把分手时说过的话全忘了,甚至又摆出了皇帝的架子,太绝情。一年以后,浩劫袭来,遂发生了在协和医院和人民医院病房内李玉琴和李淑贤面对面舌战的难堪场面,这在两人的回忆录中都有记述,无须赘言,只是两位女士由此结怨:李玉琴认为对方不理解自己背负历史包袱的苦楚,李淑贤则认为对方不该在溥仪重病缠身的时刻还来添乱。这说不清、道不明的历史纠葛,把两位女士整整困扰了二十年。

我与李玉琴和李淑贤各自接触,算个知情人。因为这个有利条件,我得以密切注视两位女士和解的时机,时机终于来了。

1985年6月,李玉琴因公赴京,下榻于上园饭店。恰好我也在京,遂向李淑贤建议,希望她能同意见李玉琴一面。一年前,我和李淑贤一起跟李翰祥签订了拍摄《火龙》的协议,在这部描写溥仪后半生生涯的影片中,李淑贤和李玉琴的银幕形象将同时出现,亿万观众也将因此而熟悉她们。在这种情况下,两人不该总是别别扭扭的,应给社会以好的影响。李淑贤是位识大体、顾全局的开明女士,立刻表示接受,并提出邀请李玉琴聚餐。我十分高兴地把这一历史突破性的信息迅速送达上园饭店。

"李淑贤有意邀请你到家吃顿便饭,不知你能否接受邀请?"问话既出,李玉琴却一时语塞,我看出她正犹豫,遂加以劝导:"你们是因为溥仪而从历史上联系起来的两个人,在那个特定的时期,你和溥仪的婚姻关系存在了十几年,溥仪特赦后是李淑贤照顾了他的晚年生活。现在,溥仪已经去世多年,你们两人应该像朋友似的相处才对。"

"好吧!我接受邀请,我也应该去看看溥仪特赦后重建的新家啦。"李玉琴终于做出决定。

6月10日下午,我和李玉琴照约定一起来到北京东城,轻轻敲开了团结湖畔一扇米色的房门,李淑贤热情地把我们迎进屋内。

这是一套具备暖气、煤气和上下水道的两居室单元楼房,布置典雅。敞亮的阳面大屋中,靠东墙是一套单人沙发、茶几和一盏顶着粉红色绢伞的落地灯;西墙一溜儿摆着雪花牌冰箱、法式长条沙发和一只两屉柜。柜上放一台12英寸黑白电视机和带架座的周恩来接见溥仪夫妇的照片。正对平台门的北墙下,新置一张单人沙发软床,溥仪夫妇婚后离家上班的一幅照片就悬挂在床头墙上。主人喜欢养花,窗台上一字儿排列着兰草、天竺和海棠,还有一盆颇负盛誉的长春君子兰,那是李玉琴决定接受邀请之后特意让我先送过来的。

"我多次到北京,早想来看您,因为知道您的身体不好,怕添麻烦。这次您盛情邀请,我就来打扰了,真是衷心感谢!"李玉琴说。

"您到北京,就应该像到家里一样来玩才对。我今天真高兴,买了几条鳝鱼,不知您能不能喜欢?"李淑贤说。

"我在上海公婆家吃过鳝鱼,味道不错。其实呀,我是土生土长的东北人,穷人家的孩子,吃东西从来不知道挑剔。"

"我小的时候没有妈,也苦哇!"

两人愈聊愈近,其间不但有溥仪这根历史的纽带,还有一条共同的苦根,实在是命运相连的姐妹啊!

我不会忘记1982年的春天,李淑贤曾往长春,就住在离李玉琴家不远的吉林省宾馆内。不知怎么李玉琴也得知了消息,她后来告诉我,当时很想把李淑贤请到家中,可惜勇气不足,似乎1967年病房的"硝烟"仍在心头萦绕。不过,长春未能实现的会面,终于在北京实现了。

李玉琴说过,她在伪皇宫中亲手给溥仪烧过菜,在通化大栗子沟又亲手给皇后婉容烧过菜,所以自认为总有三四级厨师的烹调水平。可是那天她看到李淑贤以东道主身份烧制的十几道菜肴以后，真从心里佩服女主人的厨房技术，不但鳝鱼清香可口，一只鸡也做出许多花样，红烧鸡、清炖鸡、炸鸡块……鲜美呀！

餐桌上，李淑贤夹起一块鸡肉放入李玉琴的小碟内，又高高地端起酒杯向她敬酒；李玉琴也挑出一片鳝鱼，恭恭敬敬地摆在李淑贤的碗中，并为她斟满一杯。

气氛和谐、融洽、欢快。

"溥仪和您结婚之前曾写信告诉我，若不是我当时正有身孕，行动不便，一定会来参加你们的婚礼。"李玉琴这么说并非客套，她儿子生于1962年7月16日，溥仪新婚正值她怀胎七月、大腹便便的时候。

"听说您的爱人非常体贴，儿子也大学毕业了，是幸福家庭，我衷心祝福您！"李淑贤出语真诚。

"看过您的回忆录，知道溥仪晚年很幸福，多亏您呀！"虽说李玉琴跟溥仪已经离婚，还是愿意看到他的生活美满。

"溥仪的改造是党的财富，我只是做了一点儿自己能做也应该做的事情。"李淑贤从来不曾因为跟溥仪结婚而后悔，尽管溥仪谢世太早。

你来言，我去语，一说说到1965年9月那封入了海的"泥牛信"上，李淑贤终于得到了向李玉琴说明原委的机会。原来，1965年9月正是李淑贤住院做子宫切除手术的时候，溥仪天天陪床忙得不可开交，等妻子出院回到家里一看，简直一塌糊涂。她清理书桌上的一堆旧报纸，突然从里边掉出一封尚未拆口的旧信。原来，溥仪那些天忙忙叨叨，每到办公室就把桌上的报纸一卷带回家来，却顾不得看，又急急地奔向医院去了，连报纸中间夹了信也全然不晓得。李淑贤拆开一看，正是李玉琴约见溥仪那封，不过，等溥仪知道这件事时，李玉琴早已离开了北京。

"如果溥仪及时看到你的信，他会到老八家里看你的。"李淑贤称呼毓嵂为"老八"。

"原来如此，当时我冤枉他了。"李玉琴这句语表明：历史凝聚的误会业已冰消瓦解。

气氛更加轻松愉快，李玉琴和李淑贤成为朋友了，我目击了这动人的真实一幕，为她们高兴，也为她们祝福。

"今天，您为我灶上灶下地忙，我过意不去，很想帮帮手又没帮得上，等您去长春，我一定把您接到家里，也让您尝尝我烧的菜。"

"太感谢了！我会有机会尝到您烧的菜，学习您的烹调技术。"

李玉琴和李淑贤又从烹调谈到养花，李玉琴喜欢养花，那几年仅君子兰就养了几十棵。她告诉李淑贤，为了让这种花适应北京的条件，应该怎样浇水、施肥、保证日照时间……李淑贤倾听着，似乎入了迷。

晚上九点半，必须赶末班车了，李玉琴躬身道别。主人向客人赠送了一套各式各样的宫廷糕点，说是祝贺"福贵人"的新生；客人回赠了营养丰富的银耳，希望主人健康长寿。

李淑贤送李玉琴下楼的时候，两人挽臂并肩，相互叮咛，出门之后还亲昵无比地走了一程又一程。

于是，出现了九个月后的深圳行，出现了两位女名人一度、再度的亲密交往。

如今，李玉琴和李淑贤都各自迁了新居，她们的社会地位更高了，社会影响也更大了，但上面这一段颇为珍贵的史实或许将湮没无闻，那太可惜了。经有识的编辑指点，我立即找出当年的若干笔记资料，追记成文，公之于感兴趣的读者，

此实责无旁贷也。

我珍惜名誉和尊严
——驳《"末代皇后娘娘"李淑贤的后半生》

李淑贤

(1994年12月4日)

按：《青年社交》1994年第6期发表《"末代皇后娘娘"李淑贤的后半生》，以介绍李淑贤女士的生活为名，污蔑她"抱着溥仪的骨灰过日子"，"谁写溥仪就告谁"，"小鸟依人"，把"末代皇帝"的招牌作为生活享乐的资本。该文发表后，经《文摘旬刊》（第486期）和《法制文萃报》（第136期）等报刊摘登，在社会上广泛流布，产生很坏的影响。李淑贤当然不能坐视，乃以《一篇胡编乱造的访问记——驳〈"末代皇后娘娘"李淑贤的后半生〉》为题撰文澄清之。《青年社交》编辑部接到李淑贤女士这篇批驳文章以后，即派记者赴京采访她，并征得她的同意，删除了文中词锋犀利的字句，修改而成本文，刊于《青年社交》1995年第4期。这件事一方面说明有些媒体报道名人生活很不严肃，另一方面也说明李淑贤女士面对这类问题既有尊严，又很宽宏。

我是在溥仪特赦成为公民以后，根据中华人民共和国婚姻法的规定与他结婚的，有人称我为"皇后娘娘"是很不妥当的。《溥仪日记》中详明记载了我们互相关怀而共度的岁月，录下了我们在病中相互陪床细心照料的时光，对这真实的历史场面，我至今难以忘怀。

溥仪的骨灰是经党和政府批准而存放于八宝山革命公墓的，我每年清明节要去看望丈夫的骨灰盒，借以寄托哀思，这是我们的夫妻情分。

有人说溥仪"留给妻子的遗产，足以让她不愁吃穿安度后半辈子"，接着，又给我一笔一笔算细账：说有溥仪的"抚恤金"（此言不虚，按当时规定确实给过500元抚恤金）；说有《我的前半生》一书的稿费（我在"文革"数年间没有工资收入，溥仪遗留的4000元稿费当时即已用罄）；说有全国政协每月拨款的补助（此项补助从1972年开始发给，先为60元，继于1987年1月改为每月80元，1994年上半年又增加50元，连同各种补贴达到160元，于1994年11月改为167.50元。这是政府对已故政协委员家属的照顾，我非常感谢）；说我作为"北京市朝阳区政协委员享有薪俸"（我从1984年起连任四届朝阳区政协委员，但不曾领过分文薪俸，政协委员作为社会职务并没有特殊津贴）；说我"除了退休金外，看病有老保"（我自1964年停薪留职以来分文不挣，到1985年10月才补办退休手续，按原工资50.05元的70%计算退休工资，每月仅35.35元，直到1993年增加到250元，1994年又增加到350元左右）。至于有人说我"又无家累"，大约以为我是孤身一人才这样说的，其实，一人有一人的难处，正所谓一家不知一家事也，即按最新的标准，"统加起来"每月收入不过540元，是否可以"过得相当不错"一看可知。

有人认为，似乎我只要拿着溥仪的遗产，不愁吃穿地过日子就行了，不应再"缠讼"，特别不应与李文达争《我的前半生》一书的版权。

第一，所谓"《我的前半生》一书是李文达与溥仪合作9年重新编著而成"之说。人所共知，溥仪特赦于1959年12月4日，《我的前半生》出版于1964年3月，即使其间都是两人的合作时间也不过四年零三个月，请问"合作9年"从何而来？

第二，所谓"很多爱新觉罗家族成员对李淑贤的做法不以为然，他们多数站在李文达这边"之说。在这里倒要问问某些人，所谓"多数"在哪里？爱新觉罗家族成员名声在外的也不止几十位，"多数"当然不是一位两位，搞概数游戏是不能允许的，必须指出姓甚名谁。

第三，所谓李文达在这本书中"付出了劳累和汗水"之说。须知"付出劳动"和"拥有版权"是完全不同的概念，李文达作为出版社派出的编辑人员协助溥仪修改书稿，溥仪当年很尊重他这份劳动，并分出部分稿酬致谢，至今我也并没有忘记他有这份劳动，但这并不能成为他争夺该书版权的资本，溥仪健在时也从未承认李文达是合作者，他不但未在书上署名，连前言后记也从未提过一笔。国家最高人民法院1991年12月4日"（88）民他字第2号"的批复已经明确指出："经我院审判委员会讨论认为，《我的前半生》一书，是溥仪的自传体作品，在该书的写作出版过程中，李文达根据组织指派，曾帮助溥仪修改出书，并付出了辛勤的劳动，但在当时的历史条件下，李文达与溥仪之间不存在共同创作该书的合作关系。因此，根据本案的具体情况，以认定溥仪为《我的前半生》一书的作者，并享有该书的版权为宜。"

第四，所谓李文达"因为替溥仪撰写此书，坐了八年牢"之说。事实上李文达是在"文革"中因"特嫌"问题被关押揪斗的。当年溥仪因长春来信批判《我的前半生》一书，曾亲往群众出版社求助，看到许多批判李文达"特务"问题的大字报，回家挺生气地对我说："李文达是老干部怎么成了特务？"其实这种人身攻击是当时一种社会普遍现象，不足为奇。退一步说即使李文达是为帮助溥仪写作而坐牢，难道要让溥仪负这个责任吗？难道因此就要向他奉送版权吗？

有人又说，在此案审理过程中，法庭曾问我愿不愿意和解，我的回答是："不蒸（争）馒头，为争一口气。"我还不大懂得这句话，自然也说不出来。然而，"争一口气"也倒不错，这场版权官司也并非仅仅是"皇帝的官司"，它的普遍意义在于强化了在我国一向淡漠的版权意识，这对于近年公布的著作权法的完善，对于保护著作权人的合法权益，对于促进文化的发展以及维护经历社会主义改造的溥仪的真实形象，都有积极的作用。

一句话，我为《我的前半生》打版权官司，目的是要一个符合真理，符合事实的"说法"，保护自己的合法权益，并不存在"谁写溥仪我就告谁"的事情，80年代以来写过溥仪的作者起码有数十人，我都起诉了他们吗？

有人对我"被邀请出国观光"也颇有微词，说什么"享有末代皇后的头衔"，"作为末代皇后娘娘"出访。趁此机会我愿把近年两次出访的前后情况向关心我的读者作一简要说明：

出访法国，是法国巴黎法宝公司总经理章温柔小姐邀请的，法宝公司是一家从事影视发行的公司，在欧洲发行中国中央电视台制作的电视剧《末代皇帝》，我是作为溥仪的妻子被邀请的，目的是为扩大该剧的影响并促进发行工作。我从1991年4月30日至6月1日在巴黎生活了三十二天，其间参加了戛纳电影节的有关活动，接受了法国第一电视台和某周刊的采访，参观游览了巴黎名胜风光。

出访美国，是由移居纽约的溥仪的孙辈亲属邀请的，他们称我为叔祖母，希望有机会与我在纽约家中团聚，从1993年8月25日至9月26日在纽约生活了三十二天，其间出席了美中关系全国委员会的招待宴会，如此盛大活动每两年才举行一次，表彰为美中关系作出贡献的个人，与该委员会主席大卫·兰普森、中国驻美国大使李道豫等见了面。在另一次为中美文化交流而举办的盛大画展中，联合国中国代表团陈健大使还接见了我。此外，我还多次接待《世界日报》《侨报》等美国华文报纸的采访，令我高兴的是，在这些活动中溥仪作为中华人民共和国公民的形象，广为美国各界朋友所接受。

作为亲友，他们尊敬我的丈夫溥仪，也爱护我、关怀我，尊重我，然而，我毕竟不曾在皇宫中生活过一天，别人也没有把溥仪成为公民以后才与之结婚的我当作"皇后娘娘",有人却一定要给我戴上头衔,甚至"一个人坐在普通机舱独自前往"也成了"毛病",我本来就是普通又普通的人,难道出趟国还需要"前呼后拥"吗?

有人又说:"有一次,空中小姐无意中得知了她的身份,马上热情地请她坐进头等舱,把她奉为上宾。"其实这也完全不是因为我被当做"皇后娘娘",而是组织上的关怀和照顾。我每次出访之前,全国政协有关部门领导同志必到我家看望,询问有无困难,并给予经济资助,使我体会到党和国家的温暖。

我赴法国时,由于到机场送行的全国政协干部的嘱托,空中小姐非常热情照顾我,特殊为我安排了卧位,降落时因地面气温下降,特意嘱我多穿衣服,中国国际航空公司驻法国副总经理侯树杰,还亲自护送我填卡、过关,直到交给接机的章温柔女士。后来出访美国,全国政协耿温芦同志送我赴机场,向空中小姐介绍了我的身份,请予关照。乃得到林亚莉小姐无微不至的照顾,不但把我从普通舱换入头等舱,还在服务方面胜似亲人地对待,这是事实,是他们对祖国和人民负责,却不是为了什么"皇后"。

我是溥仪的妻子,也是一位国家的普通公民,我珍惜自己的名誉和尊严,我想借此机会感谢党和人民对我无微不至的关怀,也想借贵刊一角向广大关心我的读者致以亲切的问候,祝大家在新的一年快乐、幸福。

李淑贤与长春

王庆祥

（1998年7月27日）

中国末代皇帝爱新觉罗·溥仪在长春当了14年伪皇帝，他的"福贵人"李玉琴经历了人生的沧桑巨变以后，长期担任吉林省政协委员和长春市政协委员，这些早已为人们所熟知。然而，溥仪的妻子李淑贤生前两度前来长春，则很少有人知道。

1982年4月20日，李淑贤由一位年轻的友人陪同第一次来到长春，那正是我们的合作因受人诬陷而遭到巨大困难的时候。这项合作工程是从1979年8月开始的，目标是整理溥仪先生的遗稿，并撰写、出版《溥仪的后半生》等著作。其间某人冒用李淑贤名义，通过不正当途径在某报内参上刊出一篇失实之文，从而引起中央领导人的关注，闹出层层领导机关的批示，最终成立了一个定了调的"调查组"。李淑贤告诉我说，那位"调查组"的组长本来就是知情人，却在调查中有意诱导她证实某某人的不实之说"确有其事"，显然是别有用心，李淑贤当然不会屈从他们去做昧良心的事。她又想到，溥仪的日记、照片和一些文物等宝贵资料尚由"调查组"封存着，对此实在放心不下，遂前来长春，要求归还自己的资料。

起初并不顺利，"调查组"拒绝归还，无理要求李淑贤写出书面保证，今后出书要跟某某部门商量。李淑贤气愤已极，千里迢迢来取自己的资料，为什么还要提这样条件，那样条件？为了维护权益，她从4月21日起宣布绝食，决心以死抗争，连续三餐不进。"调查组"这才坐不住板凳了，与北京通话，向上级请示，省委领导和省委宣传部董速部长明确指示：热情接待，充分尊重本人意见，立即把资料全部归还本人。李淑贤听到正式传达，才恢复进餐。

我作为经手人参与了归还资料的交接工作。归还完毕，李淑贤又当面向我所在单位领导说明了某某人冒用她的名义向中央反映虚假情况等问题。继而亲往省委宣传部，向关心她的部领导当面致谢，同时也对某报内参所刊不实文章加以澄清。

李淑贤头一次来长春，却不能到我家坐一坐，喝杯茶，我很难过，也很无奈。李淑贤说，事情办完了，只想看看丈夫生活过的地方。某单位派汽车送她，她却偏要与我步行前往，在伪皇宫陈列馆——溥仪当傀儡皇帝的"宫廷"，她受到馆领导隆重的礼遇、热情的接待和详明的解说，打开了对外尚未开放的展厅。李淑贤当即表示，愿对该馆的建设作出贡献。

李淑贤于4月24日回京后不久，就向我表示，愿意把她的回忆录《溥仪与我》交给《长春文史资料》首次发表，还特别在前言中表示，"愿意借此机会，把经过改造变好了的公民溥仪的思想和生活风貌介绍给北国春城的人民"，以便让他的爱人有机会，"用自己晚年的生命之泉，去冲刷那历史上血染的旧痕"。这篇回忆录发表后，又迅速出版了单行本，在全国一百余种报刊上连载、选载，流传极广，影响至深，据以改编的电影《火龙》也很快在海内外公映。

李淑贤说到做到，又于1987年6月把溥仪日记原件、各类手稿、出席会议的证件、被特邀为全国政协委员的公函、出席国庆观礼时佩戴的红绸条，以及她与溥仪的结婚证书等珍贵文物共六十九件，捐献给长春伪皇宫陈列馆，全部定为国家一级文物，成为该馆镇馆之宝。

1994年阳光灿烂的5月，李淑贤第二次来到长春，这次她也没有事先打招呼，下了火车就"打的"直接到我家来了，为了修订她那本回忆录，把溥仪去世后她自己二十余年的坎坷经历增补入《溥仪与我》一书，李淑贤又积累了丰富的资料并带到长春来。她希望我尽快动笔，代她把想说的话转达给海内外读者，以了却夙愿。

记得李淑贤讲了"老猫"和"小猫"的故事，她称呼溥仪为"老猫"，而溥仪就管她叫"小猫"。有一天，"小猫"与家庭保姆"串通一气"，要跟"老猫"玩耍一番，遂躲藏在卧室门后。"老猫"回来，从客厅到卧室又到厨房，找不着"小猫"，便问保姆："'小妹'上哪儿去了？穿的什么衣服？"保姆笑着说："她呀，打扮得很漂亮，上街走了。""老猫"很失望，沉沉地坐进沙发里，现出若有所思又无奈的神态，这时"小猫"却轻松地从门后走了出来……

谈到溥仪的骨灰存放问题，李淑贤说，现在存放在八宝山革命公墓，由国家照管，等我百年之后，没有人交保管费，时间长了势必会被深埋掉。所以我很想买块墓地，先将溥仪和谭玉龄的骨灰合葬，以后我也要去。溥仪喜欢谭玉龄一回，应该让他们合葬，我不计较，人都死了，还有什么可计较的呢！后来李淑贤把溥仪的骨灰送进"华龙皇家陵园"，同时也表示了把谭玉龄的骨灰合葬的考虑，只是还没有做完这件事情，李淑贤就告别了人世，三人合葬的拟议也只能等待我们这些知情人去实现了。

李淑贤游览了南湖公园、长春电影制片厂，并再次前往伪皇宫陈列馆参观丈夫早年生活过的地方，她像普通游客那样购票入门，当她看到"从皇帝到公民"展览中也摆出了她提供的照片和实物时，尽管没有馆方的接待也很欣慰。那天，我因故未能陪同前往，问她为何不跟馆长打个招呼？她不以为然地说，溥仪特赦后每次游览故宫都自觉购票入门，今天我也购票参观伪皇宫陈列馆，这很好嘛。

那几天，我和李淑贤还讨论了经过修订的回忆录《我的丈夫溥仪》英文版和日文版的翻译、出版事宜，她特别希望能有机会把作为公民的溥仪的形象介绍到世界上去。现在这本书的日文版已经问世，而英文版的翻译工作也在进行中。

　　5月19日晚上，我在家中设宴为李淑贤送行。她高兴地说，许多年来总是体会清静和孤独，这几天才得到一种浓浓的家庭感受，又说长春的天气宜人，夏天凉快，今后还要来避暑。晚8时许，我把李淑贤一直送上列车，伴着开车铃声依依惜别。

　　李淑贤不幸于1997年6月9日因肺癌去世，她已向亿万中外读者传布了溥仪先生后半生生活中的真实而丰富的信息，依法维护了丈夫的名著《我的前半生》一书的著作权。当她微笑着离开这个世界的时候，也带去了长春人民的一份情意。